古代歷史文化研究輯刊

十二編

王明蓀 主編

第2冊

二十世紀關於商周公社的研究（上）

沈斌 著

國家圖書館出版品預行編目資料

二十世紀關於商周公社的研究(上)／沈斌 著 -- 初版 -- 新北市：
花木蘭文化出版社，2014〔民 103〕
目 6+230 面；19×26 公分
（古代歷史文化研究輯刊 十二編：第 2 冊）
ISBN 978-986-322-882-0（精裝）
1.社會制度 2.商代 3.周代
618   103013890

ISBN-978-986-322-882-0

9 789863 228820

古代歷史文化研究輯刊
十二編　第二冊　　　　　ISBN：978-986-322-882-0

二十世紀關於商周公社的研究（上）

作　　者　沈　斌
主　　編　王明蓀
總 編 輯　杜潔祥
副總編輯　楊嘉樂
編　　輯　許郁翎
出　　版　花木蘭文化出版社
社　　長　高小娟
聯絡地址　235 新北市中和區中安街七二號十三樓
　　　　　電話：02-2923-1455／傳真：02-2923-1452
網　　址　http://www.huamulan.tw 信箱 hml 810518@gmail.com
印　　刷　普羅文化出版廣告事業
初　　版　2014 年 9 月
定　　價　十二編 20 冊（精裝）新台幣 38,000 元

二十世紀關於商周公社的研究（上）

沈　斌　著

作者簡介

沈斌（1979～），男，浙江嘉善人。本科、碩士畢業於西安外國語大學日語系，先後獲文學學士、碩士學位，碩士階段的研究方向爲日本近世史。後進入陝西師範大學歷史文化學院中國古代史博士課程學習，於 2011 年末獲歷史學博士學位。現就職於長安大學外語學院，主要從事史學理論、中日歷史對比等方面的研究。論文曾在《史學理論研究》、《中國社會科學報》等刊物上發表。

提　　要

　　本書主要從理論與研究史兩個方面梳理和檢討了二十世紀中國學者關於商周公社問題的研究。上編集中探討了馬克思、恩格斯的公社理論及中國學者在應用上的失誤；下編則以學者爲「目」整理了近百年來中國學者關於商周公社問題的研究成果。全書研究並且指出：以「共有制」爲基礎的社會與以「私有制」爲基礎的社會是兩個不可等同的社會發展階段；春秋戰國時期正是以「私有制」爲基礎的社會取代以「共有制」爲基礎的社會的變革階段，殷商西周社會正處於這個重要變革的前夜，但總體上仍然是以「共有制」爲基礎的社會；整個二十世紀在研究商周公社問題及其社會形態上的最大誤區，就是在於以「私有制」即「階級」的原則去研究和探討了以「共有制」或者說以血緣關係爲基礎的社會。馬克思給蘇利奇的《覆信草稿》是中國學者研究商周公社問題的最重要的理論依據之一。然而包括最新的中譯文在內，都沒有把馬克思在手稿中所刪去的重要字句及修改痕跡譯介出來，但這些地方卻正是研究和認識馬克思晚年歷史觀極爲重要的材料。有鑒於此，本書在「附錄」部分還根據馬克思的法文手稿對《覆信草稿》的最新中譯文進行了增訂，首次以中文的形式再現了這些被刪去的重要字句及修改痕跡。

目次

緒論　中國古史分期討論中的商周「公社」問題

　　關於中國歷史發展階段的討論至今已經有 80 多年了，這是一場在特殊歷史背景條件下進行的學術討論。近年來，對這場學術討論持有批評或否定意見的學者越來越多，但這卻絲毫不能減輕它的重要歷史作用，可以說：中國古史分期問題討論經歷的 80 多年，在某種意義上其實就是中國現代歷史科學形成的 80 多年。

　　這場討論從最初就與中國的政治命運及革命的現實問題緊密聯繫在一起，按照現實政治背景的轉移，我們大體可以把它分為三個時期，那就是建國前的 20 年、建國後的 30 年以及改革開放以來的 30 多年。建國前的 20 年是馬克思主義唯物史觀傳入中國，並在與中國歷史實際相結合的過程中逐步確立其地位的過程；建國後到改革開放前的 30 年則是馬克思主義史學理論被教條化並在整個中國史學界確立其絕對領導地位的時期；而改革開放之後，在對過去 50 年討論的反思中，古史分期問題的討論終於逐步恢復了其本來的學術面目。

　　作為中國古代史研究的「五朵金花」之冠，古史分期問題的討論與「五種生產方式」的理論有著不解之緣，但是仔細考察 80 多年來的討論經過就會發現，「五種生產方式」的理論能真正支配整個討論的，也僅是建國後的 30 年。甚至就是在這個期間，也曾有學者試圖要去突破「五種生產方式」的束縛。由此看來，完全以「五種生產方式」的理論來指導中國史的研究其實並不是這 80 年來古史分期討論的主要線索。事實上，從總體上看，80 年來的古

史分期討論在某種程度上就是「五種生產方式」的理論與反「五種生產方式」的理論相互抗衡的歷史，其中的動力，就是那關於「亞細亞生產方式」的討論。30多年前，趙儷生先生作《亞細亞生產方式理論是先秦史研究的推動力》一文，認爲「亞細亞形式的理論是先秦史研究的一種推動力量」〔註1〕，這是相當有見地的。實際上，我們甚至還認爲，關於「亞細亞生產方式」的討論不僅是先秦史研究的推動力，它其實也是整個古史分期問題討論的推動力。

「亞細亞生產方式」是馬克思著作中的重要概念，但由於馬克思本人沒有對「亞細亞生產方式」作過明確而系統的論述，後人對此便產生了各種不同的理解及爭論。根據馬克思著作中的相關論述，「亞細亞生產方式」的主要特徵可以被概括爲四個，即：土地國有、農村公社、水利灌溉和專制主義。但具有這些特徵的亞細亞社會的生產方式究竟是「五種生產方式」中的一種，還是有別於「五種生產方式」的另外一種發展模式？從古史分期問題討論開始至今，它始終是困擾中國歷史學界的一個極其重要的問題。

建國前的討論，對於「亞細亞生產方式」的理解，就有認爲是區別於「五種生產方式」中的任何一種而屬於某種特殊社會形態的，也有認爲是與「五種生產方式」中的某一種相當的。但是不管是前者還是後者，由於「農村公社」是理解和形成「亞細亞生產方式」其它三個特徵的重要前提，而且馬克思本人研究「亞細亞生產方式」最早也可以追溯到他對印度「農村公社」的研究，因此「農村公社」在「亞細亞生產方式」的四個特徵中就顯得尤爲受人矚目。特別是在與中國具體歷史實際相結合的過程中，學者們也逐漸發現：「亞細亞生產方式」的四個主要特徵在不同國家、不同民族中的表現並不相同，在中國的歷史條件下，「農村公社」的特徵似乎更爲突出些。〔註2〕正是因爲這樣的原因，只要承認中國歷史存在有某種東方社會特殊性，那麼「農村公社」問題也就必然是要加以著重研究的問題。由此，在討論「亞細亞生

〔註1〕 趙儷生《亞細亞生產方式理論是先秦史研究的推動力》，《學術月刊》，1982年第8期，第1頁。

〔註2〕 如呂振羽就曾指出，「……在這種社會的經濟的構成內，一方面土地私有形態的缺除，乃是在土地國有原則下由農村共同體去使用；一方面在農村共同體之上卻具備一種對一切農村共同體行使統治的國家形態的專制政治。這是最主要的。……水利和公共事業的設備，那卻是次要的東西」，他並且認爲殷代就具有這樣的特徵。(見呂振羽《社會發展過程中之「亞細亞生產方法」問題》(1936年)，收入鍾離蒙、楊鳳麟主編《中國現代哲學史資料彙編，第2集第4冊，中國社會史論戰，上》，瀋陽：遼寧大學出版社，1982年，第139頁。)

產方式」與「五種生產方式」關係的學者中間,「亞細亞生產方式」與「五種生產方式」理論間的探討實際上也就成了「農村公社」與「五種生產方式」關係的問題。當然,由於當時的「農村公社」概念未能像後來那樣明確,所謂「農村公社」也僅是泛泛意義上的「公社」而已。

　　特別值得注意的是:古史分期問題的討論首先是在對先秦歷史的探討中展開的。這不是什麼偶然,因爲人們在對中國革命的前途進行考量的時候,很快就會發出如下的一系列疑問,即:東方國家的民族解放運動究竟是什麼性質?是否應該由蘇聯來領導?它能否被歸入社會主義革命的範疇?東方國家過去有沒有過奴隸社會?有沒有過類似古希臘、日耳曼式的發展階段?由於先秦在中國歷史上具有「牽一髮而動全身」的重要地位,這些問題很快就集中到了對先秦特別是商周社會歷史的考察上。在這個意義上,我們甚至可以說,中國的馬克思主義史學其實就是從先秦史研究的領域中首先誕生的!

　　考察當時以「五種生產方式」理論爲指導研究商周歷史的學者,其中就存在著兩種不同的研究路徑:一種是在「五種生產方式」理論下探求希臘羅馬式的發展軌迹;另一種則是在「五種生產方式」理論下十分重視和強調中國歷史的特殊性。其中,郭沫若的《中國古代社會研究》(1930 年)可以說是第一種路徑的先驅;而呂振羽的《殷周時代的中國社會》(1936 年)、侯外廬的《中國古代社會史》(1947 年)則是第二種路徑的代表。

　　《中國古代社會研究》的出版標誌著中國馬克思主義史學的正式形成。郭沫若在書中把商代看成是原始共產制的氏族社會,並且談到了氏族公社,但是後來隨著他在商代社會性質觀點上的修正,對於「公社」問題他開始閉口不談了。與此相反,呂振羽和侯外廬的著作卻都非常重視「公社」在商周社會中的重要歷史作用。正如有學者評價呂振羽和侯外廬的那樣:

　　　　……呂氏見解的頗值注目之點,不在於他對亞細亞生產方式的
　　　理解是否正確,也不在於他把古代社會斷限於殷末;而在於:他考
　　　慮到作爲中國古代社會的特質,具有與希臘羅馬之古代社會不同的
　　　奴隸制形態;尤其在於,他提出了共同體與奴隸制二者之相膠結在
　　　一起的問題。因此之故,……他強調說:不能把中國奴隸社會的特
　　　質簡單一句話歸結爲類似古典奴隸制的東西,而要看到其社會共同
　　　體性格。

　　　　侯外廬的說法怎樣繼承了呂振羽的說法,這在侯氏著作中並非

可明確看出，但可感到：在理論上是屬於同一系列的。〔註3〕

中華人民共和國成立以後，馬克思主義史學在大陸取得了絕對的領導地位，由於政治等的各種原因，「五種生產方式理論」在成為古代史研究領域最熱門話題的同時，卻也變成了大家不可逾越的「雷池」。作為「牽一發動其全身」的關節所在，商周社會性質的研究與建國前一樣仍然是古史分期討論中的重中之重。在有關商周社會的研究中，肯定與否認中國歷史發展有其特殊性的「分裂」也顯得尤為突出，而這又集中表現在對「公社」問題的看法上。舉其大概，諸如商周的歷史發展階段、主要生產者的身份，甚至其土地所有制形態及生產組織的形式等，無一不是當時學者們研究爭論的重要問題，但同時卻也無一不牽涉到對「公社」組織有無及其作用的研究。

雖然在承認「公社」的學者中間其看法也存在著很大的分歧，但是我們看到，在那「五種生產方式」理論完全一統天下的年代裏，在「以階級鬥爭為綱」的歲月裏，關於「亞細亞生產方式」的討論，關於對「公社」問題的研究，幾乎成了學者們唯一能釋放自我的途徑。當然，這種現象的出現與建國後馬克思有關「公社」問題著作的翻譯出版也是有密切關係的，它還受到了來自蘇聯方面的巨大影響。但是，在討論中國歷史上的「五種生產方式」時，有關「公社」問題的探討在很大程度上使得這種討論在有限的空間內變得更為靈活、更為包容。對此，甚至有史家發出了如此驚呼：「如果太強調了公社，認為中國奴隸社會的生產者都是公社成員，那中國就會沒有奴隸社會。正如太強調中國封建社會中還是和奴隸社會一樣，是土地國有制，則中國就沒有封建社會一樣。這樣，馬克思列寧主義關於人類社會發展階段的原理，也就成問題了。」〔註4〕

但是今天看來，也正是在「五種生產方式」的討論中有了對「公社」問題的研究，才使得我們對歷史的把握沒有陷入全面的教條，才不至於完全違反馬克思主義歷史唯物論的基本原理。80年代以來，人們對「五種生產方式」理論質疑的聲音越來越大：有學者認為「五種生產方式」的理論並不符合馬克思的本意，而是源自斯大林〔註5〕；也有學者認定「亞細亞生產方式」就是

〔註3〕 〔日〕西嶋定生《中國古代帝國的形成與結構——二十等爵制研究》，武尚清譯，北京：中華書局，2004年，第10頁。

〔註4〕 郭沫若《關於中國古史研究中的兩個問題》，《歷史研究》，1956年第6期，第1頁。

〔註5〕 羅榮渠《論一元多線歷史發展觀》，《歷史研究》，1989年第1期。

相對於「五種生產方式」的一條獨立的社會發展道路〔註6〕；與此相應，甚至還有學者在否定「五種生產方式」理論的同時，提出了新的不同於社會經濟形態模式的分期方法。這些努力都是非常值得肯定的。但是我們同時也認為，似乎沒有必要像一些學者那樣對古史分期問題變得唯恐避之不及了。

　　古史分期討論因為歷史的、政治的原因，長期陷入在了「五種生產方式」的迷途之中，但是即使在「五種生產方式」的圈圈中，學者們都已經在自覺或不自覺地積聚著衝破圈圈的力量。借著這股力量，甚至只是再往前跨上個一小步，也許我們就能達到真理的彼岸。然則我們又如何能對其不加以珍視呢？

　　我們認為對「公社」問題的探討正是這股力量的重要表現之一。前輩學者雖然不遺餘力地試圖將「公社」納入「五種生產方式」的框架內，但在許多場合，特別是在商周社會的研究上，這樣的做法反而是「欲蓋彌彰」的。本書的目的之一就是要揭示出這股力量的積蓄過程，藉以接近真理的彼岸。由於商周社會在古史分期中具有「牽一髮而動全身」的特殊地位，我們認為對商周「公社」研究的歷史進行全面地回顧與檢討就可以在一定程度上達到這個目的。

　　作為一種研究方法，馬克思主義史學理論本身並沒有什麼問題。重要的是，我們要以學術討論還給它本來的面目。隨著學術界對「五種生產方式」理論的深刻反思，我們相信，「亞細亞生產方式」，特別是「公社」問題也必將從「五種生產方式」理論的圈圈中走出來，使得馬克思主義史學理論重新煥發出新的生機與活力。

〔註6〕　胡鍾達《試論亞細亞生產方式兼評五種生產方式說》，《中國史研究》，1981年第 3 期；及《再評五種生產方式說》，《歷史研究》，1986 年第 1 期。

上編　理論的檢討

第一章　馬恩對「公社」問題的開拓性研究

　　「公社」問題的研究在馬克思恩格斯之前早已有之，但是能從人類社會物質生產發展的角度研究「公社」問題，並且從關注整個人類歷史命運的高度，以極大的人文關懷探討「公社」問題的，除了馬克思恩格斯之外，別無他人。

第一節　19 世紀的「公社」學說

　　「公社」，又稱「共同體」〔註 1〕，它是人類歷史發展所必經的社會組織形式之一。一般認為，公社經歷了氏族公社、家庭公社和農村公社三個發展階段。但在關於公社的類型及其發展研究的歷史上，最早被提出來並在世界上產生廣泛影響的則是「農村公社」。

　　1806 年，曾任英國在印度馬德拉斯總督的湯瑪士·蒙羅首先發現了印度的村社制度（農村公社），他的意見為其友人威爾克斯所轉述，後來被發表在英國下院委員會的報告書（1812 年）中。喬·坎伯爾的《現代印度：民政管理制度概述》（1852 年倫敦版）引用了這個報告，馬克思在《不列顛在印度的

〔註 1〕　「公社」一詞，在漢語中有時也被翻譯成「共同體」。一般說來，該詞單獨使用時，《馬克思恩格斯全集》通常逕譯為「共同體」，若作為復合詞使用，則譯成「公社」。（有關德文「Gemeinde」一詞中、日、英文的翻譯問題可參見大塚久雄著、于嘉雲譯《共同體的基礎理論·譯者說明》，臺北：聯經出版事業公司，1999 年。）

統治》一文中也曾加以引用。〔註2〕印度公社的發現意義重大，但在當時這似乎只被認爲是印度的或是東方所特有的。

19 世紀 40 年代，普魯士的政府顧問哈克斯特豪森在研究普魯士的農村制度時，也遇到了公社殘餘。他認爲這是過去斯拉夫民族的遺留，因此在 1843 年對俄國作了爲期一年多的考察。〔註3〕考察所得，集於《對俄國的內部關係、國民生活，特別是農村制度的研究》一書，此書前兩卷發表於 1847 年，第三卷 1852 年問世。哈克斯特豪森在書中認爲〔註4〕：俄國農村公社米爾的核心制度——土地公有，是斯拉夫民族所獨有的；米爾起源於不存在土地私有需求的游牧生活，它可以被追溯到早期斯拉夫民族的血緣性家長制共同體；通過土地的平分，公社所有成員的土地得以保障，因此俄國不會產生無產階級，歐洲革命家的理想在此得以體現，米爾的社會意義也就在於此。哈克斯特豪森的觀點在當時影響很大，在俄國，哈克斯特豪森的著作將有關俄國農村公社的爭論推向了高潮，在德國等歐洲其它國家，對公社殘餘的研究也開始受到了學者們的重視。恩格斯說：「俄國農民的公社所有制是普魯士的政府顧問哈克斯特豪森於 1845 年發現的，他把這種所有制當做一種十分奇妙的東西向全世界大肆吹噓，雖然哈克斯特豪森在自己威斯特伐里亞故鄉還能找到不少的公社所有制殘餘，而他作爲一個政府官員，甚至應該是確切知道這種殘餘的。」〔註5〕

19 世紀 50、60 年代，德國歷史學家毛勒對德國歷史上的公社制度作了系統的研究，陸續出版了《馬爾克制度、農戶制度、鄉村制度、城市制度和公共政權的歷史概論》（1854 年慕尼黑版）、《德國馬爾克制度史》（1856 年厄蘭根版）、《德國領主莊園、農戶和農戶制度史》（1862～1863 年厄蘭根版第 1～

〔註2〕 馬克垚《西歐封建經濟形態研究》，北京：人民出版社，2001 年 12 月第 2 版，第 244 頁；《馬克思恩格斯全集》第 9 卷，北京：人民出版社，1961 年，第 648 頁注釋 122。

〔註3〕 佐藤正人『「ザスーリチの手紙への回答」およびそれの「下書き」考』，〔日本〕北海道大學『經濟學研究』22（4），1973 年 1 月，第 229 頁、第 243 頁注釈 5。

〔註4〕 同上，第 230 頁。

〔註5〕 《馬克思恩格斯全集》第 18 卷，北京：人民出版社，1964 年，第 617 頁。恩格斯在這裡說是哈克斯特豪森首先發現了俄國的農村公社米爾，其實在 18 世紀末、19 世紀初，俄國國內早已有學者論述過俄國農村公社的問題（佐藤正人『「ザスーリチの手紙への回答」およびそれの「下書き」考』，第 229 頁）。

4 卷）和《德國鄉村制度史》（1865～1866 年厄蘭根版第 1～2 卷）。他根據大量史料證明〔註6〕：古代日耳曼人的社會制度是建立在公社制度上的，沒有私有財產，土地每年重新分配；之後出現了份地分配到戶，但土地仍爲馬爾克公社所共有；只是到遷居羅馬之後，日耳曼人才停止土地的定期分配，耕地變成可以世襲的份地，才逐漸出現了私有制。毛勒的著作在某種程度上證明公社是廣泛存在的，因此馬克思評價毛勒說：「他詳盡地論證了土地私有制只是後來才產生的，等等。威斯特伐里亞的容克們（麥捷爾等人）認爲，德意志人都是各自單獨定居的，只是後來才形成了鄉村、區等等，這種愚蠢見解完全被駁倒了。現在有意思的恰好是，俄國人在一定時期內（在德國起初是每年）重分土地的習慣，在德國有些地方一直保留到十八世紀，甚至十九世紀。我提出的歐洲各地的亞細亞的或印度的所有制形式都是原始形式，這個觀點在這裡（雖然毛勒對此毫無所知）再次得到了證實。這樣，俄國人甚至在這方面要標榜其獨創性的權利也徹底喪失了。他們所保留的，即使在今天也只不過是老早就被他們的鄰居拋棄了的形式。」〔註7〕

對公社問題研究的繼續深入，使得越來越多的人相信公社制度過去和現在都普遍存在於世界各地，同時一些學者如梅恩、拉維萊、科瓦列夫斯基〔註8〕等也開始注意到家庭公社的問題。但是在單個家庭與家庭公社、家庭公社與農村公社的位置孰先孰後的問題上，學者們各執一詞。梅恩在《古代法制史講演錄》（1875）中認爲「第一｛階段｝是印度的聯闔家庭｛joint family｝，第二是南方斯拉夫人的家庭公社，第三是先在俄國後在印度發現的眞正的農村公社（第 78 頁）。」〔註9〕比利時學者拉維萊在他的《所有制及其原始形態》（1875）中則認爲家庭公社是村社瓦解的結果。〔註10〕

差不多與此同時，在大洋彼岸，摩爾根通過對易洛魁人社會組織近 40 年的考察，發現了「氏族」的秘密，著成《古代社會》一書，於 1877 年在美國出版。科瓦列夫斯基於 1877 年赴美，首先熟悉了摩爾根的理論，成爲摩爾根

〔註6〕　馬克垚《西歐封建經濟形態研究》，第 246 頁。
〔註7〕　《馬克思恩格斯全集》第 32 卷，北京：人民出版社，1975 年，第 43 頁。
〔註8〕　「Ковалевский」的譯名一般有「科瓦列夫斯基」與「柯瓦列夫斯基」兩種，除特殊情況外，本書都採用前一種譯名。
〔註9〕　《馬克思恩格斯全集》第 45 卷，北京：人民出版社，1985 年，第 575 頁。
〔註10〕　林耀華、莊孔韶《父系家族公社形態研究》，青海：青海人民出版社，1984 年，第 141 頁。

學說第一個在俄國的傳播者。〔註 11〕「氏族」公社的發現使得農村公社、家庭公社等問題變得有源可循，科瓦列夫斯基在此基礎上加緊研究農村公社、家庭公社諸問題，於 1879 年發表了《公社土地佔有制，其解體的原因、進程和結果》一書，詳細考察了美洲紅種人、印度、阿爾及利亞中存在的公社制度及其演變過程。在 1890 年出版的《家庭及所有制的起源和發展概論》一書中終於證明：家庭公社「乃是一個由群婚中產生的母權制家庭和現代世界的個體家庭之間的過渡階段」，「也是實行個體耕作以及起初是定期的而後來是永遠的分配耕地和草地的農村公社或馬爾克公社從中發展起來的過渡階段」〔註 12〕。

至此，人類歷史上的公社及其發展脈絡在理論上基本定型，「氏族公社→家庭公社→農村公社」有關公社演進過程的學說逐漸為世人所接受。19 世紀關於公社問題的研究過程，實在可以用恩格斯的一句話加以概括，恩格斯說：「在 1847 年，社會的史前史，成文史以前的社會組織，幾乎還沒有人知道。後來哈克斯特豪森發現了俄國的土地公有制，毛勒證明了這種公有制是一切條頓族的歷史起源的社會基礎，而且人們逐漸發現，村社是或者曾經是從印度到愛爾蘭的各地的原始形態。最後，摩爾根發現了氏族的真正本質及其對部落的關係，這一卓絕發現把這種原始共產主義社會的內部組織的典型形式揭示出來了。」〔註 13〕

第二節　馬恩的社會發展理論與「公社」問題（上）

以唯物主義史學觀點對人類社會群體的組合方式及其演化進行探討，應該說開始於馬恩。這種探討本身，也是一個艱難的，不斷接近真相的過程。

在對人類歷史發展階段的考察中，馬恩很早就涉及了公社問題，在 1845～1846 年合著的《德意志意識形態》一書中，他們按照「分工發展的不同階段」把人類歷史上的「所有制形式」劃分成「部落〔Stamm〕所有制」、「古代公社所有制和國家所有制」以及「封建的或等級的所有制」三個階段。這三

〔註 11〕林耀華、莊孔韶《父系家族公社形態研究》，第 141 頁。
〔註 12〕恩格斯《家庭、私有制和國家的起源》，收入《馬克思恩格斯選集》第四卷第二版，北京：人民出版社，1995 年 6 月，第 55、57 頁。
〔註 13〕馬克思、恩格斯《共產黨宣言》，北京：人民出版社，1997 年 8 月第 3 版，第 27 頁，恩格斯在 1888 年英文版上加的注。

種所有制形式都是以公社的某種形式為其基礎的。其中,「部落〔Stamm〕所有制」:

> ……它是與生產的不發達的階段相適應的,當時人們是靠狩獵、捕魚、牧畜,或者最多是靠務農生活的。在後一種情況下,它是以有大量未開墾的土地為前提的。在這個階段上,分工還很不發達,僅限於家庭中現有的自然產生的分工的進一步擴大。因此,社會結構只局限於家庭的擴大:父權制的酋長、他們所管轄的部落成員以及奴隸。隱蔽地存在於家庭中的奴隸制,只是隨著人口和需求的增長,隨著同外界往來(表現為戰爭或交易)的擴大而逐漸發展起來的。〔註14〕

繼「部落〔Stamm〕所有制」而起的「古代公社所有制和國家所有制」則

> ……是由於幾個部落通過契約或征服聯合為一個城市而產生的。在這種所有制下仍然保存著奴隸制。除公社所有制以外,動產的私有制以及後來不動產的私有制已經開始發展起來,但它們是作為一種反常的、從屬於公社所有制的形式發展起來的。公民僅僅共同佔有自己的那些做工的奴隸,因此就被公社所有制的形式聯繫在一起。〔註15〕

而「封建的或等級的所有制」,

> 這種所有制與部落所有制和公社所有制一樣,也是以某種共同體為基礎的。但是作為直接進行生產的階級而與這種共同體對立的,已經不是古代世界的奴隸,而是小農奴。……這種封建結構同古代的公社所有制一樣,是一種聯合,……〔註16〕

馬恩同時指出:

> 對法的歷史的最新研究判明,在羅馬,在日耳曼、賽爾特和斯拉夫各族人民中,財產發展的起點都是公社財產或部族財產,而真正的私有財產到處都是因篡奪而產生的;……〔註17〕

可見,早在 19 世紀 40 年代,馬恩已經把所有制的發展與公社的發展聯繫起來考察,並且認為私有財產是後來才出現的,而把所有制的最初形態歸

〔註14〕《馬克思恩格斯全集》第3卷,北京:人民出版社,1960年,第25頁。
〔註15〕同上。
〔註16〕同上,第27頁。
〔註17〕同上,第422頁。

結爲公社所有制或部族所有制。〔註18〕除了這三種所有制形式外,《德意志意識形態》一書中還研究了封建主義向資本主義過渡的問題,認爲資本主義是封建社會演變的結果。〔註19〕這些思想直接構成了《共產黨宣言》歷史概述部分的基礎。

1848 年馬恩在《共產黨宣言》中說道:

> 至今一切社會的歷史都是階級鬥爭的歷史。

> 自由民和奴隸、貴族和平民、領主和農奴、行會師傅和幫工,一句話,壓迫者和被壓迫者,始終處於相互對立的地位,……

> 在過去的各個歷史時代,我們幾乎到處都可以看到社會完全分爲各個不同的階級,看到社會地位分成多種多樣的層次。在古羅馬,有貴族、騎士、平民、奴隸,在中世紀,有封建主、臣僕、行會師傅、幫工、農奴,而且幾乎在每一個階級內部又有一些特殊的階層。

〔註20〕

但是,無論是《德意志意識形態》還是《共產黨宣言》,他們都是以歐洲的歷史事實爲其主要根據的。雖然馬恩很早就接觸到了有關印度和俄國的材料,但是他們關於東方社會的研究則開始於 19 世紀 50 年代。

在 1853 年 1 月 21 日寫的《選舉。——財政困難。——薩特倫德公爵夫人和奴隸制》一文中,馬克思就通過與俄國公社和亞洲氏族公社的比較論述了蘇格蘭克蘭制度的特點,馬克思說:「某一克蘭,即氏族,所居住的地區就屬於該氏族,正如俄國的農民公社所佔用的土地不屬於個別農民而屬於整個公社一樣」,「在任何情況下,土地都是氏族的財產,在氏族內部,儘管有血緣關係,但是人們之間也有地位上的差別,正像所有古代亞洲的氏族公社一樣」。〔註21〕

〔註18〕「然而,應當強調指出,馬克思和恩格斯在這裡說的正是財產權,他們唯一依靠的是法律資料;公社概念本身在這裡沒有超出在四十年代占統治地位的法的概念,根據那時法的概念,農村公社只是法人形式的一種。可見,這一時期馬克思和恩格斯的觀點與他們最晚的看法的最重要區別乃是這裡缺乏農業公社概念本身。」(〔蘇聯〕H·B 捷爾—阿科標《馬克思和恩格斯關於亞細亞生產方式和農業公社觀點的發展(上)》,收入郝鎮華編《外國學者論亞細亞生產方式》,北京:中國社會科學出版社,1981 年,第 120 頁。)

〔註19〕《馬克思恩格斯全集》第 3 卷,第 56~69 頁。

〔註20〕馬克思、恩格斯《共產黨宣言》,第 27~28 頁。

〔註21〕《馬克思恩格斯全集》第 8 卷,北京:人民出版社,1961 年,第 571~572 頁。

　　馬恩認識到東方國家社會發展的歷史與西方有著很大的不同，在 1853 年 6 月 2 日馬克思致恩格斯的信中，馬克思引用了法國旅行家兼醫生貝爾尼埃的見解，指出：「貝爾尼埃完全正確地看到，東方（他指的是土耳其、波斯、印度斯坦）一切現象的基礎是**不存在土地私有制**。這甚至是瞭解東方天國的一把真正的鑰匙。」〔註 22〕恩格斯在 6 月 6 日的回信中表示同意馬克思的見解，並且進一步分析了造成這種現象的原因，他說：「這是東方全部政治史和宗教史的基礎。……這主要是由於氣候和土壤的性質，特別是由於大沙漠地帶，這個地帶從撒哈拉經過阿拉伯、波斯、印度和韃靼直到亞洲高原的最高地區。在這裡，農業的第一個條件是人工灌溉，而這是村社、省或中央政府的事。在東方，政府總共只有三個部門：財政（掠奪本國）、軍事（掠奪本國和外國）和公共工程（管理再生產）。在印度的英政府成立了第一和第二兩個部門，使兩者具有了更加庸俗的形態，而把第三個部門完全拋開不管，結果是印度的農業完全衰弱了。」〔註 23〕

　　馬克思完全贊成恩格斯的意見，並且繼續以印度社會為實例研究東方社會。

　　在《不列顛在印度的統治》（1853 年 6 月 10 日）一文中馬克思在採納恩格斯的上述意見的基礎上著重分析了印度不同於歐洲社會的結構特點。他說〔註 24〕：

　　　　內戰、外侮、政變、被征服、鬧饑荒──所有這一切接連不斷的災難，不管它們對印度斯坦的影響顯得多麼複雜、猛烈和帶有毀滅性，只不過觸動它的表面，……

　　　　……從遙遠的古代直到十九世紀最初十年，無論印度的政治變化多麼大，可是它的社會狀況卻始終沒有改變。……

　　　　在印度有這樣兩種情況：一方面，印度人民也像所有東方各國的人民一樣，把他們的農業和商業所憑藉的主要條件即大規模公共工程交給政府去管，另一方面，他們又散處於全國各地，因農業和手工業的家庭結合而聚居在各個很小的地點。由於這兩種情況，所以從很古的時候起，在印度便產生了一種特殊的社會制度，即所謂

〔註 22〕《馬克思恩格斯全集》第 28 卷，北京：人民出版社，1973 年，第 256 頁。
〔註 23〕同上，第 262～263 頁。
〔註 24〕《馬克思恩格斯全集》第 9 卷，第 145、146、147、148～149 頁。

村社制度，這種制度使每一個這樣的小單位都成爲獨立的組織，過著閉關自守的生活。……

……這些家族式的公社是建立在家庭工業上面的，靠著手織業、手紡業和手力農業的特殊結合而自給自足。英國的干涉則把紡工安置在郎卡郡，把織工安置在孟加拉，或是把印度紡工和印度織工一齊消滅，這就破壞了這種小小的半野蠻半文明的公社，因爲這破壞了它們的經濟基礎；結果，就在亞洲造成了一場最大的、老實說也是亞洲歷來僅有的一次社會革命。

從純粹的人的感情上來說，親眼看到這無數勤勞的宗法制的和平的社會組織崩潰、瓦解、被投入苦海，親眼看到它們的成員既喪失自己的古老形式的文明又喪失祖傳的謀生手段，是會感到悲傷的；但是我們不應該忘記：這些田園味的農村公社不管初看起來怎樣無害於人，卻始終是東方專制制度的牢固基礎；它們使人的頭腦局限在極小的範圍內，成爲迷信的馴服工具，成爲傳統規則的奴隸，表現不出任何偉大和任何歷史首創精神。……

顯然，馬克思相信印度社會有著不同於歐洲社會的特殊性，而造成這種特殊性的基礎就是「農村公社」，是「農村公社」在實質上導致了印度社會的「停滯性」。在 6 月 14 日致恩格斯的信中，馬克思又進一步確認道〔註25〕：

亞洲這一部分的停滯性質（儘管有政治表面上的各種無效果的運動），完全可以用下面兩種相互促進的情況來解釋：（1）公共工程是中央政府的事情；（2）除了這個政府之外，整個國家（幾個較大的城市不算在內）分爲許多村社，它們有完全獨立的組織，自己成爲一個小天地。……

……在某些這樣的村社中，全村的土地是共同耕種的，但在大多數情況下是每個土地所有者耕種自己的土地。在這種村社內部存在著奴隸制和種姓制。荒地作爲公共牧場。妻子和女兒從事家庭紡織業。這些田園共和國只是懷著猜忌的心情防範鄰近村社侵犯自己村社的邊界，它們在新近剛被英國人侵佔的印度西北部還相當完整地存在著。我認爲，很難想像亞洲的專制制度和停滯狀態有比這更

〔註25〕《馬克思恩格斯全集》第 28 卷，第 271～272 頁。

堅實的基礎。……

馬克思正是在這個意義上評價英國殖民政策的，他說：「的確，英國在印度斯坦造成社會革命完全是被極卑鄙的利益驅使的，在謀取這些利益的方式上也很愚鈍。但是問題不在這裡。問題在於，如果亞洲的社會狀況沒有一個根本的革命，人類能不能完成自己的使命。如果不能，那麼，英國不管是幹出了多大的罪行，它在造成這個革命的時候畢竟是充當了歷史的不自覺的工具。」〔註 26〕又說：「英國在印度要完成雙重的使命：一個是破壞性的使命，即消滅舊的亞洲式的社會；另一個是建設性的使命，即在亞洲為西方式的社會奠定物質基礎。……柴明達爾制度和萊特瓦爾制度雖然十分可惡，但卻是亞洲社會迫切需要的那種土地佔有制即私人土地佔有制的兩種不同形式。」〔註 27〕

由此我們可以認為，19 世紀 50 年代初，馬克思通過對印度社會的考察深化了對亞洲社會的認識，並從「農村公社」的社會結構上指出了亞洲社會不同於歐洲社會的特點。這種對亞洲社會結構的深層次分析正是對 40 年代研究的重要補充，而且也是後來提出「亞細亞生產方式」這一概念的重要前提，但是在這個階段，馬克思對這種存在於東方社會的「農村公社」的歷史作用基本上是持否定態度的，他對西方在亞洲所推行殖民政策的客觀作用作了肯定。

而且，在這裡我們也注意到，馬克思雖然提到了印度農村公社的不同形式，如在 1853 年 6 月 14 日致恩格斯的信中，他曾說道，「在某些這樣的村社中，全村的土地是共同耕種的，但在大多數情況下是每個土地所有者耕種自己的土地」〔註 28〕，但是，對於這兩種村社哪一種更古老，馬克思還沒有加以一一指明。

隨著對印度人、斯拉夫人、古克爾特人、日耳曼人以及墨西哥、秘魯等的公社的研究，馬恩對公社的認識逐步深入。對於當時流行的土地公有是斯拉夫公社所獨有的觀點，馬克思在《政治經濟學批判導言》（1857 年 8 月底）一文中強調：「歷史卻表明，公有制是原始形式（如印度人、斯拉夫人、古

〔註26〕《馬克思恩格斯全集》第 9 卷，第 149 頁。
〔註27〕馬克思《不列顛在印度統治的未來結果》（1853 年 7 月 22 日），同上，第 247 頁。
〔註28〕同上，第 272 頁。

克爾特人等等），這種形式在公社所有制形式下還長期起著顯著的作用。」
〔註29〕在《政治經濟學批判》（1858 年 8 月～1859 年 1 月）中馬克思更是
明確指出：「近來流傳著一種可笑的偏見，認爲原始的公社所有制是斯拉夫
族特有的形式，甚至只是俄羅斯的形式。這種原始形式我們在羅馬人、日耳
曼人、賽爾特人那裡都可以見到，直到現在我們還能在印度遇到這種形式的
一整套圖樣，雖然其中一部分只留下殘跡了。仔細研究一下亞細亞的、尤其
是印度的公社所有制形式，就會得到證明，從原始的公社所有制的不同形式
中，怎樣產生出它的解體的各種形式。例如，羅馬和日耳曼的私人所有制的
各種原型，就可以從印度的公社所有制的各種形式中推出來。」〔註30〕

　　《資本主義生產以前的各種形式》（《政治經濟學批判（1857～1858 年
手稿）》）一文標誌著馬克思對公社的研究進入了新的階段。與《德意志意識
形態》中公社的法的概念不同，《資本主義生產以前的各種形式》是從經濟
（財產）發展的角度對公社進行考察的。馬克思分析了造成資本主義前提的
各過程，並且依次探討了「亞細亞的」、「古代的」和「日耳曼的」三種公社
所有制。其中，第一種「亞細亞的」公社所有制，是「自然形成的共同體」，
「每一個單個的人，只有作爲這個共同體的一個肢體，作爲這個共同體的成
員，才能把自己看成所有者或佔有者」，「共同體是實體，而個人則只不過是
實體的偶然因素，或者是實體的純粹自然形成的組成部分」，墨西哥、秘魯，
古代克爾特人、印度以及斯拉夫的公社都屬於這種公社；〔註31〕第二種「古
代的」公社所有制，「公社財產——作爲國有財產——即公有地，在這裡是
和私有財產分開的」，單個人的財產是同公社分開的，如古代羅馬的公社；
〔註32〕最後一種「日耳曼的」公社，「公有地只是個人財產的補充」，「個人
土地財產既不表現爲同公社土地財產相對立的形式，也不表現爲以公社爲中
介，而是相反，公社只存在於這些個人土地所有者本身的相互關係中。公社
財產本身只表現爲各個個人的部落住地和所佔有土地的公共附屬物」，如日
耳曼人的公社〔註33〕。

〔註29〕《馬克思恩格斯全集》第 46 卷（上），北京：人民出版社，1979 年，第 25 頁。
〔註30〕《馬克思恩格斯全集》第 13 卷，北京：人民出版社，1962 年，第 22 頁。
〔註31〕《資本主義生產以前的各種形式》，《馬克思恩格斯全集》（第二版）第 30 卷，
　　　　北京：人民出版社，1995 年 6 月，第 466、468 頁。
〔註32〕同上，第 469 頁。
〔註33〕同上，第 474、475 頁。

　　正是在此基礎上，1859 年馬克思在《〈政治經濟學批判〉序言》中提出了著名的「亞細亞生產方式」概念，他說：「大體說來，亞細亞的、古代的、封建的和現代資產階級的生產方式可以看作是社會經濟形態演進的幾個時代。」〔註 34〕

　　馬克思在這裡提出的「亞細亞生產方式」概念顯然來源於對東方社會的深入觀察，但是說「亞細亞的、古代的、封建的和現代資產階級的生產方式可以看作是社會經濟形態演進的幾個時代」，是不是就意味著從「亞細亞的」必然會依次向後面的幾個形態發展呢？

　　問題當然沒有這麼簡單。首先，從《資本主義生產以前的各種形式》一文來看，馬克思依次排列「亞細亞的」、「古代的」和「日耳曼的」三種公社所有制形式，其初衷並不是說從前者一定會演化成後者，而是從資本起源的角度，從個人對公社的從屬性以及公有性質由強到弱的角度加以排列的，這正如霍布斯保姆所指出的：（馬克思）「說亞細亞的、古代的、封建的和資本主義的形態是『連續進步的』形態，並不意味著對歷史採取簡單的、單線的看法，也不意味著認為一切歷史都是進步這種簡單的看法。這僅僅表明上述每種制度在其重要方面都是由人類的原始狀態進一步推移而來的。」〔註 35〕其次，我們認為馬克思之所以以這種順序排列各種生產方式，在某種程度上與其對公社起源問題的認識有關。在當時的學術界，大家都認為印度是印歐民族的發祥地和上古社會的標準〔註 36〕，馬克思在很長時間內也都傾向於認為印度是所有公社所有制的源頭，這主要受到了當時流行的「雅利安人」學說的影響〔註37〕，直到 1870 年 2 月 17 日在致路德維希·庫格曼的信中馬克思還這樣說道：「公社所有制起源於蒙古的說法是一種歷史的謊言。正像我在我的著作中多次指出的那樣，它起源於印度，因而在歐洲各文明國家發展的初期都可以看到。俄國公社所有制的特殊斯拉夫的（不是蒙古的）形態（它也可以在非俄羅斯的南方斯拉夫人中看到）甚至最像經過相應的改變的、印

〔註 34〕《馬克思恩格斯全集》第 13 卷，第 9 頁。
〔註 35〕E·霍布斯保姆《馬克思〈資本主義生產以前各形態〉導言》，收入郝鎮華編《外國學者論亞細亞生產方式》，第 14 頁。
〔註 36〕〔蘇聯〕B·H·尼基福羅夫《亞細亞生產方式問題的歷史》，收入郝鎮華編《外國學者論亞細亞生產方式》，第 214 頁。
〔註 37〕佐藤正人『「ザスーリチの手紙への回答」およびそれの「下書き」考』，第 234 頁。

度公社所有制的古代德意志的變種。」〔註38〕

「亞細亞生產方式」概念的提出標誌著馬恩在社會發展理論的研究上進入了新的階段，而這種研究正是以對亞洲形式下公社的研究爲基礎的。

第三節　馬恩的社會發展理論與「公社」問題（下）

1867 年，《資本論》第一卷終於出版。在《資本論》第一卷中，馬克思仍然討論有關「亞細亞生產方式」的問題，特別是在第 1 卷中馬克思還直接提出了「古亞細亞的」生產方式，並且再次以印度公社作爲典型的案例加以論述。〔註39〕

而也正是在其後的 1868 年，馬克思閱讀了毛勒研究日耳曼公社的著作。在 3 月 14 日致恩格斯的信中，馬克思差不多以興奮的口氣說道：「我提出的歐洲各地的亞細亞的或印度的所有制形式都是原始形式，這個觀點在這裡（雖然毛勒對此毫無所知）再次得到了證實。」毛勒證明：古代日耳曼人同樣也是沒有私有財產的，作爲構成「亞細亞生產方式」基礎的公社形式也存在過，只不過它在很早的時候就消亡了，這就說明「亞細亞生產方式」並不是亞洲所獨有的，而普遍存在於世界各地的歷史上。馬恩雖然也曾在《德意志意識形態》一書中從法律角度推論公社財產或部族財產是財產發展的起點，但是毛勒著作的重要意義在於，他在眞正意義上證明了「土地私有制只是後來才產生的」。馬恩本來都認爲不存在土地私有制是瞭解東方天國的一把眞正的鑰匙，現在既然能證明在歐洲歷史上也存在這樣一個階段，「亞細亞生產方式」的提法當然也就失去了其原來的意義。於是，馬恩在之後的著作中開始迴避「亞細亞生產方式」這一提法。〔註40〕

〔註38〕《馬克思恩格斯全集》第 32 卷，第 637 頁。

〔註39〕《馬克思恩格斯全集》第 23 卷，北京：人民出版社，1972 年 9 月，第 96、395～397 頁。

〔註40〕魏特夫攻擊馬克思和恩格斯之所以放棄對「亞細亞生產方式」的探討，主要是因爲東方專制主義和他們所計劃建立的國家社會主義之間存在著「某些令人煩悶的相似之點」。（徐式谷等譯、卡爾·A·魏特夫著《東方專制主義》，北京：中國社會科學出版社，1989 年 9 月，第 407～408 頁。）但有學者曾對照了馬克思恩格斯生前出版的《資本論》第一卷的四個德文版（1867 年，1872年，1883 年，1890 年），發現在第二版中作了若干補充外，關於「亞細亞生產方式」問題的一些見解基本上保持了原狀，沒有做任何重大的改變。可見，那種認爲馬克思，包括恩格斯放棄了「亞細亞生產方式」的說法是站不住腳

　　但是迴避「亞細亞生產方式」的提法並不等於馬恩因此放棄了對東方社會特殊性的探討。因為新的問題又引起了新的矛盾，作為相同的公社形式，為什麼在歐洲的條件下消失得如此之早，而在東方條件下卻又得以長期存在呢？這對東西方的社會發展道路又有何種影響？馬克思和恩格斯都對此作了繼續探討。特別是馬克思，自《資本論》第一卷發表後直到他去世，他的很大精力都花費在了對公社問題的研究上。這除了理論研究的需要外，還主要是東方國家革命形勢的發展迫切要求對其社會歷史予以準確的判定。

　　1868 年底，馬克思研究有關地租和土地關係時，就非常注意農村公社及其在不同時代在各個民族（包括斯拉夫各民族，特別是俄羅斯民族）的社會經濟制度中的地位和作用。〔註 41〕馬克思對當時俄國的革命運動表現出了極大的興趣，為了閱讀恩‧弗列羅夫斯基的《俄國工人階級的狀況》和瞭解尼‧加‧車爾尼雪夫斯基的經濟學著作還專門學習了俄語〔註 42〕，車爾尼雪夫斯基的著作特別是他主張通過農村公社過渡到社會主義的思想極大地觸動了馬克思。〔註 43〕19 世紀 60 年代後期及 70 年代，俄國土地關係及公社問題成為了馬克思研究工作的重要組成部分，他閱讀和研究了大量有關這方面的文獻著作〔註 44〕，並且還和研究公社問題的俄國社會學家兼歷史學家馬‧馬‧科瓦列夫斯基等保持了密切的交往〔註 45〕。

　　70 年代以來，馬克思對公社及其在東方社會發展中的地位及意義的看法發生了重大改變。在 1877 年 11 月左右《給〈祖國紀事〉雜誌編輯部的信》中，馬克思針對一些人根據《資本論》中原始積累的那一章得出俄國也必須摧毀農村公社以過渡到資本主義的看法提出了自己的意見。他說〔註 46〕：

　　　　……為了能夠對當代俄國的經濟發展作出準確的判斷，我學習

　　　的。（〔蘇聯〕H‧B 捷爾－阿科標《馬克思和恩格斯關於亞細亞生產方式和農業公社觀點的發展（上）》，收入郝鎮華編《外國學者論亞細亞生產方式》，第139 頁注①）

〔註 41〕　《馬克思恩格斯生平事業年表》，北京：人民出版社，1976 年 8 月第 1 版，第298～299 頁。

〔註 42〕　同上，第 310～311 頁。

〔註 43〕　小松善雄『晩年期のマルクスの移行過程論』，〔日本〕『立教経済学研究』，2008 年第 61 卷第 4 号，第 141～142 頁。

〔註 44〕　《馬克思恩格斯生平事業年表》，第 330、385、391、394、408、415 頁等。

〔註 45〕　同上，第 407、413 頁。

〔註 46〕　馬克思《給〈祖國紀事〉雜誌編輯部的信》，《馬克思恩格斯全集》（第二版）第 25 卷，北京：人民出版社，2001 年，第 143～145 頁。

了俄文，後來又在許多年內研究了和這個問題有關的官方發表的和其他方面發表的資料。我得到了這樣一個結論：如果俄國繼續走它在 1861 年所開始走的道路，那它將會失去當時歷史所能提供給一個民族的最好的機會，而遭到資本主義制度所帶來的一切災難性的波折。

關於原始積累的那一章只不過想描述西歐的資本主義經濟制度從封建主義經濟制度內部產生出來的途徑。因此，這一章敘述了使生產者同他們的生產資料分離，從而把他們變成雇傭工人（現代意義上的無產者）而把生產資料佔有者變成資本家的歷史運動。……

……他（尼・康・米海洛夫斯基──斌）一定要把我關於西歐資本主義起源的歷史概述徹底變成一般發展道路的歷史哲學理論，一切民族，不管它們所處的歷史環境如何，都注定要走這條路，──以便最後都達到在保證社會勞動生產力極高度發展的同時又保證每個生產者個人最全面的發展的這樣一種經濟形態。但是我要請他原諒。（他這樣做，會給我過多的榮譽，同時也會給我過多的侮辱。）……

他還例舉了古代羅馬平民的例子來證明自己的觀點。雖然羅馬平民也經歷了同他們的生產資料和生存資料相分離的運動，但由於歷史環境的不同，發展起來的生產方式不是資本主義，而是奴隸制。「因此，極為相似的事情發生在不同的歷史環境中就引起了完全不同的結果。」

由此可見，馬克思在這裡已經改變了他在 50 年代初期關於「農村公社」歷史作用的看法，他不再認為要像印度一樣通過消滅「農村公社」而使整個社會獲得新生，而是傾向於認為東方社會的俄國可以不經受資本主義制度的苦難，在發展它所特有的歷史條件的同時取得資本主義制度的全部成果。也就是說，馬克思並不認為自己「關於西歐資本主義起源的歷史概述」是普遍真理，由於「歷史環境」的不同，東方社會的發展道路本來就可以不同於西歐社會。

這個時期，馬克思搜集並研究了有關俄國經濟和農業狀況的大量材料。〔註47〕特別是 1879 年 10 月至 1880 年 10 月間，馬克思為了研究地租問題和整個土地關係問題，仍然十分注意有關公社的資料和文獻，他閱讀了科瓦列

〔註47〕《馬克思恩格斯生平事業年表》，第 425、427、435 頁。

夫斯基的著作《公社土地佔有制，它的瓦解原因、過程和結果》，並且做了詳細的筆記。〔註48〕緊接著，在 1880 年底到 1881 年初他還閱讀並詳細摘要了摩爾根的著作。〔註49〕這些研究成果後來集中反映在了他爲給查蘇利奇回信所擬的四個覆信草稿中。

1881 年 2 月 18 日左右，俄國女革命家維・伊・查蘇利奇給馬克思寫信，她在信中代表俄國的社會主義者請求馬克思談談他對俄國社會經濟發展的前景，特別是對俄國農村公社命運的看法。馬克思接到信後，在其爲覆信所擬的四個草稿中，綜合他所研究的俄國農村公社的資料，總結了農業生產的集體形式及其在俄國實現的條件。《給維・伊・查蘇利奇的覆信》及《覆信草稿》是我們瞭解馬克思逝世前對於社會發展理論思考的最重要的文獻。

馬克思在草稿中更加明確地指出，《資本論》中有關資本起源的理論及其「歷史必然性」僅限制在西歐各國範圍內，並不適用於俄國。馬克思改變了過去認爲摧毀「農村公社」是推動東方社會前進的必要前提的看法，對於印度，他在「三稿」中這樣說道：

> ……至於比如說東印度，那麼，大概除了亨・梅恩爵士及其同流人物之外，誰都知道，那裡的土地公有制是由於英國的野蠻政策行爲才被消滅的，這種行爲不是使當地人民前進，而是使他們後退。
>
> 〔註50〕

他在分析俄國農村公社等的基礎上提出了「農業公社」的理論（「初稿」），認爲「**俄國**的公社就是通常稱做農業公社的一種類型。在西方相當於這種公社的是存在時期很短的**日耳曼公社**。」（「三稿」）〔註51〕「農業公社」理論是馬克思在吸收摩爾根、科瓦列夫斯基學說的基礎上研究「公社」問題及社會

〔註48〕《馬克思恩格斯生平事業年表》，第 429 頁。

〔註49〕《馬克思古代社會史筆記》，北京：人民出版社，1996 年 8 月第 1 版，第 553 頁注 72。

〔註50〕韋建樺主編《馬克思恩格斯文集》，第 3 卷，北京：人民出版社，2009 年，第 584 頁。按：《馬克思恩格斯全集》（第二版）第 25 卷收錄了四篇覆信草稿與正式覆信，韋建樺主編的《馬克思恩格斯文集》第 3 卷依據《全集》（第二版）收錄了「初稿」、「三稿」及《覆信》，而且《文集》在《全集》（第二版）的基礎上對有關譯文作了進一步的考訂，更爲準確、可靠。因此，本書有關「初稿」、「三稿」及《覆信》的中譯文均據《文集》第 3 卷引用，「二稿」、「四稿」的中譯文則據《全集》（第二版）第 25 卷引用。

〔註51〕同上。

發展理論的巨大嘗試，他試圖以「農業公社」所具有的公私二重性來解釋公社在西歐社會消失得如此之早，而在東方社會卻得以長期存在的根本原因，從而試圖在理論上來統一把握東西方社會的歷史發展規律。他認爲「農業公社」具有的公私二重性能夠賦予它強大的生命力，他在「初稿」、「三稿」中強調指出：

> 「農業公社」的構成形式只能有兩種選擇：或者是它所包含的私有制因素戰勝集體因素，或者是後者戰勝前者。先驗地說，兩種結局都是可能的，但是，對於其中任何一種，顯然都必須有完全不同的歷史環境。一切都取決於它所處的歷史環境。〔註52〕

> ……農業公社固有的二重性使得它只能有兩種選擇：或者是它的私有制因素戰勝集體因素，或者是後者戰勝前者。一切都取決於它所處的歷史環境。〔註53〕

正是基於這樣的認識，馬克思指出俄國可以佔有資本主義制度所創造的一切積極成果發展它的土地公有制，可以不通過資本主義制度的「卡夫丁峽谷」。值得注意的是，在《覆信草稿》中馬克思仍然延續了20多年前的觀點，認爲構成俄國社會基礎的是土地的公有制。他說：「在西方的運動中，問題是**把一種私有制形式變爲另一種私有制形式**。相反，在俄國農民中，則是**要把他們的公有制變爲私有制**。」〔註54〕

雖然就如本書以下所要論及的那樣，馬克思本人也因爲「農業公社」理論的不成熟最終放棄了對這個問題的探討，但是我們仍然可以看到，在馬克思那裡，東方社會的發展途徑可以不同於西歐社會。然而問題是：這種以公社爲基礎、已經延續近千年的、不存在土地私有制的社會到底是什麼社會呢？

20多年前，馬克思在《資本主義生產以前的各種形式》一文中曾使用過「普遍奴隸制」的提法，他認爲這種東方社會的「普遍奴隸制」不存在「勞動者本身表現爲服務於某一第三者個人或共同體的自然生產條件之一」〔註55〕的

〔註52〕韋建樺主編《馬克思恩格斯文集》，第3卷，第574頁。四個《覆信草稿》的正確順序應爲：「二稿」→「初稿」→「三稿」→「四稿」，詳見上編第四章第二節，本書按照這個順序考察和引用《覆信草稿》。
〔註53〕同上，第586頁。
〔註54〕同上，第583頁。
〔註55〕《資本主義生產以前的各種形式》，《馬克思恩格斯全集》（第二版）第30卷，第489頁。

特點，而是

　　……在大多數亞細亞的基本形式中，凌駕於所有這一切小的共
同體之上的總合的統一體表現為**更高的所有者**或唯一的所有者，因
而實際的公社只不過表現為**世襲**的佔有者。因為這種統一體是實際
的所有者，並且是公共財產的實際前提，所以統一體本身能夠表現
為一種凌駕於這許多實際的單個共同體之上的**特殊東西**，而在這些
單個的共同體中，各個個別的人事實上失去了財產，或者說，財產
——即單個的人把勞動和再生產的**自然條件**看作屬於他的條件，看
作他的主體的以無機自然形式存在的客體軀體這樣一種關係——對
這個別的人來說是間接的財產，因為這種財產，是由作為這許多共
同體之父的專制君主所體現的總的統一體，以這些特殊的公社為中
介而賜予他的。因此，剩餘產品——其實，這在立法上被規定為通
過勞動而實際佔有的成果——不言而喻地屬於這個最高的統一體。

　　因此，在東方專制制度下以及那裡從法律上看似乎並不存在財
產的情況下，這種部落的或公社的財產事實上是作為基礎而存在
的，這種財產大部分是在小公社範圍內通過手工業和農業相結合而
創造出來的，因此，這種公社完全能夠自給自足，而且在自身中包
含著再生產和擴大生產的一切條件。公社的一部分剩餘勞動屬於最
終作為一個個人而存在的更高的共同體，而這種剩餘勞動既表現在
貢賦等等的形式上，也表現在為了頌揚統一體——部分地是為了頌
揚現實的專制君主，部分地為了頌揚想像的部落體即神——而共同
完成的工程上。〔註56〕

他雖然認為在亞細亞形式下「單個的人從來不能成為所有者，而只不過是佔
有者，所以他本身實質上就是作為公社統一體的體現者的那個人的財產，即
奴隸」，但同時也強調：「奴隸制在這裡既不破壞勞動的條件，也不改變本質
的關係」〔註57〕。

　　與上述觀點類似，在《覆信草稿》「二稿」中，馬克思是這樣說的：

　　……農村公社的孤立性、公社與公社之間的生活缺乏聯繫、這

────────────

〔註56〕《資本主義生產以前的各種形式》，《馬克思恩格斯全集》（第二版）第30卷，
　　　　第467頁。

〔註57〕同上，第486頁。

種與世隔絕的小天地，並不到處都是這種最後的原始類型的內在特徵，但是，在有這一特徵的任何地方，它總是把集權的專制制度矗立在公社的上面。……〔註58〕

「初稿」中則又指出：

> 俄國的「農業公社」有一個特徵，這個特徵造成它的軟弱性，從各方面來看對它都是不利的。這就是它的孤立性，公社與公社之間的生活缺乏聯繫，這種與世隔絕的小天地並不到處都是這種類型的公社的內在特徵，但是，在有這一特徵的地方，這種與世隔絕的小天地就使一種或多或少集權的專制制度凌駕於公社之上。俄羅斯北部各公社的聯合證明，這種孤立性在最初似乎是由於領土遼闊而形成的，在相當大的程度上又由於蒙古人入侵以來俄國遭受的政治命運而加強了。……〔註59〕

然而，與之前觀點不同的是，馬克思在《覆信草稿》中更強調的是「農業公社」時期的過渡性，他在「初稿」中說：

> ……「農業公社」到處都是古代社會形態的最近的類型；由於同樣的原因，在古代和現代的西歐的歷史運動中，農業公社時期是從公有制到私有制、從原生形態到次生形態的過渡時期。……〔註60〕

「三稿」中也同樣強調道：

> 農業公社既然是原生的社會形態的最後階段，所以它同時也是向次生形態過渡的階段，即以共有制〔註61〕為基礎的社會向以私有制為基礎的社會的過渡。不言而喻，次生形態包括建立在奴隸制上和農奴制上的一系列社會。〔註62〕

可見，與50年代後期在《資本主義生產以前的各種形式》中認為東方社會是「普遍奴隸制」的觀點相比較，馬克思在《覆信草稿》中表現出了更為謹慎的態度，他更加強調了這個時期向「次生形態」社會（即包括建立在奴隸制上和農奴制上的一系列社會）的過渡的性質。

關於東方社會特殊性的問題，恩格斯的解答則主要反映在《反杜林論》

〔註58〕《馬克思恩格斯全集》（第二版）第25卷，第473頁。
〔註59〕韋建樺主編《馬克思恩格斯文集》，第3卷，第575頁。
〔註60〕同上，第574頁。
〔註61〕斌按，此處的「公有制」譯作「共有制」較為妥當，參看本書附錄。
〔註62〕同註59，第586頁。

（1876 年 5 月底～1878 年 7 月初）及其準備材料中。

恩格斯說：「在實行土地公有制的氏族公社或農村公社中（一切文明民族都是從這種公社或帶著它的非常顯著的殘餘進入歷史的）」〔註 63〕，「古代的公社，在它繼續存在的地方，在數千年中曾經是從印度到俄國的最野蠻的國家形式即東方專制制度的基礎。只是在公社瓦解的地方，人民才靠自身的力量繼續向前邁進，他們最初的經濟進步就在於利用奴隸勞動來提高和進一步發展生產。」〔註 64〕「東方的專制制度是基於公有制」〔註 65〕的。他還提出了階級和國家的兩種起源模式，在第一種情況下：

> ……在每個這樣的公社中，一開始就存在著一定的共同利益，維護這種利益的工作，雖然是在全社會的監督之下，卻不能不由個別成員來擔當……這些職位被賦予了某種全權，這是國家權利的萌芽。生產力逐漸提高；較密的人口在一些場合形成了各個公社之間的共同利益，在另一些場合又形成了各個公社之間的相牴觸的利益，而這些公社集合為更大的整體又引起新的分工，建立新的機構來保護共同利益和反對相牴觸的利益。這些機構，作為整個集體的共同利益的代表，在對每個單個的公社的關係上已經處於特別的、在一定情況下甚至是對立的地位，它們很快就變為更加獨立的了，這種情況的造成，部分地是由於社會職位的世襲——這種世襲在一切事情都是自發地進行的世界裏差不多是自然而然地形成的，——部分地是由於同別的集團的衝突的增多，而使得建立這種機構的必要性增加了。……〔註 66〕

第二種情況則是：

> 農業家族內的自然形成的分工，達到一定的富裕程度時，就有可能吸收一個或幾個外面的勞動力到家族裏來。在舊的土地公有制已經崩潰或者至少是舊的土地共同耕作制已經讓位給各個家族的小塊土地耕種制的那些地方，上述情況尤為常見。生產已經發展到這樣一種程度：人的勞動力所能生產的東西超過了單純維持勞動

〔註63〕恩格斯《反杜林論》，收入《馬克思恩格斯全集》第 20 卷，北京：人民出版社，1971 年 3 月，第 161 頁。
〔註64〕同上，第 197 頁。
〔註65〕同上，第 681 頁。
〔註66〕同上，第 194～195 頁。

力所需要的數量；維持更多的勞動力的資料已經具備了；使用這些
勞動力的資料也已經具備了；勞動力獲得了**價值**。但是公社本身和
公社所屬的集團還不能提供多餘的供自由支配的勞動力。戰爭卻提
供了這種勞動力，……**奴隸制**被發現了。這種制度很快就在一切已
經發展得超過舊的公社的民族中成了占統治地位的生產形式，……
〔註67〕

這樣，在《反杜林論》中，恩格斯明確區分了東西方歷史發展的不同道
路，而這種不同在很大程度上可以說都是基於公社發展階段本身的。在第一
種情況即東方的情形下，可以說國家是先於階級出現的，恩格斯在同書中還
曾指出：

但是，隨著分配上的差別的出現，也出現了**階級差別**。社會
分爲享特權的和被損害的、剝削的和被剝削的、統治的和被統治的
階級，而同一氏族的各個公社自然形成的集團最初只是爲了維護共
同利益（例如在東方是灌溉）、爲了抵禦外敵而發展成的國家〔著
重號爲斌所加〕，從此也就同樣具有了這樣的職能：用暴力對付被
統治階級，維持統治階級的生活條件和統治條件。〔註68〕

1883 年 3 月 14 日，馬克思與世長辭。直到逝世之前，馬克思並未來得及
對他所關心的東方社會的歷史道路作出進一步的更爲明確的說明。而在馬克
思逝世之後，恩格斯的研究似乎又表現出了新的特點。在爲實現馬克思的遺
願〔註69〕而寫的《家庭、私有制和國家的起源》（以下在正文中簡稱《起源》）
一書中，恩格斯利用了馬克思對摩爾根《古代社會》一書所作的摘要。特別
是在 1891 第四版的修訂中，恩格斯吸取了科瓦列夫斯基《家庭及所有制的起
源和發展概論》（1890 年）中關於家長制家庭公社是氏族公社和農村公社（馬
爾克）之間過渡階段的重要結論，進一步完善了公社形態的演進理論。但是，
《起源》在關於東方社會發展道路的問題上卻幾乎沒有作太多的涉及。在國

〔註67〕恩格斯《反杜林論》，收入《馬克思恩格斯全集》第 20 卷，第 196 頁。
〔註68〕同上，第 162 頁。
〔註69〕恩格斯《家庭、私有制和國家的起源》，收入《馬克思恩格斯選集》第四卷第
　　　二版，第 1 頁。但也有學者指出馬克思的筆記與恩格斯的《起源》對摩爾根
　　　《古代社會》一書的關注角度是非常不同的，他們對摩爾根的態度不能等而
　　　視之。（參見馮利等譯、〔英〕莫里斯·布洛克著《馬克思主義與人類學》，北
　　　京：華夏出版社，1988 年 11 月，第 52～54 頁。）

家與階級起源的問題上，《起源》書中明顯只談到了西方社會的歷史發展道路，恩格斯寫道：

> ……確切說，國家是社會在一定發展階段上的產物；國家是承認：這個社會陷入了不可解決的自我矛盾，分裂爲不可調和的對立面而又無力擺脫這些對立面。而爲了使這些對立面，這些經濟利益互相衝突的階級，不致在無謂的鬥爭中把自己和社會消滅，就需要有一種表面上凌駕於社會之上的力量，這種力量應當緩和衝突，把衝突保存在「秩序」範圍以內；這種從社會中產生但又自居於社會之上並且日益同社會相異化的力量，就是國家。〔註70〕

特別是在關於「私有制」起源的問題上，該書顯然把它與「國家」、「階級」的起源放到了同等的位置加以論述。他所論述的文明時代的三大奴役形式——希臘羅馬的奴隸制、中世紀的農奴制、近代的雇傭勞動制——當然也是以私有制爲前提和基礎的。恩格斯在書中也隱約提到過東方的制度，他說：「他們還沒有達到形成了的奴隸制：既沒有達到古典古代的勞動奴隸制，也沒有達到東方的家庭奴隸制」〔註71〕，但是「東方的家庭奴隸制」到底是什麼，恩格斯在書中是語焉不詳的。總之，《起源》一書主要研究的是歐洲的歷史過程，對於東方社會的情況基本上沒有涉及，就如他自己在書中所稱的那樣：「由於篇幅的原因，我們不能詳細研究今天仍然在各種不同的蒙昧民族和野蠻民族中間以比較純粹或比較模糊的形式存在著的氏族制度，或者亞洲的文化民族的古代歷史上的氏族制度的痕跡了。」〔註72〕

綜上所述，馬恩對於公社的研究前後將近半個世紀，他們始終站在同時代最新研究成果的基礎上不斷地完善著自己的理論體系。在對於人類社會發展規律的研究上，馬恩始終注意研究公社的發展、演變以至崩壞對於人類社會歷史進程的作用與影響。雖然馬恩曾以極其敏銳的眼光覺察到東西方社會在發展道路與模式上呈現出不同的特點，但是他們在有生之年都沒有來得及像考察西歐的歷史進程一樣來詳細、系統地考察東方社會，而這個任務也就留給了後人。

〔註70〕恩格斯《家庭、私有制和國家的起源》，收入《馬克思恩格斯選集》第四卷第二版，第170頁。
〔註71〕同上，第157頁。
〔註72〕同上，第129頁。

第二章 當代相關學科對「公社」 理論的進一步探討

　　馬克思恩格斯之後的一百多年以來，與「公社」理論具有密切關係的文化人類學、民族學等學科都取得了飛速的發展。在有關「公社」問題的認識上，一些學者根據了新的事實得出了與馬恩當年很不相同的結論。這些新的觀點是否妥當？或者說，新的被發現的事實是否已經積累到這樣一種程度，可以完全推翻馬恩的假說，甚至取而代之了呢？我們準備從「氏族公社」、「家庭公社」以及「農村公社」當代研究的三個方面予以簡單述評。

第一節　氏族公社

　　1877 年，美國人類學家亨利·路易斯·摩爾根出版了《古代社會》一書，他通過田野考察及推理的方式為人類的史前史建立了一個體系。當時馬克思正在研究俄國農村公社的命運問題，他對人類歷史上的公社所有制形態顯得尤為關注。馬克思經科瓦列夫斯基的介紹得知了《古代社會》〔註1〕，1880 年底至 1881 年初馬克思研讀了摩爾根的這本著作並且作了十分詳細的摘要。據恩格斯回憶說，馬克思曾打算聯繫他的唯物主義的歷史研究所得出的結論來闡述摩爾根的成果〔註2〕，但是他未能完成這一任務就於 1883 年去世了。恩格斯於 1884 年根據馬克思的有關筆記及自己的研究寫成了《起源》

〔註1〕　林耀華、莊孔韶《父系家族公社形態研究》，第 141 頁。
〔註2〕　恩格斯《家庭、私有制和國家的起源》，收入《馬克思恩格斯選集》第四卷第二版，第 1 頁。

一書，書中高度評價摩爾根的成就，認爲「摩爾根在美國，以他自己的方式，重新發現了 40 年前馬克思所發現的唯物主義歷史觀，並且以此爲指導，在把野蠻時代和文明時代加以對比的時候，在主要點上得出了與馬克思相同的結果」〔註 3〕。恩格斯在《起源》書中全面吸收了摩爾根的研究成果，對摩爾根所發現的「氏族」制度尤爲稱讚，他說：

> 確定原始的母權制氏族是文明民族的父權制氏族以前的階段的這個重新發現，對於原始歷史所具有的意義，正如達爾文的進化理論對於生物學和馬克思的剩餘價值理論對於政治經濟學的意義一樣。它使摩爾根得以首次繪出家庭史的略圖；這一略圖，在目前已知的資料所容許的限度內，至少把典型的發展階段大體上初步確定下來了。非常清楚，這樣就在原始歷史的研究方面開始了一個新時代。母權制氏族成了整個這門科學所圍著旋轉的軸心；自從它被發現以後，人們才知道，應該朝著什麼方向研究和研究什麼，以及應該如何去整理所得的結果。因此，現在在這一領域內正取得比摩爾根的著作出版以前更加迅速得多的進步。〔註4〕

然而自摩爾根《古代社會》發表以來，已經過去了近一個半世紀，在這期間，無論是人類學、民族學還是考古學的研究，都取得了長足的進展，新的材料在很多方面都對摩爾根的理論提出了挑戰。〔註5〕

以「普那路亞家庭」而論，恩格斯根據摩爾根的研究，認爲「氏族制度，在絕大多數情況下，都是從普那路亞家庭中直接發生的」〔註6〕。然而現代科學已經證明，摩爾根所認爲的「普那路亞家庭」——包括作爲其前一階段的「血緣家庭」形式——都從來沒有存在過。〔註7〕摩爾根所依據的有關夏威夷人的材料並不確切，他受到了美洲傳教士的誤導，低估了夏威夷人的歷史發

〔註 3〕 恩格斯《家庭、私有制和國家的起源》，收入《馬克思恩格斯選集》第四卷第二版，第 1 頁。

〔註 4〕 同上，第 14～15 頁。

〔註 5〕 摩爾根體系所面臨的問題包括許多方面，本書主要圍繞「氏族」的問題加以探討。有關其他問題的詳細論述可參見莫里斯·布洛克著《馬克思主義與人類學》第三章以及童恩正《摩爾根模式與中國的原始社會史研究》（《中國社會科學》，1988 年第 3 期）等文獻。

〔註 6〕 同註 3，第 38 頁。

〔註 7〕 蔡俊生譯、Ю·И·謝苗諾夫著《婚姻和家庭的起源》，北京：中國社會科學出版社，1983 年 12 月，第 49 頁。

展水平，以至錯誤地認識了夏威夷人的家庭婚姻關係。〔註8〕恩格斯在《起源》第一版中完全接受了摩爾根的看法，但是在第四版的修訂中其實也已經意識到了這一錯誤，因此他在準備第四版的時候，凡在有可能的一切地方都用「群婚」一詞代替了「普那路亞家庭」。〔註9〕

在摩爾根的體系中，普那路亞家庭被認為是氏族制的基石，普那路亞家庭的被否定必然會導致人們對氏族制存在與否的懷疑。摩爾根之後的一些西方人類學家認為，從人類社會形成之初開始，最基層的生產和生活單位很可能就是有一對臨時或長期結合在一起的男女及其後代組成的家庭；甚至還有人類學家聲稱，核心家庭的普遍發現，乃是二十世紀人類學研究方面所取得的最大成就之一。〔註10〕基於這種對人類歷史上家庭形式的認識，有學者認為：氏族不是普遍的，它只為人類的某些群體所特有，而且這些群體不一定處於統一的發展階段。〔註11〕他們甚至指出：人類社會在其發展的一切階段都是由家庭（對偶婚姻和一夫一妻制婚姻）組成的，氏族從來都不是、也不可能是原始社會的基本基層單位。〔註12〕並且在氏族的存在形態上，有人也提出了新的看法，他們認為：從形態學角度看，氏族不是一個在一起共同居住的統一體，它的成員是分散的，而不是集中的，他們不共同佔有有形財富，而傾向於作為一個主持儀式之類事物的單位而存在；氏族共同生活、共同耕作的情況，即使存在，也不會在歷史過程之中具有主導的意義。〔註13〕這些觀點實際上都從不同的角度否定了摩爾根、恩格斯所認為的人類家庭的進化模式。

但是，也有學者在否定血緣家庭和普納路亞家庭假說的同時肯定了摩爾根、恩格斯有關氏族制的觀點。如謝苗諾夫在《婚姻和家庭的起源》一書中堅持並且發展了摩爾根學說中關於家庭婚姻關係的進化是從亂婚經過群婚走向對偶婚姻和一夫一妻制婚姻的思想，他從族外婚、兩合氏族組織興起的角度論述了氏族組織的形成過程。布洛克雖然認為摩爾根、恩格斯關於氏族組

〔註8〕　蔡俊生譯、Ю·И·謝苗諾夫著《婚姻和家庭的起源》，第39頁。

〔註9〕　同上，第35～36頁。

〔註10〕　童恩正《摩爾根模式與中國的原始社會史研究》，第185～186頁。

〔註11〕　Л·А·法因貝爾格《氏族、公社與家庭》，《民族譯叢》，1982年第3期，第33頁。

〔註12〕　同註8，第59頁。

〔註13〕　孫厚生《前資本主義生產的原型與基質——公社所有制研究》（未刊行），東北師範大學博士學位論文，2000年4月，第43、53、103頁。

織的概念需要在很大程度上加以修正，但是他同時認為「他們關於他們稱之為『氏族組織』的血緣群體社會的政治組織的觀點，是非常現代的，有用的，而且似乎為較近期的發現所證實。」〔註14〕

由一對臨時或長期結合的男女及其後代組成的家庭是否存在於人類歷史的最初階段，這是一個非常有趣並且需要繼續深入研究的問題，但是我們認為即使存在有這種對偶家庭也並不能從根本上否定人類歷史早期存在外婚制及氏族制的可能性。謝苗諾夫就曾令人信服地指出〔註15〕：

> 考古學家們為證明對偶家庭存在而引用的有關住所的資料，其中最早的大約存在於 2.4～2.5 萬年前（即巴浦洛沃時代），而所有其他住所則都屬於更晚的時候。但是向舊石器時代後期的過渡卻發生在 3.4～4 萬年前。換句話說，晚期舊石器時代的開始距離考古學家們認為可以證明小家庭存在的最早古跡的出現，至少也有 1～1.5 萬年。由此可見，即使上述這些研究家對他們所列舉的考古學資料的解釋完全正確，也絲毫不能成為反駁擺脫了地域局限性的群婚概念的理由。

> 實際上，考古學家們不僅沒有根據斷言對偶家庭存在於整個晚期舊石器時代期間，更不用說早期舊石器時代，而且，他們援引的晚期舊石器時代後期有利於小家庭存在的論據，也遠不是無可非議的。

比起氏族制是否存在的這個問題，摩爾根之後在世界學術界真正引起廣泛爭論的，是關於母系氏族社會與父系氏族社會的先後問題。摩爾根和恩格斯認為，母系氏族社會上接雜交階段，下啟父系氏族社會。而當代大多數人類學家雖都承認母系氏族社會的存在，並發現這種社會與一定的居住習慣以及一定的生產方式相聯繫，但他們卻不認為母系與父系存在著前後相繼的關係。〔註16〕更為不同的是，福茲和伊文斯－普利查德則指出，部落社會的血緣集團，可以是母系的，也可以是父系的，而不是像摩爾根所認為的那樣僅僅是母系的。〔註17〕一些民族學的研究也表明，在當代仍處於狩獵采集生產力水平的民族中，有母系，有父系，也有兩可繼嗣或兩邊繼嗣，甚至是無系

〔註14〕 莫里斯‧布洛克著《馬克思主義與人類學》，第 91 頁。
〔註15〕 蔡俊生譯、Ю·И·謝苗諾夫著《婚姻和家庭的起源》，第 223～224。
〔註16〕 童恩正《摩爾根模式與中國的原始社會史研究》，第 182 頁。
〔註17〕 同註 14。

的。〔註18〕

　　與母系制相聯繫的另一個問題，則是母權制。摩爾根和恩格斯將母系與母權制等同起來，認爲在母系社會中，權力掌握在婦女手中。他們認爲在狩獵采集社會中，婦女在生產中佔有主導地位，所以社會地位也比男性要高，但當畜牧業發生以後，男性的地位逐漸崛起，最終導致了母權制的覆滅。當代人類學的研究卻表明，狩獵采集經濟之後，在一般情況下繼之而起的是農業，畜牧業的出現應晚於農業，而且即使婦女在生產中佔有重要地位，也並不一定導致其一定享有重要的社會地位。〔註19〕

　　總之，在研究資料不斷積累的今天，我們掌握的資料無論在量的方面，還是在準確性方面都已經遠遠超過了摩爾根和恩格斯的時代，這就在客觀上需要對摩爾根恩格斯的體系做出新的更爲科學的修正。然而在目前的條件下，要在全世界範圍內爲氏族社會建立一個統一的模式似乎還爲之過早。但是我們卻有理由認爲，利用氏族的理論對一個具體社會進行分析仍然是可行的，至少在中國古代史的研究領域是這樣。

　　在討論氏族制的過程中，一些學者對於公社出現的時間也提出了不同的看法。有人認爲公社和家庭是普遍的，所有部落都有，而氏族不是普遍的，也不是原始的；甚至還認爲原始社會的基本單位不是氏族就是公社，二者必居其一，但這類觀點遭到了其他學者的堅決反對。〔註20〕在仍然繼承摩爾根體系的基本精神並對其作出進一步修正的學者中，對於公社出現時間的觀點也不盡統一。如謝苗諾夫認爲氏族先於公社，即：在家庭關係加強和親族關係削弱的基礎上造成了不同氏族的男人集團和女人集團會愈益經常地相處在一起，並且歸根結蒂形成一種固定的地域性經濟單位——公社，他並且談到了在不同類型的原始社會裏公社的不同特點〔註21〕；但是中國學者蔡俊生則認爲公社的出現先於氏族，他認爲「就基本的特徵而言，無疑地可以說：公社就是人類集體進行直接的社會生產和共同分配的社會單位」，「最初公社的出現不會晚於40萬年前，……而40萬年前距離氏族的產生差不多還有36

〔註18〕Ю·И·謝苗諾夫著《婚姻和家庭的起源》，第183頁。

〔註19〕童恩正《摩爾根模式與中國的原始社會史研究》，第183～184頁：莫里斯·布洛克著《馬克思主義與人類學》，第84～86頁。

〔註20〕Л·А·法因貝爾格《氏族、公社與家庭》，第34～35頁。

〔註21〕同註18，第247～264頁。

萬年的歷史進程。」他不同意摩爾根關於氏族的定義〔註22〕，而認爲氏族是由狹義類別式的親屬關係構成的社會單位，並且認爲在由氏族向家庭發展的過程中，氏族與公社的關係也經歷了重合、不相吻合的關係。〔註23〕

顯然，把氏族與公社對立起來的學者，主要是由於他們認爲家庭從來就是人類社會最初的基本單位，而沒有充分地認識到在人類社會中，家庭與其他事物一樣，也僅是一個歷史性的範疇。在把家庭作爲歷史範疇進行研究的學者中，其分歧就主要是由於他們對公社基本特徵的認識不同而造成的，但卻並不妨礙他們在家庭後起觀點上的一致性。

在對氏族制的認識上，馬克思和恩格斯曾經追隨摩爾根的觀點，認爲氏族社會內部每個人的權利都是自由、平等的，但是近年來也有學者提出了不太相同的看法。他們認爲〔註24〕：

> 在批判氏族理論時，人們所要做的第一點是，即使從局外人的觀點來看，諸如易洛魁氏族這類血緣群體是一種無差別的社會，但從氏族成員自己的觀點來看，情況並非如此。某一血緣群體的土地據說屬於整個群體所有，局外人無權在該群體領土之內進行耕種，而氏族成員則有權這樣做。但這並不意味著群體內部就沒有更深一層的區別標準，也不意味著氏族內的個體成員或特殊家庭對氏族的部分領土不擁有特權。綜觀人類學家有關血緣群體的一切敘述，其中有大量證據表明氏族內部的確存在著內在限制。人們公認，如果一個家庭放棄了它對土地的所有權，那麼它將恢復到平民百姓的地位，但這並不意味著在正常情況下不存在這種所有權。換句話說，宣稱氏族土地所有權的公有性質並不意味著氏族內部每個人的權利都是自由、平等的。
>
> 特別是馬克思曾經多次指出過這一事實，但他把內部分化的

〔註22〕 蔡俊生認爲，按摩爾根的定義理解氏族，首先是把氏族的上限推遲了，最初的氏族並不是血親團體；其次，這樣的定義還把氏族和家族的界限弄模糊了，因而把氏族的下限又延長了。摩爾根認爲：「氏族就是一個由共同祖先傳下來的血親所組成的團體，這個團體有氏族的專名以資區別，它是按血緣關係結合起來的。」（蔡俊生《公社、氏族、家庭——三個相遞出現的歷史範疇》，《學術月刊》，1984年1月，第25頁。）

〔註23〕 蔡俊生《公社、氏族、家庭——三個相遞出現的歷史範疇》，第 23、25～28頁。

〔註24〕 莫里斯·布洛克著《馬克思主義與人類學》，第 79～80 頁。

現象解釋成為一種過渡現象，把它作為證據以證實在一個特定歷史
階段中，私有制和個體家庭正在逐漸產生，血緣群體的公有性質正
在逐漸削弱。這種觀點所存在的一個問題是，事實上，沒有任何證
據表明歷史上曾經存在過未發生這兩種現象的血緣群體，看起來，
很難將所有這方面的事例都作為過渡現象。總之，在我們瞭解了表
示土地所有權的背景之後，為馬克思所強調的矛盾也就不復存
在。……

儘管如此，有一點還是要加以肯定，那就是：「在這種社會中，人們根據財富
上的差別並不能發現內部分化，如果這種分化發展下去，必將遭到抵制。這
意味著在階級組織與血緣群體之間一般存在著矛盾。」〔註25〕

不僅如此，在關於母系氏族與父系氏族公有與私有問題的認識上，他們
也表達了不同的觀點，他們認為〔註26〕：

在某些方面，摩爾根導致了馬克思和恩格斯一些更加不可挽回
的錯誤。摩爾根認為，真正的血緣群體是母系的，母系血緣群體（氏
族）在組織方面與血統按父系一方來計算的社會有著根本的不同。
他指出，在父系血緣群體中，個體家庭和私有制是顯而易見的，而
且公有原則已經消失。事實上，父系群體與母系群體在這方面並沒
有差別。摩爾根、馬克思和恩格斯正確地強調了血緣群體組織的公
有性，但血統無論依母系計算還是依父系計算，所有血緣群體都具
有這種公有特性。……

在相關的對人類不平等制度起源和演變問題的認識上，國內也有學者撰
文強調血緣因素的作用，他們指出要清楚、科學地說明人類早期不平等制度
產生及其發展的過程，相對經濟因素，更應重視對於自然的血緣因素的研究。
〔註27〕

我們認為，在研究古代社會時，非經濟的由自然的血緣因素所引起的不
平等理應引起人們的充分重視。尤其是中國的商周社會，比起一味地重視其
經濟的、階級的差別來講，血緣因素的影響也許要大得多。

〔註25〕莫里斯・布洛克著《馬克思主義與人類學》，第80頁。
〔註26〕同上，第82頁。
〔註27〕黃超《論血緣因素在人類不平等制度起源和演變過程中的作用》，《河南大學
學報（社會科學版）》，1996年第1期，第81頁。

第二節　「家庭公社」的有關問題

　　「家庭公社」是恩格斯修訂《起源》一書時對「家庭」部分所作的重要補充。馬恩的學術密友——科瓦列夫斯基，在 1890 年出版的《家庭及所有制的起源和發展概論》一書中證明：「今天在塞爾維亞人和保加利亞人中還可以見到的那種稱爲札德魯加（大意爲大家庭）和 Bratstvo（兄弟社）的家長制家庭公社，以及在東方各民族中所見到的那種形式有所改變的家長制家庭公社，乃是一個由群婚中產生的母權制家庭和現代世界的個體家庭之間的過渡階段。至少對於舊大陸各文化民族說來，對於雅利安人和閃米特人說來，這一點看來已經得到證明了。」〔註 28〕恩格斯在修訂版的多個地方談到並且讚揚了科瓦列夫斯基的這一重要發現，他還修正了自己原來對於原始社會土地所有制嬗替過程的看法，在《起源》初版時，恩格斯曾說過：「耕地仍然是部落的財產，最初是交給氏族使用，後來由氏族交給個人使用；他們對耕地或許有一定的佔有權，但是沒有更多的權力。」但在第四版中，恩格斯已經認爲：「耕地仍然是部落的財產，最初是交給氏族使用，後來由氏族交給家庭公社使用，最後交給個人使用；他們對耕地或許有一定的佔有權，但是沒有更多的權力。」〔註 29〕

　　據學者研究，在科瓦列夫斯基的有關家長制家庭公社的研究之前，馬恩在很早的時候起，就已經涉及了對於「家庭公社」問題的探討，但是由於俄文轉譯等的關係，中文譯本對於這些馬恩早期著作中的「家庭公社」術語並未給以準確的翻譯；而且在很長時期內，馬恩所指的「家庭公社」並不是由氏族發展而來的，而是由家庭擴大發展而成。〔註 30〕

　　恩格斯逝世後一百多年來，關於家庭公社理論的討論仍然引起不少學者的關注。二十世紀中葉，前蘇聯學者柯斯文曾試圖以馬克思主義公社理論探討家庭公社的形態，他主要依據歐洲的有關史料確定了民主型與父權型家庭公社的一般特徵，其分析與理論引起了人們的興趣。〔註 31〕在其《原始文化》

〔註 28〕恩格斯《家庭、私有制和國家的起源》，收入《馬克思恩格斯選集》第四卷第二版，第 55～56 頁。

〔註 29〕同上，第 161 頁。

〔註 30〕趙衛邦《「家庭公社」這一術語在經典著作中的含義——並論幾個有關術語的翻譯》，《四川大學學報（哲學社會科學版）》，1978 年第 1 期。

〔註 31〕林耀華、莊孔韶《關於原始時代家族公社問題》，《中央民族大學學報（哲學社會科學版）》，1983 年第 1 期，第 8 頁。

一書中，柯斯文還分析了在家族公社基礎上發展來的「宗族」概念，他認為當父系家庭公社增長到很大的時候，就會從一個家庭公社分出來幾個部分，但這幾個部分併不相互分開，而是在許多方面仍然是統一的經濟和社會整體，這樣的整體被稱為「宗族」。〔註32〕柯斯文的觀點頗具影響，他對於家庭公社民主型與父權型的劃分深刻地影響了林耀華、莊孔韶等中國學者。〔註33〕

　　1949 年以後，中國大陸的民族學研究取得了空前的發展，50 年代至 60 年代在全國範圍內開展的少數民族社會歷史調查，以及改革開放後在此基礎上所編寫的「民族問題五種叢書」等，都為深入探討家庭公社的理論提供了豐富的資料。〔註34〕受到柯斯文的影響，中國學者林耀華、莊孔韶根據歐亞廣大地區特別是中國新近的民族學資料深入研究了不同地區不同類型家庭公社的經濟成分與社會演化關係，著成《父系家族公社形態研究》一書。書中以近現代歐亞大陸的三個地理區域——歐洲阿爾卑斯山及其餘脈、中國雲南和中南半島及其邊緣的印度阿薩姆邦和中印邊境兩側、中西伯利亞以東至濱海的廣闊北部地區以及南部的興安嶺地區——為例，把家庭公社的形態分為早期類型（整體經濟民主型）、演化諸類型（整體經濟民主型、多元經濟民主型、多元經濟父權型與整體經濟父權型）而作了詳細的考察，極大地豐富了有關家庭公社的學說。此外，書中還探討了家庭公社所具有的二重性——獨立性和依存性，他們研究並且指出：父系家庭公社的發生、發展與解體的進程可以同父系氏族公社的進程共始終；還可以存在於氏族公社、家庭公社和村社三種集體所有制並存的原始村社中。〔註35〕在對家庭公社具體經營模式的研究上，書中也根據新的資料發展了恩格斯的學說。恩格斯原來在《起源》

〔註32〕柯斯文著、張錫彤譯《原始文化》，北京：生活・讀書・新知三聯書店，1955年 9 月第 1 版，第 145〜148 頁。

〔註33〕林耀華、莊孔韶等在其著作中認為：「上個世紀經典作家基本上認為父權制大家族是父系家族公社的樣板，這主要是受著名的羅馬、閃米特大家族樣板的影響。」（見《關於原始時代家族公社問題》，第 6 頁。）但正如下文第三章「《起源》中的『家長制家庭公社』」一節所研究的那樣，恩格斯自己其實並沒有這樣認為。

〔註34〕宋蜀華、滿都爾圖《中國民族學五十年》，北京：人民出版社，2004 年 4 月第 1 版，第 108〜142、282〜305 頁。

〔註35〕林耀華、莊孔韶《父系家族公社形態研究》，第 93、97 頁。娜西卡在《試論家庭公社的兩種類型》（《思想戰線》，1986 年第 5 期）一文中也把家庭公社按照其與民族的不同關係分為兩種類型，亦可參看。

中認爲家長制家庭公社是「實行土地的共同佔有和共同耕作的」〔註 36〕，而莊孔韶等提供的新的材料表明，家庭公社在演化過程中，在「生產資料的佔有、生活資料的分配等方面，……家族公有（均分）、夥有（夥分）、私有（私分）等多種經濟成分共生」的現象也不乏存在，例如獨龍族的三種土地佔有制：家族公有、家庭夥有和家庭私有，布朗人家庭公社對小家庭實行定期的土地分配等。〔註 37〕當然莊孔韶強調導致這種現象的契機是鐵器的傳佈，但是我們認爲家庭公社中存在「公有私耕」的現象應當起源得很早。在農業生產還停留在不知「深耕」和「施肥」的初級階段，在特定的地理條件下，木石器工具是完全可以勝任播種、除草、收穫等簡單工序的。

柯斯文的觀點豐富了馬恩的公社理論，但是我們必須指出的是，家庭公社理論在一些方面也確實遇到了新的亟須解決的問題。眾所周知，對世界歷史上公社發展階段的探討與俄國公社的研究密不可分，對俄國公社問題的研究可以說是馬恩公社理論體系中最重要的實證性基石之一。然而在科瓦列夫斯基、恩格斯之後，有關俄國歷史上公社問題的研究在許多方面都取得了與之前很不相同的結論。恩格斯曾在《起源》中評價科瓦列夫斯基的研究說道：「只是在大約十年以前，才證明了在俄國也還繼續存在著這種大家庭公社；現在大家都承認，這種家庭公社，像農村公社一樣在俄國的民間習俗中深深地紮下了根子。它們出現在俄羅斯最古的法典——即雅羅斯拉夫的《眞理》中，其名稱（vervj）和達爾馬提亞法典中所用的相同；……」〔註 38〕科氏所謂的俄國大家庭公社，指的是基輔羅斯時期的維爾夫公社。與其持有類似見解的，如 Ф·И·列奧托維奇的古斯拉夫人札德魯加公社論、葉菲緬科的「份額村社」論以及十月革命後以 С·В·尤什科夫爲代表的大家庭公社論者。但是現在大多數學者都認同：不但維爾夫不是大家庭公社，在維爾夫與土地重分型公社之間存在數百年的「黑鄉」也不是家庭公社。〔註 39〕

不僅如此，從探討對偶家庭起源時間角度懷疑家庭公社理論的學者也爲數不少。由於他們否定氏族的普遍性，並且把一夫一妻的對偶家庭看成是人

〔註 36〕恩格斯《家庭、私有制和國家的起源》，收入《馬克思恩格斯選集》第四卷第二版，第 57 頁。

〔註 37〕林耀華、莊孔韶《父系家族公社形態研究》，第 52～54 頁。

〔註 38〕同註 36，第 56 頁，且參見第 754 頁注 33。

〔註 39〕金雁、卞悟《農村公社、改革與革命——村社傳統與俄國現代化之路》，北京：中央編譯出版社，1996 年 1 月第 1 版，第 63 頁。

類社會在一切發展階段的基本構成單位，這就在實際上否定了恩格斯關於家長制家庭公社「乃是一個由群婚中產生的母權制家庭和現代世界的個體家庭之間的過渡階段」的著名論斷。如有學者認爲「在前資本主義生產方式的公社諸形式中，農村公社最具有典型的意義。作爲農耕畜牧定居生活的自然歷史結果，它產生於 10000 多年前，一直延續到傳統社會向近代社會過渡的全過程」，而家族公社（家庭公社）的出現則晚得多，那是「農耕畜牧生產條件下定居生活發展的自然結果」，「那些在共同祖先引導下，歷數代而不分居，或分居而保持其共同生產，共同生活者」形成了家族，「家族包括父系家族，母系家族，雙系家族等形式。在農耕畜牧經濟的發展中，家族日益具有普遍的意義，在一些地方，甚至成爲社會組織的基本形式，取代了農村公社，是謂『家族公社』。家族公社是公社所有制的變異形態。」〔註40〕還有學者則直截了當地指出，不能把在特定歷史條件下形成的類似於福建「土樓」的札德魯加看成是大家庭向小家庭的過渡環節。〔註41〕

　　然而，儘管如此，我們還是認爲，像這樣以個別特例——福建「土樓」的形成歷史來否定家庭公社理論是相當輕率的。即便是已經漸成定論的俄國維爾夫公社的問題，也不能在邏輯上必然否定家庭公社的理論，就如學者所指出的：「……人們完全可以在廣義上把從基輔羅斯以來的農村共同體都稱爲公社，並且假定在更爲古老的斯拉夫人史前時代存在著更爲緊密、『公有』程度更高的原始公社，與它相比文明時代的一切公社形式都可以算作是『解體』以後的『殘餘』……」〔註42〕但是我們也不得不承認，在一些地方以及一些歷史時期，確實可以見到由小家庭發展而來的「家庭公社」。〔註43〕這種不是在氏族解體過程中產生的「家庭公社」與科瓦列夫斯基、恩格斯所說的「家庭公社」當然不可等而視之，然而我們也不能由此就去否定氏族公社向家庭公社發展的可能性。正如前節所指出的，有關對偶家庭形成歷史方面的資料

〔註40〕　孫厚生《前資本主義生產的原型與基質——公社所有制研究》（未刊行），第 10、131 頁。
〔註41〕　徐國棟《家庭、國家和方法論——現代學者對摩爾根〈古代社會〉和恩格斯〈家庭、私有制和國家的起源〉之批評百年綜述》，《中外法學》，2002 年第 2 期，第 199～200 頁。
〔註42〕　金雁、卞悟《農村公社、改革與革命——村社傳統與俄國現代化之路》，第 64 頁。
〔註43〕　如臧振先生論及的白家甲的家族公社，參見《白家甲的家族公社》，《陝西師範大學學報（哲學社會科學版）》，1987 年第 3 期。

的積累還根本沒有達到這樣一種程度：能夠完全地解釋並證明氏族制不曾構成過人類歷史上的一個發展階段。

第三節　「農村公社」研究的新進展

在恩格斯《起源》一書中，「農村公社」被認爲是「以家庭公社爲前提的；只是過了很久，由於人口增加，農村公社才從這種家庭公社中發展出來」〔註44〕。自 1924 年及 1926 年馬克思給維・伊・查蘇利奇的《覆信》和《覆信草稿》分別以俄文譯本、法文原文在俄文版、德文版的《馬克思恩格斯文集》中發表以來，特別是在討論「亞細亞生產方式」的過程中，對於農村公社歷史及其作用問題的探討在世界範圍內引起了學者們的廣泛興趣。在中國，《覆信》和《覆信草稿》的中譯本最早出現在 1955 年，張廣達、何許根據俄譯本翻譯和校訂了《覆信》和《覆信草稿》，並第一次以中文發表於《史學譯叢》第 3 期。〔註45〕

《覆信》和《覆信草稿》主要研究了俄國農村公社的問題，馬克思在《覆信草稿》中提出了「農業公社」的概念並且指明了它的三個主要特徵，即：「（1）所有其他公社都是建立在公社社員的血緣親屬關係上的。在這些公社中，只容許有血緣親屬或收養來的親屬。他們的結構是系譜樹的結構。『農業公社』是最早的沒有血緣關係的自由人的社會組織。（2）在農業公社中，房屋及其附屬物——園地，是農民私有的。相反，公共房屋和集體住所是遠在畜牧生活和農業生活形成以前時期的較原始的公社的經濟基礎。當然，也有一些農業公社，它們的房屋雖然已經不再是集體的住所，但仍然定期改換佔有者。這樣，個人用益權就和公有制結合起來。但是，這樣的公社仍然帶有它的起源的烙印，因爲它們是處在由較古的公社向眞正的農業公社過渡的狀態。（3）耕地是不可讓渡的公共財產，定期在農業公社各個社員之間進行分配，因此，每一社員自力經營分配給他的田地，並把產品留爲己有。而在較原始的公社中，生產是共同進行的；共同的產品，除儲存起來以備再生產的部分外，都根據消費的需要陸續分配。」〔註46〕

〔註44〕恩格斯《家庭、私有制和國家的起源》，收入《馬克思恩格斯選集》第四卷第二版，第 142 頁。
〔註45〕《史學譯叢》第 3 期，北京：科學出版社，1955 年，第 1～25 頁。
〔註46〕韋建樺主編《馬克思恩格斯文集》第 3 卷，第 585 頁。

　　毫無疑問，馬克思這裡所說的「農業公社」，其原型之一就是土地重分型的俄國農村公社。然而近百年來關於俄國農村公社研究的新進展卻已經得出了與馬克思在《覆信草稿》中很不相同的結論。特別是在土地重分型公社的起源問題上，俄國知識界從 19 世紀中葉起就產生了「斯拉夫派」與「西方派」的論戰。斯拉夫派以契切林爲代表，倡導「國家創立說」，他們認爲：19 世紀的公社與中世紀的公社毫無共同之處，中世紀的公社沒有土地公有制，沒有重分，沒有遷徙權的限制，而 19 世紀的公社是把農民固定在土地上並強迫他們納稅服役的公社，是由政府在 16 世紀末重新建立起來的；西方派的代表別利亞耶夫則認爲，這種土地重分型的公社是自然形成的，自然起源於更古老的土地公有制的公社，是謂「自然形成說」。馬克思在這個問題上傾向於「自然形成說」而反對契切林的觀點〔註 47〕，這種思想也反映在了《覆信草稿》中。契切林、別利亞耶夫之後，有關土地重分型公社起源問題的爭論持續了將近百年的時間。現在大多數學者都已經認定：土地公有、定期重分的俄國農村公社是 16 世紀後與農奴化進程同步形成的，而在這之前的公社──無論是「維爾夫」還是「黑鄉」，其土地制度都不能認爲是公有的。〔註 48〕馬克思在《覆信草稿》中是以「自然形成說」認識俄國農村公社的，但是事實證明，馬克思所描述的「農業公社」形成論與俄國農村公社的實際歷史格格不入，這同時也就不得不引起人們對於馬克思主義公社發展理論（家庭公社→農村公社）的懷疑。

　　正如我們在下文所要詳細討論的那樣，馬克思的「農業公社」概念與「農村公社」其實並不能等同，馬克思雖然在《覆信草稿》中仔細地探討了「農業公社」的問題，但是他在正式《覆信》中謹慎地迴避了這一點。可是，後人卻把「農業公社」的三個特徵當作了馬克思對「農村公社」特徵的最後認識，而且還錯誤地將此嫁接到恩格斯所說的「家庭公社」之後。實際上，馬克思在他有生之年並未來得及對農村公社的發展形態作出一個科學、系統的探討。可以說，把「農業公社」的三大特徵作爲「農村公社」的特徵來研究公社問題，這是過去半個多世紀以來中國學者在公社問題研究上對馬恩著作

〔註47〕馬克思致尼古拉・弗蘭策維奇・丹尼爾遜，《馬克思恩格斯全集》第 33 卷，北京：人民出版社，1973 年，第 577 頁。

〔註48〕以上關於俄國農村公社問題的討論過程可參考金雁、卞悟《農村公社、改革與革命──村社傳統與俄國現代化之路》，第 55～64 頁。

的極大誤會！

近年來，在農村公社發展形態的研究上也多有新的見解。有學者把農村公社的發展按照血緣、地緣關係強弱分為前後兩個階段，前期是農業公社階段，而稱後期為鄰里公社的階段。〔註49〕

儘管這種改變約定俗成的「農業公社」等概念內涵的做法是不可取的，但是把農村公社的發展劃分成這樣兩個階段，比起單純地把農村公社等同於馬克思所說的「農業公社」來解釋史實也許較為準確。這種觀點其實與一些學者所主張的「早期村社」觀點非常接近，持「早期村社」觀點的學者則認為：農村公社有典型和非典型之分，典型的農村公社，它應是「最早的沒有血緣關係的自由人的社會組織」，在這樣的村社中，大多數家庭彼此不是親屬，而且氏族公社、家族公社已經完全瓦解；但是民族學等的研究表明，比起典型的村社，氏族公社、家族公社和村社並存的原始村社似乎更為多見。〔註50〕莊孔韶根據其對基諾族、阿瓦爾人、塞當人、布朗人等的平行對比以及對基諾族原始村社發展序列的對比得出的結論十分具有代表性，茲摘錄如下〔註51〕：

1、早期（或曰原始的）村社，血緣組織繼續保持著顯著的社會經濟職能，村社作用微乎其微。家族公社對氏族的血緣依存性為主，同村社的地緣聯繫為輔。這時的家族公社是一個較為獨立的經濟單位。

2、村社內的血緣聯繫與地緣聯繫並存。家族公社對氏族與村社的雙重依存性。

3、村社不斷取代氏族在經濟、社會生活與宗教方面的傳統職能。家族公社更多地依賴村社，同時，其本身的獨立性因私有經濟成分不斷擴大而受到損害。

最後的結局：小家庭私有制業已成熟，呈現了新的典型村社所固有的村社公有與家庭私有並立的局面，……

所謂「典型村社」，其實就是馬克思所說的「農業公社」。但是後來的研究已經證明，馬克思提出「農業公社」概念所依據的材料是有問題的。因此，

〔註49〕朱寰《略論日耳曼人的農村公社制度》，《史學月刊》，1991 年第 1 期，第 93～94 頁。
〔註50〕林耀華、莊孔韶《父系家族公社形態研究》，第 94～97 頁。
〔註51〕同上，第 101～102 頁。

在家族公社、「早期村社」之後，是否一定要經過一個「典型村社」的階段？
這個問題仍然存在繼續探討的餘地。

在研究農村公社的問題上，還有學者由於認為「對偶家庭」才是人類社
會最初的生產和生活單位，因此以地域關係為特徵的農村公社的歷史也就大
大提前了，而「氏族公社」、「家族公社」等卻都成了繼農村公社之後發展起
來的特殊的公社形態。〔註52〕我們認為這樣的觀點固然新穎，但是在諸多民
族學、人類學的資料面前，它們還很難讓人信服。

〔註52〕參看孫厚生《前資本主義生產的原型與基質──公社所有制研究》（未刊行）。

第三章　對若干公社理論問題的再探討（上）

馬克思恩格斯的「公社」學說作爲指導中國史學研究的主要理論之一，在對古史研究特別是在先秦史研究領域產生了長期、廣泛的影響。但是我們在仔細研究後發現，由於歷史上馬恩著作轉譯、翻譯等的影響，中國學者在理解和運用馬恩「公社」學說的有關概念時，存在著不少的誤解甚至是誤用。

本章擬就《起源》理論應用中的幾個問題提出我們的看法，以供大家參考。

第一節　《起源》中的「家長制家庭公社」

人類歷史上家庭的發展階段問題是恩格斯《起源》一書的重要內容。《起源》初版於 1884 年，在 1891 年第四版的修訂中，恩格斯對家庭史的有關篇章作了重要修訂。這些修訂不僅反映了當時有關家庭史研究的最新成果，而且也反映了恩格斯本人在某些問題看法上的重要發展。

「家長制家庭公社」是《起源》四版修訂時對「家長制家庭」部分的重要補充，但一些學者在對《起源》有關「家長制家庭」與「家長制家庭公社」理論的應用上並不符合恩格斯修訂時的本意。爲了更好地說明這個問題，首先我們想從《起源》中譯本的一個翻譯失誤談起。

一、《起源》中的一處誤譯

《起源》中譯本家庭史部分有這樣一段譯文：

　　根據霍伊斯勒（《德意志私法制度》）的意見，德意志人的經濟
單位起初也不是現代意義上的個體家庭，而是由幾代人或者說幾個
個體家庭所構成的、並且往往還包括許多非自由人的「家庭公社」。
羅馬的家庭也被歸在這種類型以內（著重號為斌所加），因此，家長
的絕對權利，其他家庭成員對家長的無權地位，近來是受到很大懷
疑的。〔註1〕

查閱德文原著，這段話的原文是這樣的：

　Auch bei den Deutschen ist nach Heusler（"Institutionen des deutschen
Rechts"）die wirtschaftliche Einheit ursprünglich nicht die Einzelfamilie
im modernen Sinn, sondern die "Hausgenossenschaft", die aus mehreren
Generationen, beziehungsweise Einzelfamilien, besteht und daneben oft
genug Unfreie in sich begreift. Auch die römische Familie wird auf
diesen Typus zurückgeführt, und die absolute Gewalt des Hausvaters,
wie die Rechtlosigkeit der übrigen Familienglieder, ihm gegenüber, wird
demzufolge neuerdings stark bestritten.〔註2〕

　　對照德文原文，我們認為「羅馬的家庭也被歸在這種類型以內……」這
幾個字的翻譯欠妥。考德語 zurückgeführt 一詞的原形是 zurückführen，加了 ge
之後變成可分動詞的第二分詞，詞尾也發生了變化，它可以使用在主動語態
的完成時態，也可以使用在被動語態當中，在這裡是「被追溯到……」的意
思。因此，按照德文原文，應該把上述幾個字翻譯成「羅馬的家庭也可被追
溯到這種類型……」才符合恩格斯的本意。

　　事實上，在中國較早的李膺揚譯本中，這幾個字就曾被翻譯成「羅馬的
家族也可追溯到這種型式」〔註3〕，但據《譯者序言》所述李譯本是根據英譯
本及日譯本翻譯來的。繼李譯本以後流行起來的是張仲實的譯本，自此以後，
直到現在近七十多年以來，《起源》的中譯本在張仲實譯本的基礎上已經過了
多次修訂，但據我們考察，包括上引最新的中譯本在內，上述所引段落中的

〔註1〕 恩格斯《家庭、私有制和國家的起源》，收入《馬克思恩格斯選集》第四卷第
　　　　二版，第 56 頁，需要指出的是，《起源》中譯本經過了多次修訂，這個本子
　　　　是最新的。

〔註2〕 Friedrich Engels, *Der Ursprung der Familie, des Privateigentums und des Staats*,
　　　　Peking : Verlag für Fremdsprachige Literatur,1977, S.75.

〔註3〕 恩格爾著、李膺揚譯《家族私有財產及國家之起源》，上海：新生命書局，中
　　　　華民國二十年三版，第 87 頁。

「羅馬的家庭也被歸在這種類型以內……」幾個字的翻譯，則基本沒有怎麼訂正〔註4〕。這歸根結底都是受到了張仲實譯本的影響，在早期的張譯本中這句話就被翻譯成「羅馬的家族也可以歸在這種型式以內」〔註5〕。張仲實譯本是據俄文轉譯來的，據我們所掌握的俄譯本，其翻譯也存在同樣的問題，如：

1、Римская семья также сводится к этому типу,…〔註6〕

2、Римскую семью также относят к этому типу,…〔註7〕

這兩句話直譯成中文，分別為「羅馬的家庭也被歸結為這一類型……」和「羅馬的家庭也屬於這一類型……」〔註8〕。

為了進一步確認這句話的意思，筆者還查閱了有關這句話的英譯本、日譯本的翻譯，它們的翻譯基本符合德文原意，英譯本的翻譯如下面兩種：

1、The Roman family is now also considered to have originated from this type, and consequently the absolute power of the father of the house and…〔註9〕

2、The Roman family，too, has been traced back to this type, and in consequence the absolute power of the head of the house, as also…〔註10〕

〔註4〕1954 年，張譯本經過了一次修訂，但這句話的譯文基本沒有改變，作「羅馬的家庭也應該是歸在這種類型以內」（恩格斯著、張仲實譯《家庭、私有制和國家的起源》，北京：人民出版社，1954 年，第 57 頁）；1965 年出版的《馬克思恩格斯全集》第 21 卷收入《起源》，作「羅馬的家庭也被歸在這種類型以內」（北京：人民出版社，1965 年，第 71 頁）；1972 年出版的單行本以及收入《馬克思恩格斯選集》第四卷的《起源》也都作「羅馬的家庭也被歸在這種類型以內」（《選集》第四卷，北京：人民出版社，1972 年 5 月，第 55 頁；單行本，北京：人民出版社，1972 年 12 月，第 56 頁）。

〔註5〕恩格斯著、張仲實譯《家族私有財產及國家之起源》，上海：生活書店，中華民國三十五年，第 62 頁。

〔註6〕ПРОИСХОЖДЕНИЕ СЕМЬИ, ЧАСТНОЙ СОБСТВЕННОСТИ И ГОСУДАРСТВА, Маркс К., Энгельс Ф. Избранные произведения. В 2-х т. Т. 2.-М.: Государственное издательстово политической литературы , 1949.

〔註7〕ПРОИСХОЖДЕНИЕ СЕМЬИ, ЧАСТНОЙ СОБСТВЕННОСТИ И ГОСУДАРСТВА, Маркс К., Энгельс Ф. Избранные произведения. В 3-х т. Т. 3.-М.: Политиздат, 1986.

〔註8〕受俄文影響的問題也反映在唯真校訂的《家庭、私有制和國家的起源》中，作「羅馬的家庭歸根到底也是屬於這種類型」，見《馬克思恩格斯文選》，（莫斯科）外國文書籍出版局，1955 年，第 217 頁。

〔註9〕Frederick Engls（Edited by Eleanor Burke Leacock）, *The Origin of the Family, Private Property and the State*. New York: International Publishers Co., Inc., 1972. p. 123.

〔註10〕Frederick Engls, *The Origin of the Family, Private Property and the State*. NSW:

「originate from」、「trace back」解釋爲「發源於……」、「追溯……」。
日譯本的翻譯則基本上同於上述英譯本：

　　　　1、ローマの家族もまたこの型に由来するものであり、した
がって、そこでの家父の絶対的権力と、家父に対する他の…〔註11〕

　　　　2、ローマの家族もまたこの型に還元される。そのため最近
では、その家父の絶対的権力ならびに彼に…〔註12〕

「由來する」、「還元される」，分別爲「由來、來自」、「被還原、被恢復
原狀」的意思。

　　可見，「zurückführen」翻譯成「被追溯到……」是沒有問題的。顯然，按
照上述最新中譯本的翻譯，是把羅馬的家庭形式與德意志歷史上的「家庭公
社」當作同等類型的家庭組織來看待了，而按照德文原意，則從德意志人的
「家庭公社」到羅馬人的家庭形式還需要一個相當的發展過程。這當然是個
不小的差別！

二、「羅馬人的家長制家庭」與「家長制家庭公社」

　　恩格斯在《起源》1884 年的初版中對羅馬的家長制家庭形式作了重要的
論述，恩格斯指出：

　　　　……這一形式的主要特點不是多妻制……，而是

　　　　「若干數目的自由人和非自由人在家長的父權之下組成一個
家庭。在閃米特類型的家庭中，這個家長過著多妻的生活，非自由
人也有妻子和子女，而整個組織的目的在於在一定的地域範圍以內
照管畜群」。

　　　　這種家庭的根本之處在於，一是把非自由人包括在內，一是父
權；所以，這種家庭形式的完善的典型是羅馬人的家庭。Familia 這
個詞，……在羅馬人那裡，它起初甚至不是指夫妻及其子女，而只
是指奴隸。Famulus 的意思是一個家庭奴隸，而 familia 則是指屬於
一個人的全體奴隸。……這種機體的首長，以羅馬的父權支配著妻

Resistance Books, 2008. p.69.

〔註11〕エンゲルス著、村井康男（他）訳『家族・私有財産および国家の起源』，東
　　　　京：大月書店，1958 年，第 76 頁。

〔註12〕エンゲルス著、戸原四郎訳『家族・私有財産・国家の起源』，東京：岩波文
　　　　庫，1965 年，第 79 頁。

子、子女和一定數量的奴隸，並且對他們握有生殺之權。

　　……對這一點，馬克思補充說：「現代家庭在萌芽時，不僅包含著奴隸制（servitus），而且也包含著農奴制，……」

　　這種家庭形式表示著從對偶婚向專偶婚的過渡。為了保證妻子的貞操，從而保證子女出生自一定的父親，妻子便落在丈夫的絕對權力之下了：即使打死了她，那也不過是行使他的權利罷了。〔註13〕

　　在 1891 年的修訂中，恩格斯在上述家長制家庭的內容之後加入了科瓦列夫斯基有關家長制家庭公社的重要研究成果，並認為家長制家庭公社「乃是一個由群婚中產生的母權制家庭和現代世界的個體家庭之間的過渡階段」〔註14〕。

　　由於家長制家庭公社與羅馬人的家長制家庭兩者同是「過渡」的形式或階段，不少學者在研究家長制家庭公社和家長制家庭時，經常把有關羅馬人的家長制家庭的特點當作家長制家庭公社的特點來談，並認為這是恩格斯所論述的，如范義田先生說〔註15〕：

　　　　家庭公社的組織內容，恩格斯作了如下的敘述：「若干數目的自由人及非自由人在一個家長底父系權力之下組成家庭……，其特質，一是把非自由人包括在家庭以內，一是父的權力；所以這種家庭形式的完善的典型乃是羅馬的家庭。……」

斯維至先生也說〔註16〕：

　　　　父家長家庭公社的特點，如恩格斯所指出的，一是把非自由人包括在家庭以內，一是父權。……

錢宗范先生認為〔註17〕：

────────────

〔註13〕恩格斯《家庭、私有制和國家的起源》，收入《馬克思恩格斯選集》第四卷第二版，第 54～55 頁，省略號為斌所加。

〔註14〕同上，第 55 頁。

〔註15〕見范義田《西周的社會性質──封建社會》，收入文史哲雜誌編輯委員會編《中國古史分期問題論叢》，北京：中華書局，1957 年，第 216～217 頁，省略號為斌所加。

〔註16〕斯維至《釋宗族──關於父家長家庭公社及土地私有制的產生》，《思想戰線》，1978 第 1 期，第 57 頁。

〔註17〕見錢宗范《西周春秋時代的家庭公社》，《廣西師範學院學報》（哲學社會科學版），1978 年第 4 期，第 33、34 頁，省略號為斌所加。趙世超先生在《西周的公社是農村公社，還是家長制家庭公社？──學習馬克思、恩格斯關於公社問題若干論述的體會》一文中也有類似論述，見《河南師大學報》（社會科

……父系家長制家庭公社的基本特點：「這樣確立的男子獨裁的第一個結果，表現在這時發生的家長制家庭這一中間形式上。這一形式的主要特點……是『若干數目的自由人和非自由人在家長的父權之下組成一個家庭。……』這種家庭的主要標誌，一是把非自由人包括在家庭以內，一是父權；所以，這種家庭形式的完善的典型是羅馬的家庭。」

恩格斯曾經指出，家長制家庭公社本身就是一個在父權家長掌管下的財產集團：「Familia〔家庭〕這個詞，……在羅馬人那裡，它起初甚至不是指夫妻及其子女，而只是指奴隸。……

我們認為，以上有關「家長制家庭公社」的引用和論述都不符合恩格斯的本意；按照這種理解來研究歷史上的家長制家庭公社，必然會導致過分地強調家長的絕對權力以及其他家庭成員的無權地位，而不能準確地把握家長制家庭公社的各種形態。

從上述關於「zurückgeführt」一詞翻譯的討論來看，羅馬人的家長制家庭需要「追溯」到德意志人的家長制家庭公社來認識，就足可以說明恩格斯認為羅馬人的家庭形式是相當晚起的，它的特點顯然連德意志類型的家長制家庭公社都不能概括。而且恩格斯也曾明確地指出：（羅馬家庭）「家長的絕對權利，其他家庭成員對家長的無權地位，近來是受到很大懷疑的。」然則，我們又如何能僅以羅馬人家長制家庭的特點來指導對於歷史上所有家庭公社問題的研究呢？

不僅如此，《起源》初版中所描述的家長制家庭的有關特點，如「若干數目的自由人和非自由人在家長的父權之下組成一個家庭」、「一是把非自由人包括在內，一是父權」、「羅馬的父權支配著妻子、子女和一定數量的奴隸，並且對他們握有生殺之權」等特點，實際上也明顯不適用於四版修訂後增添的家長制家庭公社的所有內容。在恩格斯的論述中，也有不存在非自由人及絕對父權的南斯拉夫的「札德魯加」，「它包括一個父親所生的數代子孫和他們的妻子，他們住在一起，共同耕作自己的田地，衣食都出自共同的儲存，共同佔有剩餘產品」，家長「是選舉產生的，完全不一定是最年長者」，「最高權力集中在家庭會議，即全體成年男女社員的會議。家長向這個會議作報告；

會議通過各項重大決議……」。〔註18〕「札德魯加」與德意志人的「家庭公社」可以說是很不同的類型，因而這種把德意志人的「家庭公社」作爲「追溯」對象的羅馬家庭當然不能概括所有的家長制家庭公社了。

三、「羅馬人的家長制家庭」與「家長制家庭」

就如有學者把有關羅馬人的家長制家庭的特點來覆蓋家長制家庭公社一樣，也有學者經常把有關羅馬人的家長制家庭的特點當成是所有家長制家庭的特點來理解和引述。

如聶玉海先生在《論家長制家庭》一文中曾認爲〔註19〕：

> 家長制家庭的主要特徵。一是把非自由人包括在家庭之內；二是父權。……恩格斯曾以羅馬的這種家庭爲例，詳盡地論述了其特徵……

祝瑞開先生在《淺說我國的家長制家庭》一文中也認爲〔註20〕：

> 恩格斯在《家庭、私有制和國家的起源》一書中分析家長制家庭時指出：「這種家庭的主要標誌，一是把非自由人包括在家庭以內，一是父權。」妻、子女和奴隸都是父家長的世襲遺產，父權支配著他們，並且對他們握有生殺之權。……

我們認爲，這些有關「家長制家庭」的理解和引用都不符合《起源》修訂後的原意，而只局限於恩格斯在《起源》初版中的認識。恩格斯對家長制家庭的認識有一個發展完善的過程，《起源》修訂前後有關「家長制家庭」的內涵是有所變化的，在恩格斯修訂後的《起源》中，羅馬人的家長制家庭形式已經不能用來說明所有的家長制家庭的問題了。

《起源》一書是在馬克思《路易斯·亨·摩爾根〈古代社會〉一書摘要》的基礎上寫成的，初版中有關「家長制家庭」的論述，主要接受了摩爾根的研究成果，即閃米特人、羅馬人的家長制家庭是這種家庭形式的代表。但在《起源》第四版的修訂中，「家長制家庭」比起初版中以羅馬人爲典型的家長

〔註18〕 恩格斯《家庭、私有制和國家的起源》，收入《馬克思恩格斯選集》第四卷第二版，第 56 頁。

〔註19〕 見聶玉海《論家長制家庭》，《河北大學學報》，1980 第 1 期，第 9 頁，省略號爲斌所加。

〔註20〕 祝瑞開《淺說我國的家長制家庭》，《上海大學學報》（社會科學版），1984 年第 1 期，第 85 頁。

制家庭又有了新的含義。1891 年的修訂中,緊接著初版中有關羅馬人的家長制家庭的有關內容,恩格斯補充道:「隨著家長制家庭的出現(著重號為斌所加),我們便進入成文史的領域,從而也進入比較法學能給我們以很大幫助的領域了。而比較法學在這裡也確實給我們帶來了重大的進步。我們感謝馬克西姆・柯瓦列夫斯基,他向我們證明了,今天我們在塞爾維亞人和保加利亞人中還可以見到的那種稱為札德魯加(大意為大家庭)和 Bratstvo(兄弟社)的家長制家庭公社,以及在東方各民族中所見到的那種形式有所改變的家長制家庭公社,乃是一個由群婚中產生的母權制家庭和現代世界的個體家庭之間的過渡階段」〔註21〕。

「隨著家長制家庭的出現」,可見,在四版修訂中,恩格斯其實是把「家長制家庭公社」也列入「家長制家庭」的範疇來考慮了,「家長制家庭」的內涵已不再僅指原來羅馬式的家長制家庭,而是進一步擴展包括了札德魯加、Bratstvo(兄弟社)以及東方各民族中形式有所改變的家長制家庭公社,它們都是「家長制家庭」的具體發展形式。

不僅如此,「羅馬的家庭也可被追溯到這種類型……」,這個翻譯的訂正可以使我們更加明確「家長制家庭公社」與羅馬式家庭在「家長制家庭」演變歷史中的序列問題,羅馬的家長制家庭形式應該出現在德意志人的「家庭公社」之後,這是羅馬家庭形式在修訂後的《起源》中的「最新」位置!

可見,恩格斯在修訂後的《起源》中所表述的家長制家庭比起摩爾根的認識明顯又增添了新的含義:作為母權制家庭向專偶制家庭過渡的「中間形式」,「家長制家庭」不再單指羅馬式的家長制家庭,而是其本身也有一個發生、發展的過程,從以相對民主為主要特徵的南斯拉夫的「札德魯加」類型,到德意志人起初的「由幾代人或者說幾個個體家庭所構成的、並且往往還包括許多非自由人的」家庭公社,再到摩爾根所描述的閃米特人、羅馬人的家長制家庭,等等,它們都是「家長制家庭」;所不同的一點是,父權在這個發展過程中得以不斷深化、加強,直至「超越了理性的一切界限」〔註22〕。

因此,把有關羅馬人的家長制家庭的特點當成是所有家長制家庭的特點是不符合恩格斯修訂《起源》後的本意的,在修訂後的《起源》中,羅馬人

〔註21〕 恩格斯《家庭、私有制和國家的起源》,收入《馬克思恩格斯選集》第四卷第二版,第 55 頁。
〔註22〕 《馬克思古代社會史筆記》,第 159 頁。

的家長制家庭形式其實已經退居到了「家長制家庭」發展鏈條的最後階段。不明白這一點，僅以羅馬家庭形式的特點來認識和研究歷史上的家長制家庭階段，必然會導致縮短其發展演變的歷史進程而得出不恰當的結論。

四、馬恩對「家長制家庭」發展階段的探索

馬恩對家長制家庭發展階段的認識有一個發展完善的過程。

在摩爾根之前，馬恩一直把「家長制家庭」作爲氏族或部落構成的原始細胞。1845～46 年在他們合著的《德意志意識形態》中，馬恩提出了三種所有制形式，即「部落〔Stamm〕所有制」、「古代公社所有制和國家所有制」和「封建的或等級的所有制」，其中最早的「部落所有制」的社會結構，就被認爲是「只限於家庭的擴大：父權制的酋長、他們所管轄的部落成員以及奴隸」〔註 23〕，也就是說，首先有家長制的家庭，然後才有由家長制家庭擴大成的共同體——部落集團，家長制家庭是這種社會的基礎及核心。19 世紀五、六十年代，馬恩在所有制理論上取得了重要進展，在對印度公社的研究的基礎上逐漸形成了以土地公有爲前提的氏族公社或農村公社爲人類最初所有制形態的思想〔註 24〕，但是，這種氏族公社或農村公社的內部結構，與先前的「部落所有制」相比，似乎沒有任何的改變。馬克思在《經濟學手稿》（1857～1858）的《資本主義生產以前的各種形式》一文中談到「亞細亞的所有制形式」時說：「在這種土地所有制的第一種形式中，第一個前提首先是自然形成的共同體：家庭和擴大成爲部落的家庭，或通過家庭之間互相通婚〔而組成的部落〕，或部落的聯合」，「部落體內部的共同性還可能這樣表現出來：統一體或是由部落中一個家庭的首領來代表，或是由各個家長彼此間發生聯繫〔著重號爲斌所加〕」〔註 25〕。在這裡，家長制的家庭仍然是基礎與核心，部落與部落的聯合只是這種家庭的擴大與聯合。正如恩格斯 1883

〔註 23〕 有關內容參見《馬克思恩格斯選集》第 1 卷，北京：人民出版社，1972 年，第 26～28 頁。

〔註 24〕 例如，在《資本論》第 1 卷中，馬克思指出：「仔細研究一下亞細亞的，尤其是印度的公社所有制形式，就會得到證明，從原始的公社所有制的不同形式中，怎樣產生出它的解體的各種形式。例如，羅馬和日耳曼的私人所有制的各種原型，就可以從印度的公社所有制的各種形式中推出來。」（《資本論》第 1 卷，北京：人民出版社，1975 年 6 月，第 95 頁。）

〔註 25〕 《馬克思恩格斯全集》第 46 卷（上），第 472、474 頁。

年在《資本論》刊行第三版時，特地加上的一個注腳所說，「後來對人類原始狀況的透徹的研究，使作者得出結論：最初不是家庭發展為氏族，相反的，氏族是以血緣為基礎的人類社會的自然形成的原始形式。由於氏族紐帶的開始解體，各種各樣家庭形式後來才發展起來。」〔註26〕

可以說，直到接觸到摩爾根的研究成果之前，馬克思、恩格斯所理解的「家長制家庭」（希伯來式和羅馬式）無論在內涵還是在外延上顯然都要比後來摩爾根所理解的還要寬泛，這當然是由當時相關學科的研究水平決定的，因為在19世紀60年代開始以前，「根本談不到家庭史，歷史科學在這一方面還是完全處在摩西五經的影響之下。人們不僅毫無保留地認為那裡比任何地方都描寫得更為詳盡的家長制的家庭形式是最古的形式，而且把它——除一夫多妻制外——跟現代資產階級的家庭等同起來」〔註27〕，包括亨利‧梅恩爵士，以前所有的名人，「都認為希伯來式和羅馬式（父權制家庭）是最古的家庭形式，認為是這些家庭形式產生了最早的有組織的社會」〔註28〕。

因此，馬克思後來在《路易斯‧亨‧摩爾根〈古代社會〉一書摘要》中寫道：「流行的看法是：認為父權制家庭——拉丁式的或希伯來式的——是原始社會的典型家庭。出現於野蠻時代晚期的氏族，已為人所理解，但是氏族卻被錯誤地認為在時間上是在專偶制家庭之後。氏族被看作是家庭的集合體；但氏族全體加入胞族，胞族全體加入部落，部落全體加入民族，但家庭不能全體加入氏族，因為丈夫和妻子必須屬於不同的氏族。直到最後的時期，妻子還認為自己屬於她父親的氏族，而且在羅馬人中，她還襲用父親的氏族姓氏。因為各個部分都必須加入整體，所以家庭不能成為氏族組織的單位，這個地位為氏族所佔有。」〔註29〕在這裡，馬克思接受了摩爾根關於氏族在先，家庭在後的學說。不僅如此，馬克思還根據摩爾根的學說，把「父權制家庭」，即閃米特人、羅馬人的家長制家庭，作為人類家庭發展序列的一個特殊階段放在「對偶制家庭」與「專偶制家庭之間」。〔註30〕恩格斯也正是在馬克思的這些新的認識上寫作《起源》一書有關內容的。但正如我們上文所述

〔註26〕《資本論》第1卷，第389～390頁。
〔註27〕恩格斯《家庭、私有制和國家的起源》，收入《馬克思恩格斯選集》第四卷第二版，第5頁。
〔註28〕《馬克思古代社會史筆記》，第172頁。
〔註29〕同上，第159～160頁。
〔註30〕同上，第169～170頁。

的那樣，在 1891 年《起源》第四版的修訂中，恩格斯又在科瓦列夫斯基有關「家長制家庭公社」研究成果的基礎上賦予了「家長制家庭」以新的含義。

可見，馬恩的有關「家長制家庭」的看法始終是隨著當時相關學科的發展而發展的，我們必須在把握這個發展過程的基礎上完整系統準確地理解「家長制家庭」的概念。

總之，《起源》四版對於人類歷史上「家庭」發展演變的認識比起初版已經有了很大的進展。在《起源》四版中，新增的「家長制家庭公社」雖然也屬於「家長制家庭」的一種發展形式，但它與羅馬式的家長制家庭是不可等同的；所謂「家長制家庭」，其概念在四版中也被賦予了新的內容，它不再僅僅指的是羅馬式的家長制家庭，而是一個包括了「札德魯加」、德意志人的「家庭公社」以及羅馬式的家長制家庭等的完整的發展過程。

事實上，在西方世界，當年包括勒普萊、摩爾根、恩格斯、弗雷澤等人所討論過的羅馬的家長制家庭的構成及其有關特點，在後來受到了許多西方學者的質疑。羅馬的家庭並不是大家族，而是核心家庭（nuclear），這是現在西方比較流行的看法〔註31〕。

第二節　關於《起源》中「公社」一詞中譯文的商榷

「公社」問題作爲《起源》原始家庭史研究的重要組成部分，在「四版」修訂中佔據了很大的篇幅。仔細對照《起源》原文可以發現，中文版裏譯作「公社」一詞的地方，德文原文是四個意義相近的詞彙，即「Gemeinschaft」、「Genossenschaft」、「Gemeinde」和「Gemeinwesen」。我們認爲，恩格斯區分使用的以上四個詞是有其特定涵義的，它反映了恩格斯對早期人類社會組織演變過程及特點的深入思考。

《起源》歷來是中國學者研究古代社會特別是「公社」問題的重要指引，然而近百年來〔註32〕，卻幾乎沒有學者去注意「公社」詞義這個最基本的問

〔註31〕 "Crook argued that the literary evidence did not offer any support for the view that the Raman household commonly contained coresident married brothers and that such households as were known were mentioned as atypical. By 1986, when Rawson reviewed trends in the scholarship, the prevailing view was that the Roman family was nuclear. This view had been elaborated and substantiated by Saller and Shaw."（Cf. Suzanne Dixon, *The Roman Family*. Baltimore: The Johns Hopkins University Press, 1992. p.3~4）.

〔註32〕 1926 年 6 月，上海新生命書局出版了李膺揚（楊賢江）根據英譯本並且參照日

題。爲此，我們想就恩格斯在《起源》中所使用的這四個詞的內涵作初步的
探討。

一、「Gemeinde」與「Gemeinschaft」

在《起源》現行中譯文裏譯成「公社」的地方，恩格斯在原文中往往使
用了幾個不同的詞語。如他在「初版」中論述「普那路亞家庭」的一節中指
出：

> 每個原始家庭，至遲經過幾代以後是一定要分裂的。原始共產
> 制的共同的家戶經濟（它毫無例外地一直盛行到野蠻時代中級階段
> 的後期），決定著家庭公社（Familiengemeinschaft）的最大限度的規
> 模,這種規模雖然依條件而變化，但是在每個地方都是相當確定的。
> 不過，認爲同母所生的子女之間的性關係不妥的觀念一旦發生，這
> 種觀念就一定要影響到舊家庭公社（Hausgemeinden）的分裂和新家
> 庭公社（Hausgemeinden）的建立……〔註33〕

這裡的「Familiengemeinschaft」與「Hausgemeinde」，現行中譯文均作「家
庭公社」。我們認爲，儘管「Familien-」與「Haus-」兩個前綴的區別在譯成中
文時可以基本忽略，但恩格斯所使用的「Gemeinschaft」與「Gemeinde」還是
有其特定涵義的。考「Gemeinde」，恩格斯在《起源》中一般用於論述土地、
經濟意義上的「共產體」關係，而「Gemeinschaft」則多用於對早期人類聯合
體的泛稱。

他在「初版」中論述克爾特人、德意志人的氏族組織及野蠻時代向文明
時代過渡時曾分別用到了「Gemeinde」這個詞，他說：

> ……古代威爾士的法律，還表明有整個村落共同耕作〔著重
> 號爲斌所加，下同〕的事情，……每個家庭有供自己耕作的五英
> 畝土地；此外，另有一塊土地共同耕作，收穫物實行分配。從它
> 跟愛爾蘭和蘇格蘭類似這一點來看，毫無疑問這種農村公社

譯本翻譯的《家族私有財產及國家之起源》，這是《起源》的首個中文全譯本。
〔註33〕恩格斯《家庭、私有制和國家的起源》，收入《馬克思恩格斯選集》第四卷第
二版，第35頁。爲便於讀者對照，本書引文均按中譯文原文引用，並在有關
「公社」的譯詞之後以括號的形式標出德文原文。德文原文請參見 Friedrich
Engels. *Der Ursprung der Familie, des Privateigentums und des Staats*,
Peking :Verlag für Fremdsprachige Literatur,1977.

（Dorfgemeinden）乃是一種氏族或氏族分支，……〔註34〕

　　自從證明差不多一切民族都實行過土地由氏族後來又由共產
製家庭公社（kommunistische Familiengemeinden）共同耕作，……
繼而差不多一切民族都實行過把土地分配給單個家庭並定期實行重
新分配以來……〔註35〕

　　各個家庭首長之間的財產差別，炸毀了各地迄今一直保存著的
舊的共產製家庭公社（kommunistische Hausgemeinden）；同時也炸
毀了為這種公社（Gemeinde）而實行的土地的共同耕種。〔註36〕

　在以上論述中，土地的分配、耕作及財產等問題顯然是恩格斯分析和考
察的重點，他把這種在經濟上具有共產關係的聯合體均稱作「Gemeinde」，而
「Dorf-」、「Familien-」與「Haus-」等前綴只是用來限定其所處的階段。在「四
版」中他在使用「Gemeinde」一詞時也同樣論述指出：

　　……這種家長制家庭公社（patriarchalische Hausgenossenschaft）
也是實行個體耕作以及起初是定期的而後來是永遠的分配耕地和草
地的農村公社或馬爾克公社（Dorf-oder Markgemeinde）從中發展起
來的過渡階段。〔註37〕

　關於「Gemeinschaft」一詞，其字典釋義為：「（由共同的思想、目的、職
業等聯繫起來的）組織，集體，團體。」〔註38〕恩格斯在「初版」中談到德
意志人的馬爾克組織時曾提到了「Markgemeinschaft」，他說：

　　氏族在自己的村落裏定居越久，德意志人和羅馬人越是逐漸
融合，親屬性質的聯繫就越是讓位於地區性質的聯繫；氏族消失
在馬爾克公社（Markgenossenschaft）中了，但在馬爾克公社
（Markgenossenschaft）內，它起源於各成員的親屬關係的痕跡往
往還是很顯著的。可見至少在保存著馬爾克公社
（Markgemeinschaft）的各個國家——在法國北部，在英國，在德
國。在斯堪的納維亞，——氏族制度不知不覺地變成了地區制度，

〔註34〕恩格斯《家庭、私有制和國家的起源》，收入《馬克思恩格斯選集》第四卷第
　　　　二版，第130頁。
〔註35〕同上，第140～141頁。
〔註36〕同上，第164頁。
〔註37〕同上，第57頁。
〔註38〕《德漢詞典》，上海：上海譯文出版社，1983年，第486頁。

因而才能夠和國家相適應。〔註39〕

在這段論述中，恩格斯同時使用了「Markgenossenschaft」、
「Markgemeinschaft」兩個詞，從其文義來判斷：恩格斯所說的
「Markgenossenschaft」儘管已是地域性的組織，在特點上仍然保有「親屬性
質的聯繫」，而「Markgemeinschaft」在含義上則明顯覆蓋了
「Markgenossenschaft」。其中的「Gemeinschaft」，當與上述恩格斯在「普那路
亞家庭」一節中所用的意義是一致的，都用來泛指一般意義上的早期人類聯
合體，前綴「Familien-」、「Mark-」等用以限定其所屬的階段。這種聯繫除了
以上血緣、地域的聯繫之外，還可以是社會文化、宗教性質的。如恩格斯在
「初版」中就曾分別說道：

> 不過拉丁語的 gens 和希臘語的 genos，都是專用以表示這樣的
> 一種血族團體，這種團體自誇有共同的世系（這裡指的是出自一個
> 共同的男始祖），並且借某種社會的和宗教的制度而組成一個特殊的
> 公社（Gemeinschaft）。〔註40〕

> 毫無疑問，按照古代的宗教婚姻，婦女完全加入夫方的法的和
> 宗教的公社（Gemeinschaft），而脫離她自己的公社。〔註41〕

「Gemeinschaft」的此種泛指含義，恩格斯在 1891 年的第「四版」中仍
有使用，如對於在「四版」中多數情況下表述為「Dorfgenossenschaft」和
「Dorfgemeinden」（現行中譯文均為「農村公社」）的組織，恩格斯有時也使
用「Dorfgemeinschaft」一詞加以泛指，他說：

> ……現在大家都承認，這種家庭公社，像農村公社（Obschtschina
> oder Dorfgemeinschaft）一樣在俄國的民間習俗中深深地紮下了根
> 子。〔註42〕

> 至於德意志，乃至其餘的日耳曼諸國，不可否認，這個推測，
> 在許多方面，較之迄今流行的把農村公社（Dorfgemeinschaft）的存
> 在追溯到塔西佗時代的推測，能更好地詮釋典籍，更容易解決困難。

〔註39〕恩格斯《家庭、私有制和國家的起源》，收入《馬克思恩格斯選集》第四卷第
二版，第 152 頁。
〔註40〕同上，第 83 頁。
〔註41〕同上，第 121 頁。
〔註42〕同上，第 56 頁。

〔註43〕

二、「Genossenschaft」的相關問題及「Gemeinwesen」

「Genossenschaft」這個詞，恩格斯在「初版」中只有「Markgenossenschaft」與「Gentilgenossenschaft」的表述，到了「四版」中才首次冠以「Haus-」、「Familien-」及「Dorf-」等的前綴而使用開來。

恩格斯在使用「Genossenschaft」一詞時，似乎有意強調了其中的血緣親族聯繫。如他說道：

> ……氏族消失在馬爾克公社（Markgenossenschaft）中了，但在馬爾克公社（Markgenossenschaft）內，它起源於各成員的親屬關係的痕跡往往還是很顯著的。〔註44〕

又如：

> 從《阿勒曼尼亞法典》中可以得到證實，在多瑙河以南的被征服的土地上人們是按血族（genealogiae）分開居住的。這裡使用的 genealogia 一詞，與後來的馬爾克公社或農村公社（Mark-oder Dorfgenossenschaft）的意義完全相同。〔註45〕

關於「Gentilgenossenschaft」，現行中譯文譯作「氏族公社」，恩格斯用以指稱氏族之類的聯合體。他說：

> 他們最近首先力求實現的，正是要擺脫氏族公社（Gentilgenossenschaft）索取這些小塊土地的權利，這種權利對他們已成爲桎梏了。〔註46〕

> ——此外，又加上了大批新的、外氏族公社（Gentilgenossenschaft）的居民，他們在國內已經能夠成爲一種力量，……氏族公社（Gentilgenossenschaft）作爲一種封閉的享有特權的團體對抗著這一批居民；……〔註47〕

在這裡，氏族團體——「Gentilgenossenschaft」中「Genossenschaft」一詞

〔註43〕恩格斯《家庭、私有制和國家的起源》，收入《馬克思恩格斯選集》第四卷第二版，第 142 頁。
〔註44〕同上，第 152 頁。
〔註45〕同上，第 134～135 頁。
〔註46〕同上，第 167 頁。
〔註47〕同上，第 169 頁。

的血緣親族意味當然是不難理解的了。

與「Gentilgenossenschaft」相類，需要加以討論區別的是，恩格斯對氏族之類的聯合體還有「Gentilgemeinwesen」（現行中譯文亦作「氏族公社」）的提法，如他說：

> ……在這種作坊中發展了自己技能的匠人，大概是靠全體和爲全體工作，正如印度的氏族公社（Gentilgemeinwesen）的終身手藝人至今仍然如此一樣。〔註48〕

筆者認爲，恩格斯在這裡所使用的「Gemeinwesen」是有特殊含義的，他在 1875 年 3 月給奧·倍倍爾的信中曾指出〔註49〕：

> 應當拋棄這一切關於國家的廢話，特別是出現了已經不是原來意義上的國家的巴黎公社以後。……既然國家只是在鬥爭中、在革命中用來對敵人實行暴力鎮壓的一種暫時的設施，那麼，說自由的人民國家，就純粹是無稽之談了：當無產階級還需要國家的時候，它需要國家不是爲了自由，而是爲了鎮壓自己的敵人，一到有可能談自由的時候，國家本身就不再存在了。因此，我們建議把「國家」一詞全部改成「共同體」Gemeinwesen，這是一個很好的古德文詞，相當於法文的「公社〔註50〕」。

可見，恩格斯所說的「Gentilgemeinwesen」是一個可以和「國家」相提並論的術語，它在意義上甚至可以代替「國家」，這與「Gemeinschaft」、「Genossenschaft」、「Gemeinde」三詞相比，其政治的意味顯然更爲濃厚。〔註51〕事實上，「Gemeinwesen」的字典釋義即爲「（政治）集體，國家，公社」。〔註52〕上述印度的「Gentilgemeinwesen」，從其本質來說，正是作爲

〔註48〕 恩格斯《家庭、私有制和國家的起源》，收入《馬克思恩格斯選集》第四卷第二版，第 160 頁。

〔註49〕 《馬克思恩格斯選集》第三卷第二版，北京：人民出版社，1995 年，324～325 頁。

〔註50〕 即「commune」。——斌

〔註51〕 「……Gemeinwesen（即使在馬克思的時代）則是一個『古』德文詞。Gemeinschaft，一個在日常德文中使用頻率更高的詞，可能指某種正式或非正式的聯合體，也經常被馬克思用來指非政治的聯合體形式。一般說來，Gemeinschaft 和 Gemeinwesen 兩詞皆可翻譯爲英語中的 community，儘管 Gemeinwesen 更加準確地表達了在政治意義上所使用的 community 概念。」（〔美〕肯尼斯·梅吉爾著、馬俊峰、王志譯《馬克思哲學中的共同體》，《馬克思主義與現實》，2011 年第 1 期，第 166 頁。）

〔註52〕 《德漢詞典》，第 486 頁。

19 世紀印度國家的一部分而存在的。

最後，「patriarchalische Hausgenossenschaft」的表述，現行中譯文譯作「家長制家庭公社」，它是「四版」修訂時恩格斯根據科瓦列夫斯基的研究對「家庭」史部分所作的重要補充。

恩格斯對科瓦列夫斯基的學說作了充分肯定，他說：

> 我們感謝馬克西姆・柯瓦列夫斯基……，他向我們證明了，今天我們在塞爾維亞人和保加利亞人中還可以見到的那種稱爲札德魯加（大意爲大家庭）和 Bratstvo（兄弟社）的家長制家庭公社（patriarchalische Hausgenossenschaft），以及在東方各民族中所見到的那種形式有所改變的家長制家庭公社（patriarchalische Hausgenossenschaft），乃是一個由群婚中產生的母權制家庭和現代世界的個體家庭之間的過渡階段。〔註53〕

> 無論如何，實行土地的共同佔有和共同耕作的家長制家庭公社（patriarchalische Hausgenossenschaft）……在母權制家庭和個體家庭之間所起的重要的過渡作用，已不能有所懷疑了。〔註54〕

按照恩格斯的論述，「patriarchalische Hausgenossenschaft」本來就是血緣性的團體，顯然，恩格斯所使用的「Hausgenossenschaft」一詞，其「Genossenschaft」的含義當與前述「Markgenossenschaft」、「Gentilgenossenschaft」等中的「Genossenschaft」一樣，都旨在突出血緣親屬性的聯繫。

從恩格斯的行文來看，他也用「Gemeinschaft」一詞來泛指這種「patriarchalische Hausgenossenschaft」，如他說道：

> 南方斯拉夫的札德魯加是這種家庭公社（Familiengemeinschaft）現存的最好的例子。〔註55〕

然而，耐人尋味的是，恩格斯只在敘述首個實例——南方斯拉夫的「札德魯加」時使用了「Gemeinschaft」，而在表述這種家庭聯合體的其他例子時卻一般都使用了「Genossenschaft」。這是什麼原因呢？

考恩格斯關於南方斯拉夫「札德魯加」特點的敘述，他說：

> ……它包括一個父親所生的數代子孫和他們的妻子，他們住在

〔註53〕 恩格斯《家庭、私有制和國家的起源》，收入《馬克思恩格斯選集》第四卷第二版，第 55 頁。
〔註54〕 同上，第 57 頁。
〔註55〕 同上，第 56 頁。

一起，共同耕作自己的田地，衣食都出自共同的儲存，共同佔有剩餘產品。公社（Die Gemeinschaft）處於一個家長……的最高管理之下，……他是選舉產生的，……最高權力集中在家庭會議，即全體成年男女社員的會議。……〔註56〕

顯然，「札德魯加」在組織特點上具有類似於氏族制的民主性，這與他下來舉以爲例的德意志人「由幾代人或者說幾個個體家庭所構成的、並且往往還包括許多非自由人的『家庭公社（Hausgenossenschaft）』」〔註57〕在特點上不同，而且也不同於「家長對於公社的年輕婦女，特別是對他的兒媳常常濫用他的地位」〔註58〕的俄國的「Familiengenossenschaft」。因此筆者認爲，儘管「札德魯加」在分類上也屬於「patriarchalische Hausgenossenschaft」，但是爲了區別於「那種形式有所改變的」「patriarchalische Hausgenossenschaft」——俄國、德意志等類型的「Familiengenossenschaft」或「Hausgenossenschaft」，於是他就在對「札德魯加」的表述上特地使用了「Gemeinschaft」一詞，而沒有使用「Genossenschaft」。

除了「Hausgenossenschaft」等，在「四版」中，恩格斯還新增了「Dorfgenossenschaft」的提法，他說：

　　……家長制家庭公社（patriarchalische Hausgenossenschaft）乃是母權制共產制家庭和現代的孤立的家庭之間的中間階段，……只是過了很久，由於人口增加，農村公社（Dorfgenossenschaft）才從這種家庭公社中發展出來。〔註59〕

　　最古的文件，例如 Codex Laureshamensis，一般說來，用家庭公社（Hausgenossenschaft）來解釋，就比用農村馬爾克公社（Dorfmarkgenossenschaft）來解釋要好得多。〔註60〕

不難理解，「Dorfgenossenschaft」其實就是「Markgenossenschaft」，它由「patriarchalische Hausgenossenschaft」發展而來。它雖然已經具有了地域性的特點，但在組織結構上仍然保有親屬血緣的聯繫。

〔註56〕恩格斯《家庭、私有制和國家的起源》，收入《馬克思恩格斯選集》第四卷第二版，第56頁。
〔註57〕同上。
〔註58〕同上，第57頁。
〔註59〕同上，第141～142頁。
〔註60〕同上，第142頁。

三、「公社」譯文的釐定

至此，我們可以對「Gemeinschaft」、「Genossenschaft」、「Gemeinde」和「Gemeinwesen」四個詞的譯文加以重新釐定了。

從上面的分析可以看出，恩格斯所用的「Gemeinde」一般用於土地、經濟意義上的「共產體」關係，「Gemeinschaft」則多用來泛指一般意義上的早期人類聯合體，而「Genossenschaft」強調的是人們之間的血緣聯繫，與以上三個詞不同的是，「Gemeinwesen」偏重的是與「國家」相聯繫的政治意味。

顯然，中譯文使用「公社」一詞覆蓋不了這麼多的含義，「公社」一詞就其中文本義而言僅與「Gemeinde」相當。但筆者認為，與其把「Gemeinde」譯成「公社」，還不如直接譯成「共產體」好，這樣在意義上顯得更為明確。而且，考慮到恩格斯把「Gemeinwesen」等同於法文「commune」的意見以及像「巴黎公社（法文：Commune de Paris）」這樣的習慣譯法，「公社」一詞實在可以作為「Gemeinwesen」的對等譯詞而加以保留。與此同時，根據「Gemeinschaft」的泛指意義及「Genossenschaft」側重於血緣親屬關係的特點，則又可考慮把它們分別譯成「共同社會」〔註61〕與「親緣體」。

由此，在排除了後起的具有國家政治意義的「Gemeinwesen」之後，恩格斯在《起源》修訂後所闡述的人類社會早期家庭組織的演變過程可以表示如下：（1）家庭共同社會（Familiengemeinschaft）〔包括舊 Hausgemeinden 和新 Hausgemeinden，新 Hausgemeinden 階段則相當於 Gentilgenossenschaft〔註62〕〕→（2）家長制家庭親緣體（patriarchalische Hausgenossenschaft）〔註63〕〔包

〔註61〕 在馬克思給查蘇利奇《覆信草稿》的翻譯中，對應法文手稿裏的「commune」與「communauté」，德文版《馬恩全集》分別把它們譯作「gemeinde」與「gemeinschaft」，日文版則譯為「共同体」和「共同社會」，本處受到了日譯文的啟發。參見：*Karl Marx Friedrich Engels Gesamtausgabe*（MEGA），Erste Abteilung, Band 25, Berlin：Dietz verlag, 1985, S. 223~224；*Karl Marx Friedrich Engels Werke*, Band 19, Berlin：Dietz verlag, 1962, S. 387-388；『マルクス・エンゲルス全集』第 19 卷，東京：大月書店，1968 年，第 390 頁。

〔註62〕 「新 Hausgemeinden」的建立排除了「同母所生的子女之間的性關係」，「普那路亞家庭」即由此產生（恩格斯《家庭、私有制和國家的起源》，收入《馬克思恩格斯選集》第四卷第二版，第 35 頁），而「氏族制度，在絕大多數情況下，都是從普納路亞家庭中直接發生的」（同前，第 38 頁）。

〔註63〕 「無論如何，實行土地的共同佔有和共同耕作的家長制家庭公社……在母權制家庭和個體家庭之間所起的重要的過渡作用，已不能有所懷疑了。……這種家長制家庭公社也是實行個體耕作以及起初是定期的而後來是永遠的分配

括 Familiengemeinschaft 及 Familiengenossenschaft〕→（3）農村親緣體
（Dorfgenossenschaft）或馬爾克親緣體（Markgenossenschaft）〔亦可稱爲
Dorfgemeinden 或 Markgemeinden、Dorfgemeinschaft 或 Markgemeinschaft〕。

　　從恩格斯已有的表述及以上的分析來看：首先、（1）的氏族制階段與（3）
都有「Genossenschaft（親緣體）」、「Gemeinschaft（共同社會）」或「Gemeinde
（共產體）」的稱法；其次、（2）的札德魯加和俄國的、克爾特人的
「Familiengenossenschaft」以及德意志人的、印度的「Hausgenossenschaft」等，
也可統稱爲「Familiengemeinschaft」。

　　然而，問題在於：在（2）的表述中，是否也可以使用「Gemeinde」一詞
而稱之爲「patriarchalische Hausgemeinde（家長制家庭共產體）」或
「patriarchalische Familiengemeinde（家長制家庭共產體）」呢？

　　恩格斯在「四版」修訂中沒有這樣的表述。〔註64〕

　　筆者認爲，這個「缺環」正是恩格斯在修訂《起源》時所遇到的重要問
題之一。

　　在《初版》中，恩格斯認爲私有財產直接起源於氏族制的解體，在私有
財產的基礎之上形成了「階級」乃至「國家」。〔註65〕這個觀點他在「四版」
中基本加以保留，但同時又根據科瓦列夫斯基的研究進一步認爲個體耕作、
包括耕地等生產資料的私有化是在「Markgemeinde」或「Dorfgemeinde」的解
體過程中才逐漸產生的〔註66〕。既然「patriarchalische Hausgenossenschaft（家

耕地和草地的農村公社或馬爾克公社從中發展起來的過渡階段。」（恩格斯《家
庭、私有制和國家的起源》，收入《馬克思恩格斯選集》第四卷第二版，第57
頁。）

〔註64〕儘管「初版」中也有「Hausgemeinde」與「Familiengemeinde」的說法，如：
《馬克思恩格斯選集》第四卷第二版第35頁第16行、第161頁第15行的「家
庭公社（Hausgemeinde）」，第134頁注釋①中的「家庭公社
（Familiengemeinde）」，第140頁第23行的「共產制家庭公社（kommunistische
Hausgemeinde）」，以及第164頁第6～7行中的「共產制家庭公社
（kommunistische Familiengemeinde）」等。其中的一些地方甚至還被保留進了
「四版」，但是這些表述顯然是在科瓦列夫斯基的學說產生之前，因而恩格斯
要特意強調說：「上面這一段，我仍照以前各版的樣子保留下來，未作更改。
在此期間，問題已轉到另外一個方面了。柯瓦列夫斯基已經證明……」（《馬
克思恩格斯選集》第四卷第二版，第141頁。）

〔註65〕恩格斯《家庭、私有制和國家的起源》，收入《馬克思恩格斯選集》第四卷第
二版，第165～169頁。

〔註66〕「只是過了很久，由於人口增加，農村公社才（Dorfgenossenschaft）從這種

長制家庭親緣體）」「實行土地的共同佔有和共同耕作」，那它當然也是「Gemeinde（共產體）」。然而，隨之而來需要解決的難題是，在俄國、德意志等類型的「patriarchalische Hausgenossenschaft（家長制家庭親緣體）」中，人與人之間的不平等關係早已先於私有財產的形成而產生了，如果認爲在私有財產形成的基礎之上才產生有階級，那麼在此種「共產體」中不源於私有財產的人與人之間的不平等關係究竟是什麼關係？它與「階級」關係究竟有何不同？它爲何還能早早出現在作爲私有財產「母體」的「Markgemeinde」或「Dorfgemeinde」之前呢？這些問題的確需要進一步的研究和討論。也許正是因爲這些問題還沒能得到很好的解決，所以恩格斯才沒有把科瓦列夫斯基所說的「patriarchalische Hausgenossenschaft」同時稱作「patriarchalische Hausgemeinde」，而只是強調說：「……這種家庭公社又造成了新的困難和引起了新的需要解決的問題。在這裡只有新的研究才能作出結論」〔註67〕；「柯瓦列夫斯基也許是完全對的，不過問題還在討論中。」〔註68〕

家庭公社（Hausgenossenschaft）中發展出來」，「只是經過數世紀之後，當家庭成員的人數過多，……這種家庭公社才解體；以前公有的耕地和草地，就按人所共知的方式，在此後正在形成的單個農戶之間實行分配，這種分配起初是暫時的，後來便成爲永久的，至於森林、牧場和水域則依然是公共的。」（《馬克思恩格斯選集》第四卷第二版，第142頁。）

〔註67〕恩格斯《家庭、私有制和國家的起源》，收入《馬克思恩格斯選集》第四卷第二版，第142頁。

〔註68〕恩格斯《「社會主義從空想到科學的發展」1892年英文版導言》，收入韋建樺主編《馬克思恩格斯文集》，第3卷，第501頁。

第四章 對若干公社理論問題的再探討（下）

　　給維・伊・查蘇利奇的《覆信》及《覆信草稿》是研究馬克思晚年思想特別是「公社」問題的重要文獻。比起《起源》一書，《覆信》及《覆信草稿》進入中國學者視野的時間要晚得多，但它在中國學界所造成的影響卻不可估量。儘管如此，學術界對於《覆信》及《覆信草稿》的徵引雖多，但對它們本身的文本研究卻並不多見。

　　爲此，本章擬就《覆信》及《覆信草稿》的文本及其中的相關概念等作一初步的考察。

第一節　「農村公社」與「農業公社」

　　20 世紀中國學者在研究「公社」問題上對馬恩著作的最大誤解，是「農業公社」與「農村公社」的問題。「農業公社」是馬克思在給維・伊・查蘇利奇的《覆信草稿》中提出的概念。

　　給維・伊・查蘇利奇的《覆信》及《覆信草稿》寫於 1881 年 2 月底至 3 月初，原文是法文，1924 年被翻譯成俄文第一次發表於前蘇聯出版的《馬克思恩格斯文集》。1955 年張廣達、何許根據俄譯本翻譯和校訂了《覆信》和《覆信草稿》，第一次以中文發表於《史學譯叢》第 3 期。1963 年 12 月《馬克思恩格斯全集》中文第一版第 19 卷出版，收入了從俄文轉譯而來的

《覆信》和三個草稿〔註1〕。

《覆信草稿》中譯本的出版引起了當時學界的廣泛重視，半個多世紀以來，許多學者都依據《覆信草稿》研究歷史上的公社問題，但幾乎所有的學者都把馬克思在《覆信草稿》中提到的「農業公社」、「農村公社」等同起來，而認爲馬克思所概括的「農業公社」的三大特徵其實就是「農村公社」的特徵。事實上，馬克思在《覆信草稿》中並沒有把「農業公社」與當時意義更爲寬泛的「農村公社」加以等同，「農業公社」概念實際上是馬克思在吸收科瓦列夫斯基研究成果基礎上的一種理論嘗試，但由於還很不成熟，馬克思最終放棄了這一提法。

一、對《覆信草稿》文本的考察

1881 年 2 月 16 日查蘇利奇寫信給馬克思，請求馬克思談談他對俄國歷史發展的前景，特別是他對俄國農村公社命運的看法，她說：「……最近我們經常可以聽到這樣的見解，認爲農村公社是一種古老的形式，歷史、科學社會主義，——總之，一切不容爭辯的東西，——使它注定要滅亡。……假如你能說明，你對我國農村公社可能的命運以及世界各國由於歷史的必然性都應經過資本主義生產各階段的理論的看法，給予我們的幫助會是多麼大。」〔註2〕

查蘇利奇就「農村公社」的問題向馬克思提問，但在馬克思擬的四個《覆信草稿》中，除了「二稿」和「四稿」只有「農村公社」的提法外，「初稿」和「三稿」都分別出現了「農村公社」、「農業公社」的兩種提法。馬克思所說的「農村公社」、「農業公社」究竟能不能等同起來呢？

考《覆信草稿》的「初稿」原文由五個部分組成。在其第二個部分裏，爲了回答俄國農村公社是否必然解體的問題，馬克思以古代日耳曼公社等爲例，「從純理論觀點」〔註3〕提出並分析了「農業公社」構造上的特點。通觀「初稿」全篇，馬克思並沒有毫無規律地使用「農業公社」、「農村公社」的兩種提法，除了在這個第二部分提出並集中使用了「農業公社」的概念之外，其他四個部分都採用的是「農村公社」的提法。

〔註1〕 《馬克思恩格斯全集》第 19 卷，北京：人民出版社，1965 年，第 268〜269、430〜452 頁。

〔註2〕 《馬克思恩格斯全集》第 25 卷（第二版），第 757 頁注釋 255。

〔註3〕 同上，第 460 頁。

　　不僅如此，從「初稿」第二部分的寫作細節來看，馬克思在提出「農業公社」這個概念時，明顯有一個深入思考的過程。〔註4〕他在第二部分談到了日耳曼歷史上存在過的兩種公社：一種是塔西佗時代的公社；另一種則是「日耳曼部落征服意大利、西班牙、高盧等地」〔註5〕之後出現的「新公社」。緊接著，在下面一段話的第一句話裏，馬克思很可能是爲了把塔西佗時代的公社區別於之後的「新公社」，他曾在「我們關於公社的生活」〔註6〕這句話「公社」一詞的前面先後分別使用了「日耳曼」、「農村」、「古代」三個定語，但最後都一一刪去〔註7〕。而後在比較了凱撒時代與塔西佗時代公社土地制度的不同之後，他才在「由此可見，日耳曼人的**農村**公社是從較古的類型的公社中產生出來的」〔註8〕這句話「農村公社」的地方第一次使用了「農業公社」的表述，但也把它刪去，改成了「農村公社」。經過這樣的反覆醞釀，「農業公社」才正式出現於下一段中。

　　這個寫作過程可以說明，馬克思提出「農業公社」是經過深思熟慮的，在以下的論述中，「農業公社」顯然是馬克思「從純理論觀點」對俄國公社、日耳曼公社等的一般抽象與概括，他其實是想在「農村公社」的基礎上分離出一個「農業公社」的概念來。因此，沒有上下文或者如「俄國」、「日耳曼人」等定語修飾限定的「農村公社」，當然就不能與馬克思所說的「農業公社」等同起來了。

　　「農業公社」與「農村公社」有別，也可以在「三稿」中找到證據。「三稿」由兩部分組成，分別相當於「初稿」的前兩個方面。其第二部分在具體

〔註4〕　日本學者日南田靜眞很早就注意到並且論述了「初稿」中「農村公社」與「農業公社」用法的區別，本段內容參考了日南田氏的研究；但必須指出的是，我們不贊同日南田氏對這兩個概念特別是縮小「農村公社」含義的理解，日南田氏認爲：在馬克思那裡，「農村公社」是用以指存在於日耳曼尼亞或俄國的具體公社，而「農業公社」則是一個明確的概念，用以指在全世界到處存在的古代社會形態的最近形式。（參見 Shizuma HINADA, *On the Meaning in Our Time of the Drafts of Marx's Letter to Vera Zasulich（1881）With Textual Criticism*,〔日本〕北海道大學『スラブ研究』20，1975 年，第 75～76 頁）

〔註5〕　韋建樺主編《馬克思恩格斯文集》，第 3 卷，第 572 頁。

〔註6〕　同上，第 573 頁。

〔註7〕　關於這些馬克思在手稿中刪除的字詞，可參看 *Marx-Engels Archiv*, herausgegeben von D. Rjazanov, Bd.1, Frankfurt am Main: Sauer & Auvermann, 1926, S.321；『マルクス・エンゲルス全集』第 19 卷，第 389 頁，下同。

〔註8〕　同註6。

敘述上雖然有所調整，但在內容上與「初稿」的第二部分基本相當。「三稿」只在一個地方使用了「農村公社」的提法，馬克思說〔註9〕：「同樣在亞洲，在阿富汗人及其他人中間也有『農村公社』。但是，這些地方的公社都是**最近類型的公社**，也可以說，是**古代社會形態的最近形式**。」〔註10〕這個所謂「最近類型的公社」，其實就是馬克思所說的「農業公社」，因為在「二稿」、「三稿」中，馬克思曾分別說道：「古代社會形態也是這樣，表現為一系列不同的、標誌著依次更迭的時代的類型。俄國農村公社屬於這一鏈條中最近的類型。」〔註11〕「**俄國的公社就是通常稱做農業公社的一種類型**」〔註12〕。依照這兩句話推斷，阿富汗人及其他人中間的「農村公社」和俄國的公社一樣當然也就是古代社會形態「最近的類型」的「農業公社」了。請注意，在上述這段話的前後，馬克思使用的都是「農業公社」的提法，如果馬克思認為「農村公社」＝「農業公社」的話，就完全可以把這段話說成是「同樣在亞洲，在阿富汗人及其他人中間也有『農業公社』」就可以了，又何必要說「同樣在亞洲，在阿富汗人及其他人中間也有『農村公社』」，然後又再加上「但是」，指出是「最近類型的公社」（即「農業公社」）呢？

馬克思《覆信草稿》中的「農村公社」法文原文作「*commune rurale*」，「農業公社」作「*commune agricole*」，從詞義來說，「*rurale*」與「*agricole*」也是不能完全等同的，「*rurale*」解釋為「鄉村的，農村的」，「*agricole*」解為「農業的」，「*rural*」的意義應更為寬泛。俄國的「米爾」、日耳曼人的「馬爾克」、印度及阿富汗人的公社等，各自的特點雖有很多不同，但只要是遠離城市，處在鄉村或農村的「公社」，應當都可以稱為「*commune rurale*」。

二、同時代其他學者的觀點

在《覆信草稿》中馬克思專門談了「農業公社」不同於較古類型公社的某些特徵，主要包括〔註13〕：一、「『農業公社』是最早的沒有血緣關係的自由人的社會組織」；二、「在農業公社中，房屋及其附屬物——園地，是農民

〔註9〕 *Marx-Engels Archiv*，S.338.
〔註10〕 韋建樺主編《馬克思恩格斯文集》，第585頁。
〔註11〕 《馬克思恩格斯全集》（第二版）第25卷，第472～473頁。
〔註12〕 同註10，第584頁。
〔註13〕 同上，第585頁。

私有的」；三、「耕地是不可讓渡的公共財產，定期在農業公社各個社員之間進行分配」。

　　然而考察馬克思所熟悉的當時研究公社問題的著名學者如馬・科瓦列夫斯基、亨利・梅恩等著述中的「農村公社」的含義，它們卻都不一定符合上述條件。

　　俄國學者科瓦列夫斯基在 1879 年出版了《公社土地佔有制、其解體的原因、進程和結果》一書，書中雖然力圖從地域的、毗鄰的關係來理解「農村公社」，但科瓦列夫斯基仍重視「農村公社」中氏族血緣關係的影響，科氏說：

　　　　農村公社來自氏族公社，而作爲氏族公社基礎的則是人們關係中的宗法性質；人們的這種關係，與其說是以事實爲依據，不如說是以同源觀念爲依據的，即公社全體成員認爲他們全都來源於一個共同的祖先。許多世紀以來，在氏族公社演變爲農村公社之後，這種性質仍然保存著；這就決定了在公社佔有者中間，分歧和衝突的場合還不多見，並從共居家庭成員間的牢固血緣關係中找到了可靠的支柱。

　　　　……由於公社團體來源於氏族團體，因而也形成了一個確定的原則：即公社的土地不得轉讓給公社以外的人，而且也不得轉讓給公社內沒有血緣關係的家庭。〔註14〕

　　科瓦列夫斯基所說的「農村公社」也包括還沒有定期重分土地而按實際佔有情況決定份地大小的公社：

　　　　然而，這時在印度多數地區，占主導地位的公社形式顯然已經是農村公社了。並且，在農村公社裏決定個人份地大小的已經不是繼承法原則，而是按照實際佔有情況而定，換句話說，即按照實際耕種情況而定。〔註15〕

　　這種「農村公社」當然不是馬克思所定義的「農業公社」，馬克思曾仔細研讀了科瓦列夫斯基的這本書，並且做了詳細的筆記，他不可能沒有注意到這一點。

　　英國人亨利・梅恩〔註16〕在 1872 年出版的《東西方之農村公社》（*Village*

〔註14〕　李毅夫、金地譯、〔俄〕馬・科瓦列夫斯基著《公社土地佔有制、其解體的原因、進程和結果》，北京：中國社會科學出版社，1993 年 6 月，第 10 頁。

〔註15〕　同上，第 70～71 頁。

〔註16〕　馬克思在《覆信草稿》中談到了亨利・梅恩，還曾於 1881 年就梅恩的《古代

Communities in the East and West) 一書中，把印度和日耳曼的公社都稱爲「農村公社」，並對它們作了比較。他認爲：

    The Village-Community of India exhibits resemblances to the Teutonic Township which are much too strong and numerous to be accidental; where it differs from the Township, the difference may be at least plausibly explained. It has the same double aspect of a group of families united by the assumption of common kinship over land. The domain which it occupies is distributed, if not in the same manner, upon the same principles; and the ideas which prevail within the group of the relations and duties of its members to one another appear to be substantially the same. [註 17]

梅恩所說的印度的「農村公社（Village-Community）」，從詞義來說，當然可以被歸入「*commune rurale*」，但它具有血緣性質，與馬克思所說的沒有血緣關係的「農業公社」是不同的。

不僅如此，恩格斯所理解的「農村公社」的概念也常常帶有氏族血緣的性質，不能完全與馬克思所說的「農業公社」等同起來。如在 1881 年至 1882 年所作的《法蘭克時代》中，恩格斯在談論日耳曼人的農村公社（馬爾克 [註 18]）時說 [註 19]：

    區的居民又將他們的耕地馬爾克和林地馬爾克讓給各個農村公社（這些農村公社同樣是由近親組成的）〔著重號爲斌所加〕，同時也把剩餘的土地留給區支配。

在馬克思逝世後所作的《起源》[註 20] 一書中，恩格斯有時仍把馬爾克或「農村公社」與氏族血緣關係聯繫起來，如他說：

    法制史講演錄》（1875 年倫敦版）作了摘要（見《馬克思古代社會史筆記》，第 564 頁注 162）。

〔註 17〕Sir Henry Sumner Maine, *Village Communities in the East and West*, Evanston: Adams Press, 2007, p12.

〔註 18〕馬爾克就是農村公社，恩格斯《法蘭克時代》中的一句話可以說明這一點：「這樣，民族就溶化在小的農村公社的聯盟之中，而在這些農村公社之間沒有，或者幾乎沒有任何經濟上的聯繫，因爲每個馬爾克都是自足的，……」（《馬克思恩格斯全集》第 19 卷，第 540 頁。）

〔註 19〕《馬克思恩格斯全集》第 19 卷，第 539 頁。

〔註 20〕《家庭、私有制和起源》初版於 1884 年，1891 年經過一次修訂。

　　……因此，我在塔西佗的著作中只讀到他說得很簡潔的話：他們每年更換（或重新分配）耕地一次，同時還留下充分的公有土地。這是和德意志人當時的氏族制度完全相適應的一種耕作和土地佔有階段〔著重號爲斌所加〕。〔註21〕

　　由此而日益發達的貨幣經濟，就像腐蝕性的酸類一樣，滲入了農村公社的以自然經濟爲基礎的傳統的生活方式。氏族制度〔著重號爲斌所加〕同貨幣經濟絕對不能相容……〔註22〕

　　在威爾士被英國人征服以前數世紀，即至遲於 11 世紀所制定的古代威爾士的法律，還表明有整個村落共同耕作的事情，雖然這只是一種普遍流行的早期習俗的稀有殘餘；每個家庭有供自己耕作的五英畝土地；此外，另有一塊土地共同耕種，收穫物實行分配。從它跟愛爾蘭和蘇格蘭類似這一點來看，毫無疑問這種農村公社乃是一種氏族或氏族分支，〔著重號爲斌所加〕，……〔註23〕

　　此外，馬克思在《覆信草稿》中還認爲「農業公社」繼續發展，若其中的私有制因素戰勝集體因素，就會產生「新公社」，中世紀的日耳曼公社就是「新公社」，它的「耕地是農民的**私有財產**，而森林、牧場、荒地等等仍然是**公共財產**」。〔註24〕然而，這種馬克思所謂的「新公社」在當時也可被認爲是「農村公社」，恩格斯說過這樣的話：

　　……這種家長制家庭公社也是實行個體耕作以及起初是定期的而後來是永遠的分配耕地和草地的農村公社或馬爾克公社從中發展起來的過渡階段。〔註25〕

　　定期的分配耕地和草地的農村公社或馬爾克有可能包括馬克思所說的「農業公社」，但永遠的分配耕地和草地的農村公社或馬爾克則不是「農業公社」而是「新公社」的特徵了。

　　可見，在當時學界，「農村公社」比起馬克思所定義的「農業公社」，其

〔註21〕恩格斯《家庭、私有制和國家的起源》，收入《馬克思恩格斯選集》第四卷第二版，第 141 頁。
〔註22〕同上，第 109 頁。
〔註23〕同上，第 130 頁。
〔註24〕韋建樺主編《馬克思恩格斯文集》，第 3 卷，第 585 頁。
〔註25〕同註 21，第 57 頁。

意義要寬泛得多，它甚至還可以是血緣性質或不重分土地的，馬克思當然也瞭解這一點，所他才要專門區別「農村公社」而從中分離出一個「農業公社」的概念來。

三、「農業公社」概念的來源

馬克思在《覆信草稿》中嘗試提出「農業公社」的概念，明顯是受到了科瓦列夫斯基《公社土地佔有制，其解體的原因、進程和結果》一書的啓發。

《公社土地佔有制，其解體的原因、進程和結果》一書由科瓦列夫斯基本人於 1879 年夏天送給馬克思〔註 26〕，馬克思仔細研讀了此書，並且作了詳盡的摘要。

仔細閱讀馬克思摘要中「按歷史上發生的順序看印度現代公社土地所有制的各種形式」一節，可以發現，其中有關印度公社發展順序的敘述與馬克思在《覆信草稿》中的「農業公社」思想關係密切。特別是馬克思整理和部分改寫的〔註 27〕有關印度公社發展順序的總結，在很大程度上反映了馬克思在寫作《覆信草稿》前在公社發展問題上的新的思考，茲摘錄如下：

> 總之，過程如下：（1）最初是實行土地共同所有制和集體耕種的氏族公社；（2）氏族公社依照氏族分支的數目而分爲或多或少的家庭公社即南方斯拉夫式的家庭公社。土地所有權的不可分割性和土地的共同耕作制在這裡最終消失了；（3）由繼承權即由親屬等級的遠近來確定份地因而份地不均等的制度。戰爭、殖民等等情況人爲地改變了氏族的構成，從而也改變了份地的大小。原先的不均等日益加劇；（4）這種不均等的基礎已不再是距同一氏族首領的親屬等級的遠近，而是由耕種本身表現出來的事實上的佔有。這就遭到了反對，因而產生了：（5）公社土地或長或短定期的重分制度，如此等等。起初，重分同等地包括宅院（及其毗連地段）｛Wohnungsboden（mit Zubehör）｝、耕地和草地。繼續發展的過程首先導致將宅旁土地〔包括毗連住所附近的田地等等〕劃爲私有財產，隨後又將耕地和草地劃爲私有財產。從古代的公共所有制中作爲 beauxrestes 保存下來的，一方面是公社土地〔指與已變成私有財產的土地相對立的〕〔或者原先

〔註 26〕《馬克思古代社會史筆記》，第 545 頁注 1。
〔註 27〕同上，第 549 頁，注釋 37。

只是附屬地｛Appertinenz｝的土地〕，另一方面則是共同的家庭財產；但是這種家庭在歷史發展的過程中也越來越簡化爲現代意義上的私人的（單個的）家庭了（第 86、87 頁）。〔註28〕

結合之前的有關具體敍述，可以認爲，上述總結中的（3）（4）（5）其實反映了氏族公社解體之後公社土地重分制度的不同發展階段。

其中，（3）（4）包括第一、二兩個階段：第一階段是按親屬等級分配土地的階段，即爲「使親屬等級和份地大小更相適應」，「公社常常重新分配耕地和草地」〔註29〕；

第二階段是實際佔有階段，即由於「氏族成員人數的增加，確定距始祖的親屬等級便越來越困難了」，而且「由於和鄰近氏族進行戰爭而使氏族的組成情況遭到了破壞」的「暴力的變革一再發生」，「公社土地中的個體份地事實上已不再與距始祖的親屬等級相符合了——至少就整個來說｛in ihrem Gesamtzussammenhang｝如此；這些份地的或大或小，現在就由某個家庭事實上所耕種的地段的相對大小來決定了」〔註30〕。

（5）包括三、四兩個階段：第三階段是重分土地階段，即「要求重新分配的人們堅持地段（份地）大小均等，既反對按親屬等級決定的份地制度，又反對按實際佔有情況批准的制度」，「因此，每隔一定時間，往往是每隔一年，把公社土地平均分配」〔註31〕；

第四個階段則是份地的逐漸私有化，即「最後，印度農村公社在其解體的過程中，也達到了盛行於中世紀的日耳曼、英國和法國並且現在仍盛行於瑞士全境的那個發展階段，就是說，耕地，往往還有草地，歸公社各個成員私人所有，只有所謂 Appertinenzien（угодья｛附屬地｝）仍歸公社成員共同所有……」〔註32〕。

在這個發展過程中，公社中的血緣關係逐漸趨向淡化，直至被破壞。對照《覆信草稿》的有關內容，不難看出，其中的第三個階段，其實就是馬克思所說的「農業公社」；而第四個階段則相當於日耳曼人的「新公社」。

在《公社土地佔有制，其解體的原因、進程和結果》一書中，科氏認爲

〔註28〕　《馬克思古代社會史筆記》，第36～37頁。
〔註29〕　同上，第29頁。
〔註30〕　同上，第30～31頁。
〔註31〕　同上，第32頁。
〔註32〕　同上，第35頁。

「農村公社」來源於「氏族公社」的解體〔註 33〕，而上述的四個階段其實就是「農村公社」發生、發展、解體的各個階段。所不同的是，第一階段仍保留有濃厚的血緣遺存，第二階段是由血緣性向地域性公社的過渡，而第三、四階段則完全是地域性的了。正是由於「農村公社」具有這樣廣泛的含義，馬克思後來才會嘗試提出一個「農業公社」的概念來。

四、馬克思放棄「農業公社」概念的原因

馬克思在「初稿」、「三稿」中提出了「農業公社」的概念，但「農業公社」的提法以及相關的理論探討在「四稿」和正式的「覆信」中卻隻字不提。我們認為，這是因為馬克思敏銳地感覺到有關「農業公社」理論的證據還很不充分，所以最終放棄了這一提法。

在《覆信草稿》中馬克思認為俄國公社的土地重分制度自然起源於土地共有的古代類型公社，在這種馬克思稱為「農業公社」的俄國公社裏，「耕地是不准讓渡的公共財產，定期在農業公社社員之間進行重分」，只有到了從「農業公社」發展而來的「新公社」裏，農民才把土地轉化為自己的私有財產，可以自由買賣。

然而在 19 世紀中期的俄國學界，有關當時土地重分的俄國公社是否自然起源於較古類型的公社的問題是有很大爭議的，其中代表性的就有契切林和別利亞耶夫的論戰。

契切林認為，俄國 19 世紀的公社與中世紀的公社毫無共同之處，中世紀公社沒有土地公有制，沒有土地重分，沒有遷徙權的限制，而 19 世紀的公社則是政府把農民固定在土地上並強迫他們納稅服役的公社，它不是自然發展而來，而是以後由政府重新建立起來的；與此相對，別利亞耶夫認為當時公社的土地佔有和土地重分原則起源於很早的古代，遠在留里克到來之前就已經實行了。〔註34〕

關於契切林和別利亞耶夫的爭論，馬克思早有所聞。在 1873 年 3 月 22 日致尼古拉‧弗蘭策維奇‧丹尼爾遜的信中，馬克思希望丹尼爾遜能給他介紹「關於契切林對俄國公社土地佔有制的歷史發展的看法以及他在這個問題

〔註33〕《公社土地佔有制、其解體的原因、進程和結果》，第 2、10 頁。
〔註34〕參見曹維安《俄國史新論》，北京：中國社會科學出版社，2002 年 5 月，第193 頁。

上和別利亞耶夫的論戰的情況」〔註35〕，在同信中，馬克思還批判了契切林把當時俄國公社看作是「純粹作爲國家的措施而實行，並作爲農奴制的伴隨現象而發生」的看法。

丹尼爾遜在接到馬克思的請求後，寫了一封長信回答馬克思的問題，但他在信中支持契切林的觀點，認爲近代的俄國公社產生於政府的財政需要，帶有農奴制、賦稅性的特點，他說：

> 根據上述一切，我認爲契切林在跟別利亞耶夫的爭論中是正確的。我們所知道的農奴制度下的公社，它的存在有賴於國庫措施。……起先，公社的成員由於共同的利益而聯結在一起。後來，當公社本身顯得軟弱無力，瀕臨崩潰的時候，只是由於對政府的國庫有利，公社才被用強制力量維持下來。〔註36〕

丹尼爾遜並且給馬克思介紹了研究俄國公社歷史演變的重要文獻。在後來馬克思所作的有關俄國公社發展歷史的筆記中，他也曾注意到並且摘錄了在基輔羅斯時期以及莫斯科時期農民可以世代繼承房屋和園地，可以世襲並自由處置土地的相關材料。〔註37〕

馬克思在寫《覆信草稿》時，也許正是因爲考慮到了當時有關俄國公社論爭的複雜性，所以最終才放棄了「農業公社」的理論。

後來有關俄國公社的研究表明，俄國土地重分型的公社不但不是自然發生的，而且在時間上要晚于可以自由買賣、抵押土地的農村公社。

據研究，13～16世紀俄國存在大量的稱之爲「黑鄉」（чёрная волость）的農村公社，黑鄉實行土地公社所有制，農民擁有土地私人佔有權和使用權。黑鄉農民尤其是歐俄北方的黑鄉農民土地權非常廣泛，能夠自由買賣、抵押和繼承土地。黑鄉的森林、草場、水源、牧場、魚塘等則爲公共地，集體佔有。而土地重分型的公社產生於16世紀的俄國中部地帶，到18世紀土地重

〔註35〕 馬克思致尼古拉・弗蘭策維奇・丹尼爾遜，《馬克思恩格斯全集》第33卷，第577頁。

〔註36〕 《馬克思恩格斯與俄國政治活動家通信集》，北京：人民出版社，1987年，第207頁。丹尼爾遜雖然認爲契切林是正確的，但卻認爲：「從純經濟方面來看，古代羅斯的那種公社幾乎同現在的公社沒有區別；同樣是把土地分成小塊，同樣每隔一定時間對土地重新進行劃分。」（見同書第208～209頁。）這一點與契切林的看法有所不同。

〔註37〕 參見佐藤正人『「ザスーリチの手紙への回答」およびその「下書き」考』，第237～238頁。

分型的公社才取得了統治地位。產生土地重分的原因主要和封建賦稅、人口數量的增加以及三圃耕種制有關。〔註38〕

不僅如此，馬克思曾在《覆信草稿》中把古代的日耳曼公社與俄國的農村公社相類比，認爲它們都是實行土地定期重分的「農業公社」，但在馬克思逝世以後，科瓦列夫斯基給出證明：

> ……塔西佗著作中談到更換耕地的那個地方，實際上就應當從農學意義上去理解：公社每年耕種另一個地帶，而將上年的耕地休耕，或令其全然拋荒。由於人口稀少，荒地總是很多的，因之，任何爭奪地產的糾紛，就沒有必要了。只是經過數世紀之後，當家庭成員的人數過多，以致在當時的生產條件下共同經營已經成爲不可能的時候，這種家庭公社才解體；以前公有的耕地和草地，就按人所共知的方式，在此後正在形成的單個農戶之間實行分配，這種分配起初是暫時的，後來便成爲永久的，至於森林、牧場和水域依然是公共的。〔註39〕

可見，馬克思在《覆信草稿》中提出的「農業公社」理論並不成熟，他所主要依據的材料都是有問題的。馬克思本人或許已經敏銳地察覺到了這一點，所以最終決定放棄「農業公社」的提法。

五、混淆「農村公社」與「農業公社」概念的影響

綜上所述，馬克思給查蘇利奇《覆信草稿》中的「農業公社」與「農村公社」是不可簡單等同的兩個概念，「農業公社」概念的形成受到了科瓦列夫斯基著作的影響，但馬克思因爲有關理論探討的不成熟性，最終放棄了「農業公社」的提法。

半個多世紀以來，許多學者都用「農村公社」的理論來研究古代社會的結構特點與土地制度，然而在他們的著作中，「農村公社」經常被與「農業公社」的概念等同起來，馬克思在《覆信草稿》中談及的「農業公社」的三大

〔註38〕 參見曹維安《俄國農村公社的土地重分制度》，《陝西師範大學學報（哲學社會科學版）》，1987年第3期；羅愛林《俄國封建晚期農村公社研究》，桂林：廣西師範大學出版社，2007年11月，第39～60頁。

〔註39〕 恩格斯《家庭、私有制和國家的起源》，收入《馬克思恩格斯選集》第四卷第二版，第142頁。

特點也就成了「農村公社」的特點。〔註40〕

　　我們不禁要問，「農業公社」的理論連馬克思自己都感覺不成熟，我們又怎能簡單地把它當作歷史研究的基礎呢？這樣做，不僅違背了馬克思的本意，而且也抹殺了後來有關俄國公社、日耳曼公社等的研究成果。

　　不僅如此，把「農村公社」等同於「農業公社」，表面上看似只是個名稱問題，卻還會誤導人們對公社發展階段的認識。馬克思逝世後八年，恩格斯在《起源》一書修訂版中吸收了科瓦列夫斯基的最新研究成果〔註41〕，認為家長制家庭公社「乃是一個由群婚中產生的母權制家庭和現代世界的個體家庭之間的過渡階段」〔註42〕，並且認為「只是過了很久，由於人口增加，農村公社才從這種家庭公社中發展出來」。一些學者把《起源》與馬克思的《覆信草稿》結合起來理解，從而得出了「家長制家庭公社→農村公社（農村公社＝農業公社）」的結論。〔註43〕

　　我們認為這不僅曲解了馬恩的本意，也使我們的歷史理論變得簡單化、

〔註40〕 如：朱本源《論殷代生產資料的所有制形式》，《歷史研究》，1956 年第 6 期；李埏《試論中國古代農村公社的延續和解體》，《思想戰線》，1979 年第 3 期；趙世超《西周的公社是農村公社，還是家長制家庭公社？——學習馬克思、恩格斯關於公社問題若干論述的體會》；金景芳《論井田制度》，濟南：齊魯書社，1982 年 10 月，第 1 頁；俞偉超《中國古代公社組織的考察——論先秦兩漢的單一僤一彈》，北京：文物出版社，1988 年 10 月，第 1～2 頁；李豫《論周代的農村公社》，收入唐嘉弘主編《先秦史論集》，鄭州：中州古籍出版社，1989 年 4 月；謝維揚《周代家庭形態》，北京：中國社會科學出版社，1990 年 6 月，第 296 頁；李朝遠《西周土地關係論》，上海：上海人民出版社，1997 年 1 月，第 178～180 頁；袁林《兩周土地制度新論》，長春：東北師範大學出版社，2000 年 1 月，第 68～69 頁；馬曜、繆鸞和《西雙版納份地制與西周井田制比較研究》，昆明：雲南人民出版社，2001 年 9 月第 2 版，第 160 頁等。把「農業公社」與「農村公社」混在一起，一方面當然有譯本本身的原因，如在張廣達、何許翻譯和校訂的譯本中，「農村公社」與「農業公社」經常被攪在一起，朱本源等就受到了它的影響；但在 1963 年出版的《馬克思恩格斯全集》中文版第 19 卷中，「農村公社」與「農業公社」的翻譯是嚴格區分的。然而許多學者在引用原文時，仍然沒有注意到「農村公社」與「農業公社」的區別，把它們混為一談。

〔註41〕 指科瓦列夫斯基《家庭及所有制的起源和發展概論》1890 年斯德哥爾摩版，見《家庭、私有制和國家的起源》，第 58 頁。

〔註42〕 恩格斯《家庭、私有制和國家的起源》，收入《馬克思恩格斯選集》第四卷第二版，第 55 頁。

〔註43〕 如江林昌《中國上古文明考論》，上海：上海教育出版社，2005 年 12 月，第 171～172 頁等。

程式化。如前所述，在恩格斯《起源》一書裏，「農村公社」比起馬克思《覆信草稿》中的「農業公社」其意義要寬泛得多，它甚至可以是氏族血緣性的。因此用「農業公社」的特點來限定「農村公社」，往往會掩蓋歷史發展的複雜性。恩格斯說，家長制家庭公社「實行土地的共同佔有和共同耕作」〔註44〕，「家長制家庭公社也是實行個體耕作以及起初是定期的而後來是永遠的分配耕地和草地的農村公社或馬爾克從中發展起來的過渡階段。」但他同時又強調說：「另一方面，這種家庭公社又造成了新的困難和引起了新的需要解決的問題。在這裡只有新的研究才能作出結論」〔註45〕，「柯瓦列夫斯基也許是完全對的，不過問題還在討論中。」〔註46〕，恩格斯這裡所謂「新的困難」和「新的需要解決的問題」，除了前述「patriarchalische Hausgenossenschaft」的內涵問題外，應該也還包括這個家長制家庭公社與農村公社的區別及其如何解體、分裂爲單個農戶的問題。事實上，從家長制家庭公社發展出來的「農村公社」，究竟有著怎樣的發展歷史和結構特點，實在是個值得深入研究的問題。

第二節　對馬克思給查蘇利奇《覆信草稿》次序及其思路的研究

《覆信草稿》的內容極爲豐富，馬克思本人曾又四易其稿，要正確理解馬克思在《覆信草稿》中表述的思想，我們認爲還必須明確四個草稿的正確順序。

王旭章先生曾在《南京大學學報（哲學·人文·社會科學）》1994年第3期刊登了《馬克思給查蘇利奇覆信草稿的思路》一文以研究《覆信草稿》的次序問題。文章認爲：「《馬克思恩格斯全集》19卷刊登的《初稿》、《二稿》、《三稿》的次序有誤，真正的第一草稿不是《初稿》而是《三稿》，《初稿》和《二稿》是第二、三稿。」〔註47〕按照這個次序，王旭章先生還進一步研

〔註44〕恩格斯《家庭、私有制和國家的起源》，收入《馬克思恩格斯選集》第四卷第二版，第57頁。
〔註45〕同上，第142頁。
〔註46〕恩格斯《「社會主義從空想到科學的發展」1892年英文版導言》，收入韋建樺主編《馬克思恩格斯文集》第3卷，第501頁。
〔註47〕王旭章《馬克思給查蘇利奇覆信草稿的思路》，《南京大學學報（哲學·人文·

究了馬克思在這四個草稿中的思想變化過程。

　　王先生的文章發表以來，幾乎沒有學者對王旭章先生的文章提出疑義，我們經過研究雖然也同王旭章先生一樣認爲現行《覆信草稿》的次序有誤，但不同意王先生關於四個草稿次序及其思路的看法。

一、王旭章先生的觀點

　　王旭章先生在其文中認爲《覆信草稿》的正確次序應該是「三稿」→「初稿」→「二稿」→「四稿」〔註48〕，他的證據主要來自三個方面〔註49〕：

　　首先是邏輯上的，王先生認爲「三稿」是所有草稿中最不成熟的，其觀點表述和論述條理都遠差於「初稿」和「二稿」，如「三稿」中「用來反對俄國公社的最鄭重的論據」的論述，幾乎涉及了「初稿」「二稿」中（2）（3）（4）論題的所有觀點，這就很難解釋馬克思會把前兩個草稿已經廓清的思想再混在一起。而且「三稿」沒有寫完五個基本問題中的第二個問題就突然停筆了，若按照「初稿」「二稿」中已經形成的思想，似乎是不該有什麼問題的，因此王先生進一步認爲馬克思在寫「三稿」時很可能如他所說的已經對俄國的公社問題進行了廣泛的思考，甚至研究了某些細節，但在撰寫的過程中，卻又發現對俄國公社命運問題的「簡短說明」實際並不簡單，在寫到「向集體耕種過渡」這一尖銳問題的時候，只能中斷，而必須重新整理自己的思想，於是才出現了「初稿」和「二稿」。

　　其次從形式上，王先生認爲「三稿」和「四稿」都是以正式書函的形式出現的，都有「親愛的女公民」的臺鑒及書信引語，而「初稿」與「二稿」是名符其實的寫作提綱和要點。馬克思以往給朋友寫信是從來不寫什麼提綱草稿的，因此「三稿」的現存的信函形式正好證明了它是馬克思覆信草稿中的第一手稿。

　　最後王先生注意到《覆信草稿》原文的編輯過程，認爲《覆信草稿》的現行次序並不是馬克思本人加上去的，而是由 1924 年俄文版「馬克思恩格斯文庫」的編輯所加。在當時的歷史條件下，編者只注意到了馬克思的覆信草

社會科學）》，1994 年第 3 期，第 15 頁。

〔註48〕王旭章先生根據的是《馬克思恩格斯全集》（第一版）第 19 卷中收入的《覆信》及《覆信草稿》，這個版本實際上沒有收入「四稿」，王先生認爲的第四草稿其實就是正式覆信。

〔註49〕王旭章《馬克思給查蘇利奇覆信草稿的思路》，第 16 頁。

稿總的論述了什麼，而並沒有注意到馬克思本人對這些問題怎樣思考的歷史價值，於是出現了這樣的疏漏和誤編。

按照「三稿」→「初稿」→「二稿」→「四稿」這個次序，王先生考察了馬克思的思想發展過程。指出「馬克思通過俄國公社『歷史必然性』、公社『解體』的條件及『目前處境』的全面研究，認爲威脅公社命運的不是『歷史必然性』，不是理論，而是俄國的現實。因此，解決俄國社會命運的思路，只能『把一切多少帶有理論性的問題撇開不談。』」〔註50〕而這也就是馬克思「斷然拋開了冗長的第一、二、三個草稿，起草了『寥寥幾行』的第四手稿」〔註51〕的原因所在。

不僅如此，王先生注意到在四篇覆信草稿中，馬克思曾有三處提到過俄國跨越「卡夫丁峽谷」的可能性，但這些闡述只見於他所認爲的第一、第二兩個手稿（即「三稿」和「初稿」），第三手稿（即「二稿」）中則不再提及。因此他認爲「……俄國公社越過『卡夫丁』峽谷可能性，是未經論證的『純理論分析』，而第三、四手稿中馬克思不再提及，是由於他從抽象的理論回到俄國現實。俄國公社在理論上存在越過『卡夫丁峽谷』的可能性，但實際上是不可能的，這是馬克思的思想。」〔註52〕

二、日本學者日南田靜眞的觀點

早在上個世紀 70 年代，日本學者日南田靜眞也曾對現行《覆信草稿》的次序提出過疑義，但與王先生不同的是，他根據對前蘇聯馬克思主義文獻專家利贊諾夫（David Borisovich Ryazanov, 1870~1938）所整理的《覆信草稿》手稿文本的分析，認爲《覆信草稿》原來的次序應該是「二稿」→「初稿」→「三稿」→「四稿」，日南田氏的觀點得到了當時其他日本學者的認同。〔註53〕

日南田氏主要就「初稿」、「二稿」和「三稿」提出了四點證據，它們分別是〔註54〕：

〔註50〕 王旭章《馬克思給查蘇利奇覆信草稿的思路》，第 18 頁。
〔註51〕 同上。
〔註52〕 同上。
〔註53〕 參見 Shizuma HINADA, *On the Meaning in Our Time of the Drafts of Marx's Letter to Vera Zasulich（1881）With Textual Criticism*，第 69～80 頁；小松善雄『晚年期のマルクスの移行過程論』，第 130 頁注 9）。
〔註54〕 參見 Shizuma HINADA, *On the Meaning in Our Time of the Drafts of Marx's*

　　第一、在「初稿」、「三稿」的開始都有「資本主義生產的起源」〔註 55〕的提法，但在「二稿」中沒有這個提法，而是表述成「封建生產向資本主義生產轉變」的「出發點」。而且，在「初稿」手稿中的「另一種私有制形式」這句話的上方，馬克思本寫有「西方的運動」一語〔註 56〕，「二稿」中沒有，但在「三稿」中它卻出現了在正文句子中，即：「在這種西方的運動中，問題是把一種私有制形式變爲另一種私有制形式」。

　　第二、在「二稿」第二部分，馬克思說道：「關於您所講到的俄國的『馬克思主義者』，我完全不知道。」但這句話沒有出現在「初稿」和「三稿」，這就可以說明馬克思首先寫的是「二稿」，他這樣說完全是針對查蘇利奇信中的內容而來。因爲在查蘇利奇給馬克思的信中，查蘇利奇就曾提到：「最近以來我們經常聽到一種意見，說農村公社是一種陳腐的形式，歷史、科學社會主義，總而言之，所有一切最不容爭辯的東西，都已斷定這種陳腐的形式必然滅亡。宣揚這一論點的人，都自稱是您的眞正的門徒，是『馬克思主義者』。他們經常掛在嘴上的最有力的論據是：『馬克思是這樣說的』。」〔註 57〕

　　第三是關於「農業公社」一詞的用法，這也是最重要的證據。在馬克思擬的四個《覆信草稿》中，除了「二稿」和「四稿」只有「農村公社」的提法外，「初稿」和「三稿」都分別出現了「農村公社」、「農業公社」的兩種提法。但從「初稿」第二部分的寫作細節來看，馬克思在提出「農業公社」這個概念時，明顯有一個深入思考的過程。這一點我們已經在上一節中作了詳細論述，此處不再贅敘。

Letter to Vera Zasulich（1881）*With Textual Criticism*, 第 74〜77 頁。

〔註 55〕 本節有關「初稿」、「三稿」及「覆信」的中譯文均據《文集》第 3 卷引用，「二稿」、「四稿」的中譯文則據《全集》（第二版）第 25 卷引用，以下不再一一注明。

〔註 56〕 日南田氏依據的是利贊諾夫於 1926 年編輯出版的《馬克思恩格斯文集》（*Marx-Engels Archiv*）第一卷中所收入的法文原稿，中文版《馬克思恩格斯全集》包括最新的第二版在內都沒有把《覆信草稿》中馬克思的修改痕跡全部翻譯出來，這不得不是個遺憾！關於這些修改的痕跡參見 *Marx-Engels Archiv*，herausgegeben von D. Rjazanov，Bd.1，S.318~340；亦可參見日譯文：a、伊藤好道・萩原厚生訳〔ヴェラ・ザスリッチ宛ての手紙〕，『マルクス・エンゲルス全集』第 21 卷，東京：改造社，1931 年，第 400〜426 頁；b、平田清明訳〔ヴェ・イ・ザスーリチの手紙への回答の下書き〕，『マルクス・エンゲルス全集』第 19 卷，第 386〜409 頁。

〔註 57〕 見《馬克思恩格斯與俄國政治活動家通信集》，第 378 頁。

　　需要注意的是，如果說在「初稿」第二部分中經過不斷改動才出現「農業公社」一詞的話，到了「三稿」這個詞卻已經被成熟地應用於正文，而且在「三稿」中，除了在「同樣在亞洲，在阿富汗人及其他人中間也有『農村公社』」這句話以及刪去的句子〔註58〕中共使用了兩次「農村公社」外，其他用的都是「農業公社」的提法。通過對「農村公社」與「農業公社」在《覆信草稿》中使用規律的分析，可以認爲，「初稿」的寫作肯定先於「三稿」。「二稿」不僅沒有使用「農業公社」的提法，而且也還沒有涉及「初稿」、「三稿」中提到的日耳曼、印度以及阿富汗等地的公社，因此「二稿」的寫作應先於「初稿」、「三稿」。

　　第四、無論是「初稿」還是「三稿」，都有「或者是它所包含的私有制因素戰勝集體因素，或者是後者戰勝前者。……一切都取決於它所處的歷史環境」的表述，但它卻沒有出現在「二稿」中。

　　按照「二稿」→「初稿」→「三稿」→「四稿」的次序，日南田氏認爲馬克思在四個手稿中沒能通過對當時俄國公社及其所處歷史環境的全面分析而完成對俄國公社的理論探討，而是以第二手稿（即「初稿」）爲轉折點，開始把研究的興趣轉向了對有關「農業公社」一般理論的分析。〔註59〕

三、對《覆信草稿》次序的再確認

　　上個世紀八十年代以來，國際上關於《覆信草稿》手稿文本的研究取得了長足的進展，1985年出版的《馬克思恩格斯全集》歷史考證版（MEGA2）第25卷〔註60〕對《覆信草稿》的寫作細節及修改痕跡作了迄今爲止最爲詳實的考察，在很多方面糾正了利贊諾夫整理文本中所存在的誤讀及紕漏。根據歷史考證版文本來看日南田靜眞有關馬克思寫作過程的論述，可以發現他的一些依據在具體細節方面還存在著一定的問題。如日南田氏所提到的在「初稿」手稿中所出現的「西方的運動」一語，在歷史考證版中就不存在；又如「初稿」中的「農業公社」一詞，其出爐過程顯然要比日南田氏所敘述的要複雜得多。〔註61〕

〔註58〕 *Marx-Engels Archiv*，S.338.
〔註59〕 參見 Shizuma HINADA, *On the Meaning in Our Time of the Drafts of Marx's Letter to Vera Zasulich（1881）With Textual Criticism*, 第77～78頁。
〔註60〕 *Karl Marx Friedrich Engels Gesamtausgabe*（MEGA）, Erste Abteilung: Band 25.
〔註61〕 同上，S.831、837～839.

　　然而我們根據歷史考證版仍然可以確認的是，日南田氏通過「農業公社」
一詞在「初稿」、「三稿」中使用規律的分析來判斷其寫作順序的思路依然是
極為正確的。根據「農業公社」一詞的出爐及使用情況來看，「初稿」的寫作
只能在「三稿」之前，而不可能是王旭章先生所說的「三稿」實為第一稿，
而且「初稿」和「三稿」的寫作過程應當是直接連續的。

　　但是我仍覺得日南田氏的證據在證明「二稿」是第一手稿的問題上還略
嫌薄弱。他為此提出的證據主要包括：「二稿」中沒有使用「農業公社」的提
法，也沒有像「初稿」、「三稿」中那樣提到日耳曼、印度及阿富汗等地的公
社；並且諸如「資本主義生產的起源」和「西方的運動」等用語也只出現於
「初稿」、「三稿」和正式的覆信中，而沒有出現在「二稿」；不僅如此，「二
稿」中還有專對「馬克思主義者」的回應等。我認為這些證據雖然可以初步
說明「二稿」是第一手稿，但是它們卻並不能構成十分有力的邏輯證據。因
為即使把「二稿」放在「初稿」、「三稿」之後來看，僅憑這些還不能看出太
大的問題來。

　　那麼「二稿」究竟是不是第一稿呢？回答當然是肯定的。我們首先可以
從馬克思有關俄國農民土地所有制的一句話中得到重要啟示。在「初稿」第
一部分馬克思曾說道：「既然俄國農民手中的土地從來沒有成為（著重號為斌
所加，下同）他們的私有財產，那麼這一論述又如何應用呢？」「二稿」的表
述與「初稿」是基本相同的，即：「這怎麼能應用到土地不是而且從來不是農
民的『私有財產』的俄國呢？」〔註 62〕但是在「三稿」中，馬克思卻是這樣
說的：「相反，在俄國農民中，則是要把他們的公有制變為私有制。」正式覆
信的表述與「三稿」完全相同。

　　很明顯，馬克思在「三稿」和覆信中迴避了過去俄國農民手中的土地到
底是不是「公有制」的問題。〔註 63〕比較「初稿」、「二稿」，「三稿」和覆信
中的這幾個表述，雖然看似只不過是幾個字的增刪，但這卻是 19 世紀中期俄
國學術界爭論最大的問題之一。如前所述，在當時的俄國學界，對建立在土
地公有制基礎上的俄國公社是不是自然起源於較古類型的公社的問題是有很
大爭議的，馬克思本人似乎也覺察到了俄國農民土地所有制過去歷史的複雜

〔註62〕在「二稿」第一部分刪除的句子中也有類似表述，見 *Marx-Engels Archiv*，S.330.
〔註63〕佐藤正人『「ザスーリチの手紙への回答」およびそれの「下書き」考』，第
　　　　238 頁。本處關於這個的論述受到了佐藤氏的啟發。

性。

他在寫《覆信草稿》的過程中，正是因為考慮到了這一點，所以才會在表述上「略作」調整。如果日南田氏提供的證據能夠完全證明「初稿」和「三稿」的寫作是連續的，那麼「二稿」的寫作在邏輯上就只能出現在「初稿」之前，而不可能出現在「三稿」之後，覆信之前了。

不僅如此，因為「初稿」和「三稿」的寫作是連續的，所以如果我們能夠找到「三稿」和正式覆信的寫作也是連續的證據的話，那麼這其實也就反證了「二稿」就是第一稿。而這樣的證據實際上也是存在的。仔細核對「三稿」和覆信，可以發現，它們在引用《資本論》法文版第 315 頁中有關「資本主義生產的起源」的論述時，其引語及其處理方式是完全一致的，即：「因此，在資本主義制度的基礎上，生產者和生產資料徹底分離了……全部過程的基礎是對農民的剝奪。這種剝奪只是在英國才徹底完成了……但是，西歐的其他一切國家都正在經歷著同樣的運動。」但是在「二稿」或「初稿」裏，這段引語在處理方式上就很不相同了。「二稿」中說：「我在《資本論》中指出，封建生產向資本主義生產轉變是以剝奪生產者為出發點的，並特別指出，『這整個發展的基礎就是對農民的剝奪』（法文版第 315 頁）。接著我又說：『這種剝奪（剝奪農民）只是在英國才徹底完成了……西歐其他一切國家都正在經歷著同樣的運動。』（同上）」「初稿」中則作：「在分析資本主義生產的起源時，我說過，它實質上是『生產者和生產資料徹底分離』（《資本論》法文版第 315 頁第 1 欄），並且說過，『全部過程的基礎是對農民的剝奪。這種剝奪只是在英國才徹底完成了……但是，西歐的其他一切國家都正在經歷著同樣的運動』（同上，第 2 欄）。」加上在四個草稿中，只有「三稿」和「四稿」才有與正式覆信一樣的臺鑒——「親愛的女公民」，由此可以斷定，馬克思是在「三稿」後才轉入「四稿」和正式覆信的，「四稿」在內容上只比覆信少了《資本論》的引文，而覆信中有關《資本論》的引文則完全謄寫自「三稿」。

四、正式覆信突然簡化的眞正原因

《覆信草稿》「二稿」→「初稿」→「三稿」→「四稿」這個順序的確定有助於我們正確瞭解馬克思的思路。1881 年 2 月 18 日至 3 月 8 日間，馬克思花了近三個禮拜寫的內容極其豐富的草稿，為什麼最終沒能成為正式覆

信，而變成「寥寥幾行」了呢？難道就如王旭章先生所說的那樣，是因爲馬克思在撰寫過程中逐漸發現「……威脅公社命運的不是『歷史必然性』，不是理論，而是俄國的現實。……」因此才「斷然拋開了冗長的第一、二、三個草稿，起草了『寥寥幾行』的第四手稿」嗎？顯然不是！馬克思之所以突然中斷「三稿」的寫作，主要是因爲他感到他提出的「農業公社」理論以及對俄國公社歷史環境的研究都還很不成熟。〔註64〕

　　「二稿」→「初稿」→「三稿」的寫作過程，其實就是馬克思從對俄國公社及其所處環境的分析轉向對「農業公社」一般理論進行探討的過程。作爲這個過程的轉折點，馬克思在第二手稿（即所謂「初稿」）區別於「農村公社」提出了「農業公社」的概念，並且專門談了「農業公社」不同於較古類型公社的某些特徵。

　　在第一手稿（即所謂「二稿」）中，馬克思曾強調說：「地球的太古結構或原生結構是由一系列不同年代的疊覆的地層組成的。古代社會形態也是這樣，表現爲一系列不同的、標誌著依次更迭的時代的類型。俄國農村公社屬於這一鏈條中最近的類型。」這裡所謂的古代社會形態的最近類型，其實就是馬克思在第二手稿中所說的「農業公社」。

　　在第二手稿（即所謂「初稿」）中，馬克思認爲古代日耳曼公社與東印度的農村公社都是「農業公社」，並且強調說：「『農業公社』到處都是古代社會形態的最近的類型；由於同樣原因，在古代和現代的西歐的歷史運動中，農業公社時期是從公有制到私有制、從原生形態到次生形態的過渡時期。」而且，「俄國是在全國範圍內把『農業公社』保存到今天的唯一的歐洲國家。」

　　在第三手稿（即「三稿」）中，「農業公社」的概念已經代替了「農村公社」得到了普遍應用。馬克思直截了當地說道：「俄國的公社就是通常稱做農業公社的一種類型。在西方相當於這種公社的是存在時期很短的日耳曼公社。」亞洲阿富汗人及其他人中間的「農村公社」是「古代社會形態的最近形式」，也屬於「農業公社」。並且與第二手稿中一樣，馬克思仍然強調說：「農業公社既然是原生的社會形態的最後階段，所以它同時也是向次生形態

〔註64〕佐藤正人在『「ザスーリチの手紙への回答」およびそれの「下書き」考』一文中也分析並且指出了這一點，但他沒有區別「農村公社」與「農業公社」，而且也沒有按照正確的順序來分析馬克思在《覆信草稿》中的思路。

過渡的階段，即以公有制爲基礎的社會向私有制爲基礎的社會的過渡。不言而喻，次生形態包括建立在奴隸制上和農奴制上的一系列社會。」

然而，正當「農業公社」的概念在第三手稿中得以充分應用的時候，馬克思卻突然中斷了第三手稿的寫作，而且在第四手稿及正式的覆信中也不再提及「農業公社」。

我們認爲，這應該與第三手稿開頭馬克思所說的俄國農民土地所有制的那句話聯繫起來考察。馬克思說：「相反，在俄國農民中，則是要把他們的公有制（著重號爲斌所加）變爲私有制。」如前所述，與第一手稿、第二手稿相比，馬克思在「三稿」中之所以要調整這句話的表述，主要是因爲關於俄國公社是否自然起源於較古類型的公社，以及過去俄國農民手中的土地到底是不是「公有制」的問題在當時的俄國學界是有著激烈爭論的。馬克思雖然傾向於認爲俄國公社的土地所有制是一種原始土地的公共佔有形式，但卻不能充分地來證明這一點，而且事實上能說明俄國公社並非自然起源於土地公有的較古類型的公社的材料也不在少數。「農業公社」的理論來自對俄國公社等的抽象概括與總結，俄國公社起源問題的複雜性顯然在很大程度上影響了這個理論的科學性。這種理論上潛在的不成熟性正是導致馬克思中斷第三手稿寫作並最終放棄「農業公社」提法的重要原因。

除了理論上存在著的這種潛在的不成熟性外，《覆信草稿》對俄國公社歷史環境的分析其實也是很不充分的。四個手稿中，只有第一手稿和第二手稿論述了俄國公社所面臨的現實威脅，第二手稿較第一手稿內容豐富。在第二手稿中，馬克思提出了「農業公社」的概念，認爲「農業公社」具有公私二重性，這種二重性使得它只能有兩種選擇：或者是它的私有制因素戰勝集體因素，或者是後者戰勝前者，一切都取決於它所處的歷史環境。因此，在第二手稿中，馬克思加大了對俄國公社歷史環境的分析，但是這種分析從總體看來仍以籠統概述居多，而缺乏對俄國公社歷史環境的具體分析。第三手稿沒有論述俄國公社的歷史環境就在「小塊土地」的地方突然中斷了，我認爲這正是馬克思不滿足於第二手稿中已有相關論述的表現。事實上，對俄國公社所處環境以及對俄國農民狀況的判定要比馬克思原來預想的要複雜得多。馬克思雖然在給查蘇利奇的覆信中最終迴避了對俄國公社現實處境的探討，但卻一直沒有放棄對這一問題的科學探索。這一點我們可以在他於 1881 年底至 1882 年初所作的《關於俄國一八六一年改革後的發展的札記》中看得出來，

但這個札記也只是馬克思系統地整理和概括他所研究的關於俄國的資料和文獻的開始。在這個札記中，馬克思使用了大量第一手資料，對俄國 1861 年改革和改革後發展的根本問題作出了重要的結論。顯然，這種依靠具體資料支撐的論證過程其實就是《覆信草稿》所缺乏的，而且這種論證也根本不可能是簡短說明就能加以解決的。因此馬克思在第四手稿和正式覆信中向查蘇利奇說道：「承蒙您向我提出問題，但很遺憾，我卻不能給您一個適合發表的簡短說明。幾個月前，我曾經答應給聖彼得堡委員會就同一問題寫篇文章。」

馬克思直到逝世前並沒有留下一篇寫給聖彼得堡委員會的文章，但是我們看到在寫完覆信之後直到他逝世前的兩年時間裏，馬克思還曾大量閱讀並且摘要了有關公社問題的著作，而且還十分注意瓦·伊·謝美夫斯基、安·伊薩也夫以及格·米訥伊科等關於俄國社會經濟關係等方面的著作。這些不能不說都與那篇要寫給聖彼得堡委員會的文章具有某種內在的聯繫。

可見，俄國公社的命運問題無論在理論上還是現實中都是一個非常複雜的問題，作為一個嚴謹的學者，馬克思因為感覺到不能徹底地加以論證而在覆信中暫時迴避了這一問題，而這也正是第四手稿成為「寥寥幾行」的真正原因。

五、「卡夫丁峽谷」的問題

在這裡，我們也想簡單涉及一下《覆信草稿》中的「卡夫丁峽谷」問題。

王先生的文章認為，有關俄國公社跨越「卡夫丁峽谷」可能性的論述只見於他所認定的第一、第二手稿（即「三稿」和「初稿」），而不見於第三手稿（即「二稿」）和正式覆信，並由此進一步認為在馬克思那裡，俄國公社雖然在理論上存在越過「卡夫丁峽谷」的可能性，但在實際上卻是不可能的，而且事實上俄國公社已經深深地陷入了資本主義的「卡夫丁峽谷」，馬克思希望的是通過俄國革命來終止「俄國公社的資本化」。〔註65〕

我們認為從已經糾正了的四個覆信草稿的次序來看，王先生的觀點是不妥的。馬克思並沒有放棄跨越「卡夫丁峽谷」的構想，「二稿」→「初稿」→「三稿」→「四稿」的寫作過程正好展現了馬克思關於跨越「卡夫丁峽谷」構想的連續思考過程。

在「二稿」中，馬克思指出：「俄國公社所屬的古代類型，包含著一種內

〔註65〕王旭章《馬克思給查蘇利奇覆信草稿的思路》，第 19、20 頁。

在的二重性，這種二重性在一定歷史條件下會導致公社的滅亡。……可是也不應該忘記，俄國農民在使用沒有進行分配的草地方面，已經採用了集體方式，並且他們習慣於勞動組合關係，這就大大便利了他們從小土地耕作過渡到集體耕作」。而且俄國「同時又生存在現代的歷史環境中，同較高的文化同時存在，和資本主義生產所統治的世界市場聯繫在一起。俄國吸取這種生產方式的積極成果，就有可能發展並改造它的農村公社的古代形式，而不必加以破壞……。」

其後，在「初稿」中，馬克思提出了「農業公社」的概念，並且認為「農業公社」的公私二重性使它「……只能有兩種選擇：或者是它所包含的私有制因素戰勝集體因素，或者是後者戰勝前者。……一切都取決於它所處的歷史環境」，俄國「農業公社」跨越「卡夫丁峽谷」的理論構想也隨之形成。馬克思說：「俄國是在全國範圍內把『農業公社』保存到今天的唯一歐洲國家。……同時，它也不是脫離現代世界孤立生存的。一方面，土地公有制使它有可能直接地、逐步地把小地塊個體耕作轉化為集體耕作，並且俄國農民已經在沒有進行分配的草地上實行著集體耕作。……另一方面，和控制著世界市場的西方生產同時存在，就使俄國可以不通過資本主義制度的卡夫丁峽谷，而把資本主義制度所創造的一切積極的成果用到公社中來。」

「三稿」繼承了「初稿」中的「農業公社」理論，也強調「一切都取決於它所處的歷史環境」，同時指出俄國公社「……是唯一在一個巨大的帝國內的農村生活中尚占統治地位的組織形式。土地公有制賦予它以集體佔有的自然基礎，而它的歷史環境，即它和資本主義生產同時存在，則為它提供了大規模組織起來進行合作勞動的現成的物質條件。因此，它可以不通過資本主義的卡夫丁峽谷，而佔有資本主義制度所創造的一切積極的成果。」

可見，馬克思主要從「農業公社」的理論出發從兩個方面論述了跨越「卡夫丁峽谷」的可能性：其一是發揮俄國公社的集體因素；其二是佔有資本主義制度所創造的一切積極成果。

但是馬克思同時也看到了俄國公社所遭遇的巨大災難，「二稿」特別是「初稿」則對俄國公社遭遇的災難作了較為詳細的概述。並且一再強調，要使俄國公社成為現代社會所趨向的那種經濟制度的直接出發點，就必須把它置於「正常條件」、「正常狀態」之下，而這就需要俄國革命。馬克思在「初稿」中說道：「要挽救俄國公社，就必須有俄國革命。……如果革命在適當

的時刻發生,如果它能把自己的一切力量集中起來以保證農村公社的自由發展,那麼,農村公社就會很快地變爲俄國社會新生的因素,變爲優於其他還處在資本主義制度奴役下的國家的因素。」「三稿」雖然沒有論述俄國公社遭遇的苦難就突然中斷了,但馬克思所說的「俄國社會的普遍動盪」不用說就是俄國革命。

顯然,在馬克思那裡,俄國革命是跨越「卡夫丁峽谷」的內部條件。但俄國革命絕對不會像王先生所說的,是爲了使已經陷入「卡夫丁峽谷」的俄國公社儘快地擺脫痛苦,而重新走上自由發展的道路,而恰恰是爲了發揮俄國公社的集體因素,使其越過「卡夫丁峽谷」,並且成爲俄國社會新生的支點而掃清各種障礙。所以馬克思在「四稿」和覆信中這樣說道:「……我根據自己找到的原始材料對此進行的專門研究使我深信:這種農村公社是俄國社會新生的支點,可是要使它能發揮這種作用,首先必須排除從各方面向它襲來的破壞性影響,然後保證它具備正常發展的條件。」

馬克思在強調俄國革命必要性的同時,也重視其外部條件。馬克思認爲,俄國公社與資本主義生產同時並存,所以可以佔有資本主義制度所創造的一切積極成果來發展自己。但這個外部條件同時是有其特殊性的,在馬克思看來,資本主義制度在當時也已經陷入了尖銳的矛盾之中,到了急需變革的時候了。「二稿」曾指出:「資本主義生產一方面神奇地發展了社會的生產力,但是另一方面,也表現出它同自己所產生的社會生產力本身是不相容的。它的歷史今後只是對抗、危機、衝突和災難的歷史。……歐洲和美洲的一些資本主義生產最發達的民族,正力求打碎它的枷鎖,以合作生產來代替資本主義生產,以古代類型的所有制最高形式即共產主義所有制來代替資本主義所有制。」「初稿」則更爲明確地說道:「……不論是在西歐,還是在美國,資本主義制度都處於同勞動群眾、同科學以至同它自己所產生的生產力本身相抗爭的境地。總之,在俄國公社面前,資本主義制度正經歷著危機,這種危機只能隨著資本主義的消滅,隨著現代社會回復到『古代』類型的集體所有制和集體生產的高級形式而告終。」

可見,馬克思所說的越過「卡夫丁峽谷」的外部條件其實應具有兩層含義:其一是發達資本主義制度所創造的一切積極成果;其二則是歐美革命消滅資本主義制度,出現「集體生產的高級形式」。

　　要之，馬克思在《覆信草稿》中不僅沒有放棄俄國公社跨越「卡夫丁峽谷」的構想，而且還明確論述到了實現這個構想的內外條件。《共產黨宣言》1882 年俄文版序言中關於俄國公社命運的論述就是這個構想的濃縮體現，序言中說：「假如俄國革命將成爲西方無產階級革命的信號而雙方相互補充的話，那麼現今的俄國土地公有制便能成爲共產主義發展的起點。」〔註66〕

　　王旭章先生引用了恩格斯在 1893 年寫給丹尼爾遜的信以及在《「論俄國的社會問題」跋》（1894 年）一文中的有關論述，認爲「恩格斯明白告訴俄國朋友，無論馬克思還是他，都認爲俄國公社要超越資本主義而直接進入社會主義是不可能的」〔註 67〕。我們認爲王先生的看法是不符合恩格斯本意的，馬克思恩格斯之所以會在不同時期得出不同的結論，這與當時俄國革命形勢的發展變化密切相關。在馬克思寫《覆信草稿》前後，俄國社會經歷著嚴重的危機，革命一觸即發，但是直到 19 世紀 90 年代，俄國革命並沒有發生，而資本主義的發展或農村公社的崩潰卻都邁出了很遠。恩格斯在《「論俄國的社會問題」跋》中就這樣說道：「馬克思在 1877 年就是這樣寫的。那時候俄國有兩個政府：沙皇政府和恐怖主義密謀家的秘密的執行委員會（ispolnitel'nyjkomitet）的政府。這第二個即秘密的政府的權力日益壯大。推翻沙皇制度似乎指日可待；俄國的革命一定會使歐洲的一切反動勢力失去它的最有力的堡壘，失去它的強大的後備軍，從而也一定會給西方的政治運動一個新的有力的推動，並且爲它創造無比順利的鬥爭條件。馬克思在他的信裏勸告俄國人不必急急忙忙地跳進資本主義，是不奇怪的。」〔註68〕但「俄國的革命沒有發生。沙皇制度戰勝了恐怖主義，後者在當時甚至把一切『喜歡秩序』的有產階級都推到了沙皇制度的懷抱中。在馬克思寫了那封信以後的十七年間，俄國無論是資本主義的發展還是農民公社的崩潰都邁出很遠了。……俄國在短短的時間裏就奠定了資本主義生產方式的全部基礎。但是與此同時也就舉起了砍斷俄國農民公社的斧頭。」〔註 69〕

　　恩格斯在這裡所說的馬克思的信指的是 1877 年馬克思《給「祖國紀事」雜誌編輯部的信》，它是恩格斯在馬克思逝世後從他的文件中發現的。信中雖

〔註66〕馬克思、恩格斯《共產黨宣言》，第 6 頁。
〔註67〕王旭章《馬克思給查蘇利奇覆信草稿的思路》，第 21 頁。
〔註68〕恩格斯《「論俄國的社會問題」跋》，《馬克思恩格斯全集》第 22 卷，北京：人民出版社，1965 年，第 506 頁。
〔註69〕同上，第 506～507 頁。

然沒有跨越「卡夫丁峽谷」的提法，但是在對俄國公社命運的看法上卻與《覆信草稿》一脈相承。恩格斯可能沒有看到過《覆信草稿》，但從上面的論述可以看出，恩格斯表現出了對馬克思在當時歷史條件下的判斷的認同。馬克思逝世後，俄國的國內形勢發生了很大變化，而且也並沒有發生能夠推動整個歐洲無產階級革命的俄國革命，根據這種新的情況，恩格斯才作出了新的結論。事實上恩格斯也認為：「如果在西方，我們在自己的經濟發展方面走得更快些，如果我們在大約十年或二十年以前就能推翻資本主義制度，那麼，俄國也許還來得及切斷它自己向資本主義演變的趨勢。」〔註70〕

可見，恩格斯是根據形勢的變化，得出了不同的結論，而並沒有否定俄國公社在一定歷史條件下跨越資本主義的可能性。

綜上所述，馬克思寫給查蘇利奇覆信的四個草稿的正確順序應為：「二稿」→「初稿」→「三稿」→「四稿」。這個寫作過程，是馬克思從對俄國公社及其所處環境的分析轉向對「農業公社」一般理論進行探討的過程。由於「農業公社」理論潛在的不成熟性，以及對俄國公社歷史環境還不能加以徹底分析等原因，馬克思中斷了覆信草稿的寫作，而只是以「寥寥幾行」回答了查蘇利奇的提問。

不僅如此，「二稿」→「初稿」→「三稿」→「四稿」的次序也正好展現了馬克思關於「卡夫丁峽谷」理論的連續思考過程，而不是像王旭章先生根據其誤斷的順序所發揮的那樣，認為馬克思在《覆信草稿》中最終放棄了跨越「卡夫丁峽谷」的構想，得出了所謂「一個『落後國家』要超越資本主義發展階段是不可能的」的「政治遺囑」〔註71〕。

〔註70〕恩格斯致尼古拉・弗蘭策維奇・丹尼爾遜（1893 年 2 月 24 日），《馬克思恩格斯全集》第 39 卷，北京：人民出版社，1974 年，第 39 頁。

〔註71〕王旭章《馬克思給查蘇利奇覆信草稿的思路》，第 21 頁。

下編　回顧與反思

第一章　中國社會史論戰以來商周「公社」研究的回顧與反思（1928～1949）

19 世紀後半葉，當馬克思恩格斯致力於剖析資本的本質和研究前資本主義社會形態演進過程的時候，西方列強紛紛東來，用炮艦轟開了中國的大門。到馬關條約、辛丑和約之後，中國大體上已經淪爲了半殖民地半封建社會。面對飽受列強欺凌的中國，無數志士仁人思考著國家、民族的前途和命運，他們前赴後繼，於是相繼有了戊戌變法、義和團運動和辛亥革命。

20 世紀一、二十年代的中國依舊災難深重。辛亥革命最終推翻了愛新覺羅王朝，但是卻令中國陷入了軍閥混戰之中，「民族、民權、民生」問題均未能得到解決。就在這個時候，俄國十月革命取得了勝利，它令中國知識界眼前一亮！1921 年中國共產黨誕生，此後，運用馬克思主義理論研究中國歷史，分析中國社會的性質、前途和命運，逐漸成爲了史學界的新潮乃至主流。

第一節　「亞細亞生產方式」論戰與「公社」問題

中國學者對於中國歷史上「公社」問題的研究，其肇始自然要追溯到有關「亞細亞生產方式」的學術論戰。

大革命失敗之後，1927 年的 11 月 6 日至 10 日，中共中央臨時政治局在上海召開了擴大會議。會議制定了《中國共產黨土地問題黨綱草案》。這個《草案》指出：

中國的農業經濟與土地關係，不但和現代資本主義的歐美不同，並且和歐洲中世紀時代（資本主義前期）的土地關係也不同。這種差異的最重要的前提，實在就是中國生產之自然界的環境與中國歷史發展之特殊條件。……這些情形綜合起來，便造成中國這樣的社會經濟制度——就是馬克思列寧所稱為「亞洲式的生產方法制度」。〔註1〕

草案把中國當時的經濟制度定義為「亞洲式的生產方法制度」，這與當時共產國際派駐中國的全權代表羅明納茲的意見不無關係，但是這個結論很快就在翌年夏天遭到了否定。1928 年夏在莫斯科召開的中國共產黨第六次全國代表大會通過了《土地問題決議案》，《決議案》指出：

中國土地制度的特點並非完全的亞洲式生產。如果認為現代中國的社會經濟制度以及農村經濟，完全是從亞洲式生產方法進於資本主義之過渡的制度，那是錯誤的。亞洲式的生產方法的最主要的特點是：（一）沒有土地私有制度，（二）國家指導巨大的社會工程之建設（尤其是水利河道），這是形成集權的中央政府統治一般小生產者的組織（家族公產社或農村公產社）之物質基礎。（三）公產社制度之鞏固的存在（這種制度根據於工業與農業經過家庭而聯合的現象）。這些條件，尤其是第一個條件，是和中國的實際情形相反的。〔註2〕

中共中央在這個問題上的前後變動實際上與當時斯大林、托洛茨基對於中國革命認識的分歧有關。雖然當時主張中國是「亞細亞生產方式」觀點的人實質上與斯大林、托洛茨基兩人對於中國革命的認識都未必一致，但是由於「亞細亞生產方式」論確實受到了不少托洛茨基主義者的支持，因此也就遭到了斯大林方面的極力排斥。

也就在中共「六大」召開的同一年，馬札亞爾著成了《中國農村經濟研究》一書，他認為自氏族社會解體後到帝國主義列強入侵中國以前，中國既不是奴隸社會，也不是封建社會，而是「亞細亞生產方式」占統治地位的社會。馬札亞爾的觀點很快遭到了蘇聯國內其他學者的反駁，一場關於「亞細

〔註1〕 中央檔案館編《中共中央文件選集　第三冊　一九二七》，北京：中共中央黨校出版社，1989 年 8 月，第 489～490 頁。
〔註2〕 中央檔案館編《中共中央文件選集　第四冊　一九二八》，北京：中共中央黨校出版社，1989 年 8 月，第 337 頁。

亞生產方式」的論戰由此迅速展開，而其「戰火」很快也就波及到了鄰國的日本和中國。

中共「六大」之後，在中國共產黨人內部以及中國社會的有識之士之間，一場關於中國社會及革命性質問題的論戰也已經上演〔註3〕，這在三十年代初最終演變成了關於中國古代社會分期問題的「社會史論戰」，「亞細亞生產方式」是這場「社會史論戰」的重要組成部分。

在蘇聯國內，關於「亞細亞生產方式」的討論是與斯大林、托洛茨基間的政治鬥爭交織在一起的，因此在 30 年代隨著斯大林獨裁統治的確立，這個問題的討論在蘇聯成為了禁區。但在中國國內，有關「亞細亞生產方式」的討論方興未艾。當時人認為「亞細亞生產方式」具有四個特點，即：「（一）土地私有的缺除；（二）人工灌溉的必要，及和此照應的大規模的公共事業組織的必要；（三）農村共同體；（四）作為國家形態的專制政治。」〔註4〕「農村公社」或「公社」作為「亞細亞生產方式」的一個重要組成部分乃至核心所在因此很快就引起了越來越多中國學者的關注。

馬克思所說的「亞細亞」究竟指的是什麼社會？這是有關「亞細亞生產方式」的討論中首先需要解決的問題。

二十世紀三十年代以來，中國學者的意見主要受了蘇聯與日本學者的影響，其觀點大致可概括為如下五種：

（1）亞細亞生產方式是古代原始共產社會。持這種觀點的有郭沫若、王亞南〔註5〕。

（2）亞細亞生產方式和奴隸社會、封建社會都是氏族社會瓦解後出現的幾種並行的社會形態，但中國歷史上不曾經歷過亞細亞生產方式。

〔註3〕 1928 年 1 月，陶希聖、周佛海等人創辦了《新生命》雜誌。陶希聖連續發表了《中國社會到底是什麼社會》和《中國之商人資本及地主與農民》等文章，並且出版了《中國社會之史的分析》、《中國社會與中國革命》等著作，受到世人矚目。陶希聖否認階級鬥爭的學說，強調中國社會發展的特殊性。他的觀點引起了知識界的廣泛討論，社會史論戰由此開始。（參見張昭軍、孫燕京主編《中國近代文化史》，北京：中華書局，2012 年，第 267 頁。）

〔註4〕 呂振羽《社會發展過程中之「亞細亞生產方法」問題》（1936 年），收入鍾離蒙、楊鳳麟主編《中國現代哲學史資料彙編　第 2 集第 4 冊　中國社會史論戰　上》，第 138 頁。

〔註5〕 郭沫若《社會發展階段之再認識——主於論究所謂「亞細亞的生產方式」——》，收入《沫若近著》，北京：北新書局，1937 年；王亞南《中國社會經濟史綱》，上海：生活書店，1936 年。

持這種說法的是杜畏之〔註6〕。

（3）亞細亞生產方式是和奴隸制並行的一種社會經濟形態。中國古代社
　　會崩壞後，由於地理環境的原因，沒有象希臘羅馬那樣進入奴隸社
　　會，而採取了亞細亞生產方式。持此觀點的如李季〔註7〕。

（4）亞細亞生產方式是東方封建社會的一種特殊形態，是東方專制主義
　　的農奴制。持這種看法的有王宜昌、胡秋原〔註8〕。

（5）亞細亞生產方式不構成一種社會經濟形態，而只是指東方的「貢納
　　制」。持這種見解的有何幹之〔註9〕。

四十年代以來有關「亞細亞生產方式」的討論與三十年代基本相仿，但
也有諸如侯外廬所提出的不同見解。侯外廬不同意科瓦列夫的奴隸社會「變
種說」，而認爲古代文明的產生，可以有「古典的與亞細亞的」兩種「路徑」，
二者的差別只是在於：一個走的是「革命的路徑」，是所謂「正常發育的文明
小孩」；一個走的是「改良的路徑」，是所謂「早熟的文明小孩」。〔註10〕

第二節　馬恩有關「公社」理論著作的翻譯與傳播　　　情況

關於「亞細亞生產方式」的研究和爭論必然會導致從理論與史實兩個方
面強化對公社問題的深入追究，而在這個時候，馬克思恩格斯許多有關公社
問題的理論著作也被大量介紹到了中國學者的面前。

馬恩有關公社問題的論述散見於他們的各種著作中，其中最爲重要的
有：《資本主義生產以前的各種形式》、《資本論》第一卷、《反杜林論》、《科
瓦列夫斯基〈公社土地佔有制，其解體的原因、進程和結果〉一書摘要》、《摩
爾根〈古代社會〉一書摘要》、《給維·伊·查蘇利奇的覆信草稿》、《馬爾克》
以及《起源》等。

〔註6〕　杜畏之《古代中國研究批判引論》，《中國社會史的論戰》第二輯，《讀書雜誌》
　　　　1932年第二卷第二三期合刊。
〔註7〕　李季《對於中國社會史論戰的貢獻與批評》，《中國社會史的論戰》第二輯，《讀
　　　　書雜誌》1932年第二卷第二三期合刊。
〔註8〕　王宜昌《中國社會史論戰》、胡秋原《略覆孫悼章君並略論中國社會之性質》，
　　　　《中國社會史的論戰》第二輯，《讀書雜誌》1932年第二卷第二三期合刊。
〔註9〕　何幹之《中國社會史問題論戰》，上海：生活書店，1937年。
〔註10〕　侯外廬《中國古代社會史》，上海：新知書店，1948年1月滬初版。

　　恩格斯的名著《起源》中的某些部分很早就被譯成中文了。〔註11〕早在
1907 年，在日本東京出版的「社會主義講習會」的機關刊物裏就陸續刊載
了一些馬恩著作的部分譯文，在該報第 16～19 卷合刊號發表的《女子問題
研究》一文中，就曾摘譯了《起源》第二章《家庭》的部分內容。1920 年
10 月，商務印書館主辦的《東方雜誌》第 17、19～20 卷連載了惲代英摘譯
的《起源》第二章中關於家庭起源的部分內容，標題爲《英哲爾士論家庭的
起源》。在 1923 年 8 月出版的《今日》雜誌第 3 卷第 2 期上，也曾刊載了熊
得山翻譯的《起源》第一章（標題爲《歷史以前的文化階段》）、第五、六章
（標題爲《國家的起源》）和第九章（標題爲《未開與文明》）。

　　《起源》的首個中文全譯本出現於第一次國內革命戰爭之後。1926 年 6
月，上海新生命書局出版了李膺揚（楊賢江）根據英譯本並且參照日文本翻
譯的《家族私有財產及國家之起源》。該譯本的出版雖然是應大革命失敗後探
索中國社會將來命運之需要的，但卻也因此首次非常完整地向國人展示了恩
格斯在「公社」問題上的許多重要看法。李膺揚的譯本先後曾七次重印再版，
但後來卻遭遇了絕版。繼李譯本之後流行起來的是張仲實的譯本〔註12〕，張
仲實在抗戰初期被聘爲生活書店編輯部主任，他利用業餘時間根據俄文譯本
翻譯了《起源》，此譯本以《家族私有財產及國家之起源》爲名於 1941 年 2
月由學術出版社出版。張仲實的譯本幾經修改，影響深遠，建國後出版的《全
集》所收入的《起源》譯文在很大程度上就是以此爲藍本的。

　　《起源》之外，《資本論》中也包含了馬克思對公社問題的諸多精彩論述。
1922 年，《今日》雜誌第 1 卷第 2、3、4 號分別刊載了鄭摩漢編譯的《絕對的
剩餘價值研究》（即《資本論》第 1 卷第 3 篇摘譯）、《相對的剩餘價值研究》
（即《資本論》第 1 卷第 4 篇摘譯）和《絕對的相對的剩餘價值研究》（即《資
本論》第 1 卷第 5 篇）。而在時隔八年之後，《資本論》的分冊中譯本也終於
問世。1930 年 3 月，上海崑崙書店出版了《資本論》第一卷第一分冊，譯者

〔註11〕以下有關馬恩著作中文翻譯史的敘述除特別注明的以外，主要參考了胡永欽
　　　　等著《馬克思恩格斯著作在中國傳播的歷史概述》，收入中共中央馬恩列斯著
　　　　作編譯局馬恩室編《──紀念馬克思逝世一百週年──馬克思恩格斯著作在
　　　　中國的傳播》，北京：人民出版社，1983 年 3 月第 1 版。
〔註12〕1938 年 6 月上海明華出版社曾出版過另一《家族私有財產及國家的起源》的
　　　　譯本，譯者未署名，但據書名及譯文亦大致可判斷爲李膺揚譯本的翻印。（汪
　　　　永祥等編《〈家庭、私有制和國家的起源〉講解》，北京：北京出版社，1986
　　　　年，第 18 頁。）

陳啓修（陳豹隱）。這是我國出版的《資本論》最早的一個中譯本。它是根據德文原版並且參照日人河上肇的日譯本譯出的。這個第一分冊包括了《資本論》第一卷第一篇《商品和貨幣》的內容。當時曾有很多學者立志翻譯《資本論》，他們其中就有郭沫若、侯外廬、王思華、吳半農、千家駒以及郭大力、王亞南、潘東舟等人。但由於各種原因，其中許多人的願望都未能實現。陳啓修在《資本論》第一卷第一分冊出版後，也未能繼續出齊其餘各冊。潘東舟爲此進行了補譯，他翻譯了第一卷中的第二、三、四篇（第4～13章），分爲第二冊與第三冊分別於 1932 年 8 月和 1933 年 1 月由北平東亞書店出版發行。與此幾乎同時，北平的另一家出版社，以北平國際學社的名義也於 1932 年 9 月出版了侯外廬和王愼明（王思華）合譯的《資本論》第一卷上冊，包括第一卷中的第一至七章，後來又陸續出版了中冊（第八至十三章）和下冊（第十四至二十五章）。1936 年 6 月，又以「世界名著譯社」的名義，將三冊合訂，正式出版了《資本論》第一卷，署名右銘（即王思華）、玉樞（即侯外廬）合譯。在此期間，商務印書館也於 1934 年 5 月還出版了吳半農、千家駒的《資本論》第一卷第一分冊譯本（包括《資本論》第一、二篇），他們原計劃是要將《資本論》三卷由三人分頭譯出、互校後出版的。但是由於當時商務印書館的編輯懾於形勢，第一卷的後兩冊及千家駒翻譯的第二卷譯稿雖然已經成形，卻均未能得以出版。

《資本論》的中文全譯本最終完成於抗戰期間，譯者爲郭大力與王亞南。其第一卷、第二卷和第三卷分別於 1938 年 8 月 31 日、9 月 15 日和 9 月 30 日由讀書生活出版社出版。這個譯本不僅是第一個完整的中文全譯本，而且在解放前甚至是解放後，在中央編譯局的譯本問世以前的將近三十年裏，它還是國內唯一的全譯本。郭大力等是根據德文版《資本論》翻譯的，但德文版各卷後面原有的附錄部分併未譯出。因此在中文全譯本出版後，郭大力馬上就著手翻譯了這些資料，作爲《資本論通信集》於 1939 年由讀書生活出版社出版，此後他還出版了《〈資本論〉補遺勘誤》一書。

關於公社及東方社會發展特殊性的問題，恩格斯的解答集中反映在了《反杜林論》一書及其準備材料中。資產階級民主派的機關刊物《建設》於 1920 年第 3 卷第 1 號發表了徐蘇從日文轉譯來的介紹性文章——《科學的社會主義與唯物史觀》，它是由恩格斯《反杜林論》第三篇第二章和《社會主義從空想到科學的發展》的最後結論部分編譯而成的。1930 年 4 月上海亞東圖書館

出版了由程始仁編譯的《辯證法經典》，其中收入的《唯物辯證法與馬克思主義》一文，即《反杜林論》引論之摘譯。同年 11 月，上海江南書店又出版了吳黎平翻譯的《反杜林論》，這是我國《反杜林論》的第一個全譯本，其譯文是根據德文原本，並且參照俄文和日文譯本譯成的。12 月，由李達、鄧初民、王會悟等人創辦的上海崑崙書店出版了《反杜林論》的另一個譯本之上冊（即緒論和哲學篇），譯者為錢鐵如。抗日戰爭時期，吳黎平又重新校訂了《反杜林論》的中譯文，這個校訂本於 1940 年由解放社出版發行。

　　《政治經濟學批判》（包括《〈政治經濟學批判〉序言》）和《〈政治經濟學批判〉導言》也是研究馬克思的「公社」理論及東方社會歷史觀的重要著作。1919 年，李大釗寫了長篇論文《我的馬克思主義觀》，連續刊登在《新青年》第 6 卷第 5、6 號上，在介紹唯物論的部分裏，直接引用了《〈政治經濟學批判〉序言》中的重要段落，這是該文第一次見諸於中文。1921 年 1 月，在商務印書館主辦的《東方雜誌》第 18 卷第 1 號中，以《馬克思的唯物史觀》為題，以中文和德文對照的形式，分為五個段落刊登了范壽康翻譯的馬克思《〈政治經濟學批判〉序言》中的唯物史觀部分。1928 年 5 月《流沙》雜誌特刊號刊載了李一氓編譯的《唯物史觀原文》，其中輯錄了《〈政治經濟學批判〉序言》中有關唯物主義的論述。1929 年 10 月上海水沫書店出版了馬克思《哲學的貧困》的首個中譯本，其附錄部分附有《約翰葛雷及其勞動券的理論》即《政治經濟學批判》第二章的譯文。1930 年初，李一氓翻譯了《馬克思論文選譯》第一集，收入《政治經濟學批評導言》即《導言（摘自 1857～1858 年經濟學手稿）》一文，由上海社會科學研究會出版。

　　1930 年 3 月，《政治經濟學批判》的第一個全文中譯本終於問世。譯者劉曼，書名譯為《經濟學批判》，附錄有《經濟學批判緒言》即《導言（摘自 1857～1858 年經濟學手稿）》，由上海樂群書店出版發行。1931 年 12 月，上海神州國光社出版了由郭沫若翻譯的《政治經濟學批判》，這是該書第二個中文全譯本，該書收入了兩篇文章，即《政治經濟學批判》和《導言（摘自 1857～1858 年經濟學手稿）》。

　　除了以上這幾部著作之外，一些有關「公社」及東方社會問題的重要篇章——如《德意志意識形態》、《不列顛在印度的統治》、《不列顛在印度統治的未來結果》、《馬爾克》、《〈社會主義從空想到科學的發展〉英文版導言》等——也被一一譯介到了中國。

　　1937 年 2 月南京《時事類編》第 5 卷第 3 冊刊登了荃麟摘譯的《德意志意識形態》第一卷，題爲《社會意識形態概說》。1938 年郭沫若所譯的《德意志意識形態》以言行社的名義出版發行。這個譯本是根據 1924 年德文版《馬恩文庫》第一卷譯出的，包括《關於費爾巴哈的提綱》、《德意志意識形態》的序言和第一章的內容。此後，1941 年 7 月，上海珠林書店又出版了克士譯的《德意志觀念體系》，其中摘譯了《德意志意識形態》第一卷中的序言。1948 年 8 月上海大用圖書公司出版的《新哲學手冊》也摘譯了《德意志意識形態》第一卷。

　　1940 年 5 月，北社在淪陷後的上海出版了由丁宗恩編譯的《論弱小民族》一書。此書在《論印度》的標題下收入了馬克思兩篇著名論文——《不列顛在印度的統治》和《不列顛在印度統治的未來結果》。

　　林超眞譯《宗教·哲學·社會主義》在 1929 年由上海亞東圖書館印行了第二版。在該版中，譯者根據俄文譯本進行了補譯，其中就包括了恩格斯的《馬爾克》一文。此外，上海泰東書局於 1930 年出版的《馬克斯國家發展過程》一書中也譯載了《地域團體》即《馬爾克》一文。

　　《〈社會主義從空想到科學的發展〉英文版導言》中談到了科瓦列夫斯基有關「家庭公社」的假說及恩格斯本人在此問題上的態度。這個《導言》早在 1929 年就被翻譯成中文了，上海滬濱書局出版的《宗教·哲學·社會主義》及後來上海亞東圖書館出版的第二版中均收入了此文。

　　侯外廬在 1943 年寫完《我對「亞細亞生產方法」之答案與世界歷史學家商榷》一文後，從蘇聯學者費德林處得到了馬克思的遺著《政治經濟學批判大綱（草稿）》，當即如獲至寶。他請精通俄文的戈寶權把其中有關公社問題的著作《資本主義生產以前的各種形式》翻譯出來而悉心加以研究，由此侯外廬成爲了中國最早研究和引用《資本主義生產以前的各種形式》的學者。〔註 13〕

　　綜上所述，建國前有關馬恩「公社」問題著作的翻譯已經相當可觀，這些譯著基本上涵蓋了馬恩在公社問題上的看法及其對東方社會特殊性的探討。雖然不能說當時用唯物史觀研究中國史的學者都是靠中文譯文瞭解馬克思主義的，但是這些中譯本的出版無疑地大大促進了人們對於馬克思主義學

〔註 13〕 本段參見陳寒鳴《侯外廬與侯外廬學派》，收入王俊義主編《炎黃文化研究　第五輯》，鄭州：大象出版社，2007 年，第 238 頁。

說的研究和認識。特別值得注意的是，在這些譯者當中，還包括像郭沫若、侯外廬等在中國古史研究領域開一代風氣的大家。

第三節　商周「公社」研究的回顧

　　二三十年代的中國社會水深火熱、矛盾重重，面對內外交迫的複雜歷史環境，中國社會何去何從？這是所有有志之士試圖解答的問題。俄國十月革命所產生的巨大影響，使得無數有識之士對馬克思主義產生了濃厚的興趣，在有關中國社會歷史發展階段及商周社會性質的討論中，馬克思主義的觀點、方法得到了前所未有的重視和闡述。尤其是「五種生產方式」的理論，在當時持唯物史觀的學者中間影響巨大。

一、「五種生產方式」論者

　　「五種生產方式」的理論近來遭到不少學者的批評，他們中的很多人都認爲這個理論完全是由斯大林在《辯證唯物主義和歷史唯物主義》一文中所創始的。然而實事求是地說，馬克思和恩格斯早年也確實提出過類似的觀點。在 1848 年《共產黨宣言》的開始部分〔註14〕，馬恩就曾提到了奴隸社會（古羅馬）、封建社會（中世紀）及資本主義社會等各階級社會的發展和演變的歷史。

　　只是後來的深入研究使得馬克思本人也不得不承認，其依據西歐歷史所概述的歷史哲學理論並不是「放之四海而皆準」的。〔註15〕而爲了應付殘酷的革命鬥爭，馬克思主義的繼承者們卻都絕少去注意馬克思晚年的這些光輝思想，以至最終把人類社會發展的進程從「階級鬥爭」的角度簡單歸結成了「五種生產方式」。

　　「公社」是馬克思晚年考察和分析東西方社會不同發展路徑時的最基本的概念，在運用「五種生產方式」理論來研究中國古代社會的學者中，其立說也會因爲是否研究了「公社」問題而顯得很不一樣。當時在以「五種生產方式」理論來研究商周歷史的學者中就已經發展成了兩種路徑：一種以郭沫若爲代表，他們要在中國歷史上探求希臘羅馬式的發展軌迹；另一種則以呂振羽、侯外廬爲代表，他們提倡研究「公社」問題，重視中國歷史發展的特

〔註14〕馬克思、恩格斯《共產黨宣言》，第 27～28 頁。
〔註15〕參見 1877 年 11 月左右馬克思《給〈祖國紀事〉雜誌編輯部的信》。

殊性。

（一）郭沫若

郭沫若（1892～1978）的《中國古代社會研究》是第一部用馬克思主義史學理論研究中國歷史的專著。

他在 1929 年寫的此書《自序》中說道：

> 世界文化史的關於中國方面的記載，正還是一片白紙。Engels的「家族私產國家的起源」上沒有一句說到中國社會的範圍。……外國學者對於東方情形不甚明瞭，那是情理中事。……在這時中國人是應該自己起來，寫滿這半部世界文化史上的白頁。外國學者已經替我們把路徑開闢了，我們接手過來，正好是事半功倍。本書的性質可以說就是 Engels 的「家族私產國家的起源」的續篇。研究的方法便是以他為向導，而於他所知道了的美洲的紅種人、歐洲的古代希臘羅馬之外，提供出來了他未曾提及一字的中國的古代。〔註16〕

郭沫若非常珍視恩格斯的《起源》，認為應該按照恩格斯的研究方法為向導來研究中國的歷史。在《中國古代社會研究》一書導論中，作為整本書的理論準備，郭沫若專門用一節的篇幅概要地介紹了《起源》的內容。郭沫若熟讀古籍、精研甲骨卜辭和青銅銘文，這使他在書中能夠嫻熟地把唯物主義歷史理論與歷史材料有機地結合起來。《中國古代社會研究》一書詳細地剖析了商周的社會結構和社會性質，郭沫若認為：「大抵在西周以前就是所謂『亞細亞的』原始共產社會，西周是與希臘羅馬的奴隸制時代相當，東周以後，特別是秦以後，才真正的入了封建時代。」〔註17〕

郭沫若把摩爾根的氏族學說應用到中國的古史研究中來，他認為：「在商代都只還是牧畜盛行的時代，那嗎商代的社會必然還是一個原始共產制的氏族社會，只要是對於新興科學稍微受過訓練的人；立刻便可以得到這個暗示。」〔註18〕他說：「（一）商代的王位是『兄終弟及』，這是從來的歷史上已經有明文的。（二）據『殷虛書契』的研究，商人尊崇先妣，常常專為先妣特祭。（自周以後妣不特祭，須附於祖。）（三）『殷虛書契』據余所見在殷代末年都有多父多母的現象。從這些事實上看來，商代不明明還是母系

〔註16〕郭沫若《中國古代社會研究・自序》，上海：上海聯合書店，1930 年。
〔註17〕郭沫若《中國古代社會研究》，第 176 頁。
〔註18〕同上，第 9 頁。

中心的社會，而且那時候的家庭不明明還是一種『彭那魯亞家庭』嗎？」
〔註19〕不僅如此，「殷金中無土田之賜予，這是表明殷代的土地尚未開始分
割，即是說殷代還是在原始共產制度之下。」〔註20〕郭沫若還利用《周易》、
《詩》、《書》等文獻中的材料來證明商代仍是氏族社會，但他同時認爲在商
代，「一方面儘管還有氏族社會的習慣留存，而另一方面已經有奴隸的發
生」，「所以氏族社會向奴隸制社會的推移確確實實的是在殷、周之際」，因
爲「原始氏族社會向奴隸制的推移，當以牧畜的發現爲開始，以農業的發達
而完成」。〔註21〕他強調鐵在氏族公社崩潰奴隸制形成中的作用，指出：「奴
隸制的社會組織是在周初才完成。它的原因是在農業的發達。農業的發達是
在鐵的耕器的發明。」〔註22〕

　　《中國古代社會研究》中到處可見恩格斯《起源》一書的影子，但在公
社的問題上，除了氏族公社之外，書中並沒有涉及《起源》中所重點探討的
「農村公社」、「家庭公社」等的問題。在對「亞細亞生產方式」的認識上，
郭沫若也沒有討論「農村公社」，他認爲：

　　　　馬克斯在他的經濟學研究的一般結論上說：「Im grossen Umrissen
　　können asiatische, feudalund modern bürgerliche Produktionsweisen als
　　progressive Epochen der ökonomischen Gesellschaftsformation bezeichnet
　　werde.」（亞細亞的、古典的、封建的和近代資產階級的生產方法，大
　　體可以作爲經濟的社會形成之發展的階段。），他這兒所說的「亞細
　　亞的」，是指古代的原始共產社會，「古典的」是指希臘、羅馬的奴隸
　　制，「封建的」是指歐洲中世紀經濟上的行幫制，政治表現上的封建
　　諸侯，「近世資產階級的」那不用說就是現在的資本制度了。〔註23〕

在 1936 年寫的《社會發展階段之再認識──主於論究所謂「亞細亞的生產方
式」──》一文中，郭沫若研究了《德意志意識形態》中的四種財產形態，
認爲「馬克斯所說的『亞細亞的生產方式』或『東洋的社會』實等於『家長
制』或『氏族財產』形態，而『古代的生產方法』便明確地指示著希臘羅馬
的奴隸制。」〔註24〕所謂的「家長制」或「氏族財產」形態，其特點是：

〔註19〕郭沫若《中國古代社會研究》，第 9 頁。
〔註20〕同上，第 312 頁。
〔註21〕同上，第 110、111、112 頁。
〔註22〕同上，第 143 頁。
〔註23〕同上，第 175～176 頁。
〔註24〕郭沫若《社會發展階段之再認識──主於論究所謂「亞細亞的生產方式」──》，

在這兒生產還未發達，大抵是漁獵民族、牧畜民族，或至高知
道得一些農耕。未開墾的地面自然是很多的。分工在這個階段上尚
未發達，僅僅是家族中所有的自然生長的分工之更進一步的延展。
因而社會的編制也僅僅是家族形態之延展，有家長式的族長，其下
是族員，最後是奴隸。在家族中潛在著的奴隸制隨著人口和需要之
增加，隨著戰爭與同貿易那樣的對外交際之延展，才漸漸發展起來。
〔註25〕

仔細研究一下《中國古代社會研究》中郭沫若對商代性質的認識，可以發現，
他所定位的「原始共產社會」其實是在「商代和商代以前」〔註26〕，殷商的
社會雖然是「原始共產社會」，但已經到了原始共產社會的末期，除了氏族公
社的殘餘外，社會上已經有了奴隸，這樣的認識其實與他對「亞細亞生產方
式」的理解是一致的。

四十年代以後，郭沫若拋棄了商代是氏族社會末期的看法，而認爲商代
已經是奴隸社會，他在《由詩劇說到奴隸制度》一文中寫道：「例如我從前把
殷代視爲氏族社會的末期是未免估計得太低，現在我已經證明殷代已有大規
模的奴隸生產存在了。」〔註27〕他在《古代研究的自我批判》等文中又進一
步對此作了系統的闡述，但是郭沫若關於商周社會的研究此後就很少涉及甚
至是迴避對公社問題的探討了。

（二）呂振羽－翦伯贊－吳澤－鄧初民

呂振羽、翦伯贊、吳澤及鄧初民等人在商周社會性質及公社問題的看法
上持有類似的觀點。但是，從研究「亞細亞生產方法」的角度深入「公社」
問題，並對商周「公社」組織作了仔細研究的，則首推呂振羽。

1、呂振羽

呂振羽（1900～1980）認爲，「中國社會發展的法則，也和世界其他各民
族一樣，並沒有什麼本質的特殊」，中國歷史依次經歷了原始公社制、奴隸制、
封建制、半殖民地半封建制的諸階段，殷代以前屬於原始公社制，殷代是奴
隸制，西周春秋戰國爲初期封建制，而秦以後一直到鴉片戰爭前是專制主義

收入《沫若近著》，第34頁。

〔註25〕郭沫若《社會發展階段之再認識——主於論究所謂「亞細亞的生產方式」——》，
收入《沫若近著》，第29頁。

〔註26〕郭沫若《中國古代社會研究》，第11頁。

〔註27〕郭沫若《由詩劇說到奴隸制度》，《詩創作》，1942年第8期，第17頁。

的封建制，當時的社會則屬於半殖民地半封建制的階段。〔註28〕

在「亞細亞生產方法」的問題上，1933 年以前他曾完全同意哥德斯等人的見解，「根本否認『亞細亞生產方法』成為任何空間上時間上的一種獨特的社會形態，認為所謂『亞細亞的生產方法』，那不過是東方社會在人類社會發展的一般的過程上所具備的一種特殊性」，但後來他則基本認同了柯瓦列夫的見解，「確認『亞細亞生產方法』為人類社會發展過程中之一個獨特而必要的階段，即相當於奴隸制的希臘羅馬之世界其他古代國家的奴隸制階段，亦即相當於希臘羅馬的奴隸制的前期」。〔註29〕在四十年代初寫成的《中國社會史諸問題》一書中，他進一步肯定了柯瓦列夫關於「亞細亞生產方法」是奴隸制度變種說的見解〔註30〕。

呂振羽非常重視「亞細亞生產方法」中農村公社的因素，他認為：

> ……從馬氏（馬札亞爾——斌）所指明之諸特徵，對「亞細亞生產方法」為理論的述說，即是在這種社會的經濟的構成內，一方面土地私有形態的缺除，乃是在土地國有原則下由農村共同體去使用；一方面在農村共同體之上卻具備一種對一切農村共同體行使統治的國家形態的專制政治。這是最主要的（著重號為斌所加）。但是國家卻是以社會諸階級的存在為其存在之前提的，因而在這種農村共同體內部便不能不有其諸階級的存在，這是無用論辯的。至馬氏所說水利和公共事業的設備，那卻是次要的東西，並不能作為構成這種生產方法之最根基的因素（著重號為斌所加），而只能作為由特殊的空間條件所給予的特殊性。〔註31〕

〔註28〕 參見呂振羽《中國社會史綱　第 1 卷　原始社會史》，上海：耕耘出版社，1947 年，第 19～36 頁。

〔註29〕 呂振羽《社會發展過程中之「亞細亞生產方法」問題》（1936 年），鍾離蒙、楊鳳麟主編《中國現代哲學史資料彙編，第 2 集第 4 冊，中國社會史論戰，上》，第 135 頁；在 1936 年出版的《殷周時代的中國社會》一書中，呂振羽也強調了同樣的觀點，他說：「……卡爾所謂『亞細亞的』，不外是一種種族國家的奴隸制度；這，從人類史之發展的過程說，和所謂『古代的』希臘羅馬式的奴隸制度，在歷史的階段上雖屬是相當的，然就希臘羅馬史說，在時間上卻又是相次的。……易言之，所謂『亞細亞的』社會，即希臘羅馬而外之其他國家的奴隸制度階段的社會。」（呂振羽《殷周時代的中國社會》，南京：南京文心印刷社，1936 年，第 13 頁。）

〔註30〕 參見呂振羽《中國社會史諸問題》，上海：耕耘出版社，1950 年，第 35～44 頁。

〔註31〕 呂振羽《社會發展過程中之「亞細亞生產方法」問題》（1936 年），鍾離蒙、

從這個認識出發，呂振羽認爲殷代存在著兩種公社，一種是統治種族的「多子族」的農村共同體，另一種是被征服異族的農村共同體，「多子族」的農村共同體中有貴族自由民和奴隸諸階級的存在，生產的主要擔當者爲奴隸，被征服的農村共同體內還保持氏族的機構，並對征服者負著納稅的義務，其首長即同時充任代理人或徵稅吏，在這種農村共同體的上面存在著國家的政治機構，土地國有，但使用權屬於各農村共同體。〔註32〕

他認爲卜辭等材料中的「邑」，「其內容仍爲村落公社之一種組織，且一方面還帶著氏族組織的色彩，只是已失去其政治的機能」，而「侯」則是此種公社的首長。〔註33〕在其土地的分配方式上，他則指出：

> ……在殷人，「侯」所領的一定地區的土地的「邑」又是經過王去賜分的。因之，在殷代大概係由「侯」從王那裡分領土地，侯再以之分與公社內的人民之一種手續——無論是本族的各公社或被征服的公社，這種手續是必須經過的。〔註34〕

但是，

> 這種土地使用權的分配，在種族內和異族人間，實際上是不能一樣的；在種族內，由國王分頒於各「侯」，「侯」以之分頒於其「邑」＝公社內之自由民各家族；在異族間征服者只在獲得稅納，所以在其公社內土地的如何分配，是他們所不十分介意的，因而在這些公社內很可能保存其原來的氏族經濟的組織。〔註35〕

在呂振羽看來，殷代「公社內之氏族組織的性質是無可否認的」，但

> 這種氏族性質的組織，並不能妨礙其國家機能的存在；初期國家的種族國家，在其下面的氏族性的村落公社的組織。反而是一個普遍存在的形態而爲其特徵之一。在殷代，無論其本族（子族）或被征服之族（多生），都帶著這種組織的特色。〔註36〕

楊鳳麟主編《中國現代哲學史資料彙編，第 2 集第 4 冊，中國社會史論戰，上》，第 139 頁。

〔註32〕呂振羽《社會發展過程中之「亞細亞生產方法」問題》（1936 年），鍾離蒙、楊鳳麟主編《中國現代哲學史資料彙編，第 2 集第 4 冊，中國社會史論戰，上》，第 139 頁。

〔註33〕呂振羽《中國社會史綱　第 2 卷　奴隸社會及初期封建社會》，上海：耕耘出版社，1947 年，第 40 頁。

〔註34〕同上，第 41 頁。

〔註35〕同上，第 69～70 頁。

〔註36〕同上，第 41 頁。

　　他認爲殷代農業生產上之主要的直接擔當者是奴隸，但也有部分自由民
參加農業生產勞動〔註37〕：

　　　　大抵在殷人村落公社的內部，原來的氏族成員中，一部分已成
　　爲貴族的富有家族，他們的領有地已完全使用奴隸在耕種；其餘的
　　一些領有分地的家族，則轉化而成爲公社內的自由農民，他們或者
　　也使用奴隸，但其自身並沒有從生產領域中完全脫離出來。從來公
　　社內的財產漸次向貴族集中，後者由於向前者借貸等關係而喪失土
　　地，趨於貧窮化，致漸次離開生產領域而成爲寄食的流浪之群。這
　　種情形到殷代亡國的前夜，已分外嚴重。於是原來帶有氏族性質的
　　公社，便引起一種本質的變化。

　　他還根據《易》無妄六二「不耕獲，不菑畬，則利有攸往」斷定殷代公
社內農業經營的形態是「三圃制」。〔註38〕

　　呂振羽判定，在殷代，

　　　　除土地而外，其他一切生產工具和消費資料等＝在作爲財產的
　　形態而存在的一切東西，便都在父家長的私有的形態下面而存在了。
　　……

　　　　這種私有財產，是在以家族爲單位的父家長的支配下發展起來
　　的。在這種形態下，家族的財產和公社的財產採取著對立的形態，
　　且以「家」和公社相對立。在殷代，前者並已把後者蝕腐，只保有
　　其殘骸；前者已取得支配形態。……〔註39〕

　　呂振羽利用了大量卜辭、文獻等史料詳細論證了殷代公社的形態及其特
點，在殷代公社的研究上都可說是開創之舉，但是他所使用的諸如農村共同
體、村落公社等概念的含義似乎還不夠清晰。

　　對於西周，呂振羽認爲周人克殷後，便把殷代的土地宣佈爲國有，並將
土地賜予給各級領主，從而摧毀了殷代奴隸主統治的社會基礎。但他們在建
立新的土地秩序時，並沒有完全分裂殷代原來的公社即「邑」的土地組織。

　　　　……殷的國有土地是存在於一種村落公社即「邑」的區分形態
　　下，在公社內存在著貴族下層自由民和奴隸之階級的生產組織。周

〔註37〕呂振羽《中國社會史綱　第2卷　奴隸社會及初期封建社會》，第43～44頁。
〔註38〕同上。
〔註39〕同上，第70～71頁。

朝新國家的王以這種土地去分賜其左右和其臣屬，也是依照著原來
土地區分的形式去行使的，並不是把原來的公社即「邑」的土地組
織分裂。所以，金文記載，以「賜邑」和「賜田」爲賜予土地的計
算標準。……

　　　　……

　　受有「田」「邑」者都成了新時代的封建貴族，其所受有的土
地不是單純概念下的土地，而是連同土地上的居民，已如前述。但
是一方面，原來在這種公社即「田」「邑」上的居民爲奴隸主下層自
由民和奴隸，奴隸是生產的主要擔當者；這種擔任生產的奴隸，現
在卻得到部分的解放而和其他下層自由民具有同等的半人格了。一
方面，原來的公社＝「田」「邑」雖係在國家的支配下，然在其內部
的結構上卻具有相當的獨立性。因而新的土地貴族於獲得這種「田」
「邑」的支配權之後，在其原有的機構上，進行其對居民的勞動編
制，便很自然的把他們轉化爲農奴；把原來的公社給予自由民的分
地，現在則由新的土地所有者作爲其給予農民的分有地，同時，原
來公社的政治機構，現在則移入新的土地所有者手中，便轉化而爲
領邑的政治結構；具有管理領邑的政治組織，以及其防禦上的軍事
設置。……

　　　　……

　　因而原來的公社＝「田」「邑」，便完全轉化爲封建主義的莊園
了。……〔註40〕

不過，呂振羽認爲把原來的奴隸制或氏族制轉化爲封建制的內容並不是
一蹴而就的，而是經過了長期鬥爭的過程。領主土地的所有形態，要到春秋
時代才完全取得支配的地位。〔註41〕

關於「井田制」，呂振羽沒有把它與公社等同起來，而認爲它是中國初
期封建時代的莊園，「這種莊園制的組織，在歷史的記載上，便被孟軻誤稱
爲所謂『井田』」〔註42〕。他既反對胡適等人完全否定井田的做法，同時也
批評胡漢民、廖仲凱等無條件地確認井田制，認爲「……在原先，井田並不

〔註40〕呂振羽《中國社會史綱　第2卷　奴隸社會及初期封建社會》，第150～153頁。
〔註41〕同上，第210頁。
〔註42〕同上，第154頁。

是一種土地制度，而是農業經營上一種灌溉制度的組織」，《孟子・滕文公》中「……孟軻所解釋的『井田制度』的內容——無論在土地的分配上，生產的組織上，便完全符合於初期封建時代莊園制的內容，而構成爲同一之剝削關係」。〔註43〕在「井田制」與「公社」的問題上，呂振羽還曾作過如次的強調：

> ……我不曾把井田解釋爲公社，我只在說它是中國初期封建時代的莊園之被孟軻所解釋的異稱；我說「周」字和「田」字的甲文和金文的象形，是包含著公社土地劃分的形迹，易言之，這兩個字必係象形於古代公社的土地劃分。而莊園制的出現，是和古代村落公社有其蟬聯的關係，這是世界史之大部分的事實。所以我的意見是在說，在這時以前，如果有公社式農村組織的存在，則井田式的莊園便有十分存在的可能。〔註44〕

他認爲這種莊園內實行的是「三圃制」的經營方式。〔註45〕

2、翦伯贊

翦伯贊（1898～1968）與呂振羽一樣，認爲殷代是奴隸社會，西周春秋戰國是初期的封建社會。他認爲在傳說中之湯的時代，殷族就可能形成了中國最初的種族國家，在這個種族國家裏：

> 那些被征服的諸氏族，一方面，在其社會內部，還是保持其以血緣關係而結合之氏族社會的組織；另一方面，從他們的外面，卻來了一個國家的權力，壓在他們的頭上。一方面，在他們的內部，還是勞動與所有的統一；另一方面，在他們的外部，卻來了一種貢獻的剝削，成爲氏族成員之共同的負擔。一方面，原來的氏族首長，對於殷代的古代國家，卻是一個相當於殖民地總督的地位。這樣一來，於是在氏族社會的經濟基礎之上，出現了「國家」，出現了「剝削」，因而表現出政治形態與經濟基礎不相適應的現象。……
>
> ……當許多氏族成爲殷代種族國家之屬隸時，他們同時也就變成了繁榮殷代奴隸制經濟的養料，因而使殷代奴隸制經濟更爲發

〔註43〕呂振羽《中國社會史綱　第2卷　奴隸社會及初期封建社會》，第155～156、158頁。
〔註44〕同上，第158～159頁。
〔註45〕同上，第159頁。

展。反之由於殷代奴隸經濟之更爲發展，他又加強了對被征服的諸氏族之社會經濟的影響，因而又加速了他們向著奴隸制經濟之轉化的行程。這樣交互的歷史作用，遂完成了殷代種族國家的建立。到盤庚時代，殷代的種族國家，便達到了完全的成熟時期。〔註46〕

他認爲：

殷代的自由民和貴族，繫屬於同一種族，但在同一種族之中，有著許多氏族，而殷族中的貴族，則爲多子族的成員所轉化，因之殷族中之其他氏族成員，在這一歷史的轉化之下，大半都變爲自由民。〔註47〕

而

古代社會的歷史任務，就在於使存在於原始公社制社會內部的農業共同體崩潰，而造成封建制之直接前提，即大土地所有與個人化的生產。〔註48〕

關於周人，翦伯贊根據《詩經·大雅·公劉》中「度其隰原，徹田爲糧」句，推測在殷初：

周族當時的社會，似已由氏族公社轉向村落公社的組織，土地已由氏族定期分配於各大家族，所謂「徹田爲糧」者，乃氏族向各大家族徵收一定量的穀物，以爲公共事物的費用。〔註49〕

而且，

假如「戎醜攸行」（《詩經·大雅·綿》——斌）之「戎醜」，可以解釋爲最初之奴隸，則周族當時的村落公社中，並且已有奴隸的存在。〔註50〕

翦伯贊接受了呂振羽把殷代的「邑」看成「村落公社」的主張，認爲後來周族克殷之後，周人通過「作邑」、「作采」把殷代的村落公社轉化爲無數的封區和領邑，也把過去的奴隸制經濟乃至氏族制經濟轉化爲封建主義的莊園制的經濟，這種大概都實行著「三圃制」耕種法的莊園，就是後來被孟子

〔註46〕翦伯贊《中國史綱　第一卷：史前史　殷周史》，重慶：大呼出版公司，1946年，第172～173頁。
〔註47〕同上，第213頁。
〔註48〕同上，第174頁。
〔註49〕同上，第261頁。
〔註50〕同上，第262頁。

所誤解的「井田制」。〔註51〕莊園制度是由過去之村落公社蛻化而來的，其形成大概可以追溯到殷代末葉。〔註52〕

翦伯贊不曾對殷周社會中的公社組織作過詳細的探究，但可以看出他的觀點與呂振羽是基本相同的。

3、吳　澤

吳澤（1913～2005）於30年代在北平的中國大學學習期間，曾受到呂振羽的關懷和指導〔註53〕，他在有關商周社會的性質及其組織結構的認識上，繼承了呂振羽的諸多觀點。

他認為：「大概成湯革命後，殷代便將『夏』代公社首長所支配的土地，用國家這個集體命義佔有了；然後，再由『王』把這些土地分賜給各公社，強制公社賦稅，且任命原有公社首長們，出任為『王』的代理人或徵稅吏；對於土地經營組織，則一仍其舊。這樣，完成了所謂『土地國有制』。『王』便是當時最大的土地所有者和奴隸所有者。」〔註54〕他指出「殷代奴隸制經濟，沒有高度發展，沒有分解了農村公社，故其生產組織，仍然建築在農村公社形式內，所謂『土地國有』，如呂振羽先生所說，便是『把那些還保持在氏族社會形態下的村落公社——在其被征服之後——以之轉化為國家支配下的村落公社』（《殷周時代的中國社會》）。故直到『武王克殷』後的周初，殷的氏族公社仍被保有殘留著。據左傳定公四年傳記載，當時殷族尚殘存有徐、條、蕭、索、長、勺、陶、施、繁、錡、樊、饑、終、葵等十三族；史記更載除此十三族以外，尚有殷、來、宋、梌桐、稚、北殷、目、夷、時八族，前後有二十一族之多。無可否認的，殷代經濟組織是建立在公社組織形式上的，但其生產的方法，根本上是奴隸制的。」〔註55〕

他分析殷代奴隸社會的特點時說道：「種族征服是採行進貢制的，因此，一方面影響奴隸勞動的來源與補充，一方面大量貢納物，為不生產的貴族宮廷所消耗，影響再生產；同時土地『國有』，國家直接榨取人民經濟，致剩

〔註51〕翦伯贊《中國史綱　第一卷：史前史　殷周史》，重慶：大呼出版公司，1946年，第278～282頁。
〔註52〕同上，第221～222頁。
〔註53〕桂遵義著《馬克思主義史學在中國》，濟南：山東人民出版社，1992年11月，第241頁。
〔註54〕吳澤《中國歷史簡編》，上海：峨眉出版社，中華民國三十六年九月五版，第60～61頁。
〔註55〕同上，第61頁。

餘生產物，大多成爲宮廷消費品，沒有很多剩餘生產物轉化爲商品；再加農村公社形式殘存著，農業與手工業仍頑強地直接結合著、農村經濟是自給自足的；農業與手工業產物的商品化的前途，也就減少需要；因此，殷代商品經濟不能十分發達，高利貸者也較薄弱，無力澈底肅清公社，分化社會集團，致內在的奴隸勞動的來源與補充不足。這樣歷史條件下的殷代奴隸制經濟，一方面在數量上自不能發展到希臘羅馬那樣的高度，一方面因爲奴隸制生產的基礎十分不強固，故殷代奴隸制不到六百多年，便很快的崩潰瓦解了。」〔註56〕

　　吳澤認爲西周是初期封建社會，但是這個封建社會，「形式上仍以公社爲基礎的」，也就是說，「周的封建制的建立，並未改變原有『田』『邑』即公社的組織，只不過把原來的『田』『邑』，從奴隸主支配下轉變到封建領主的手中而已；只不過把原來『田』『邑』上的自由民和奴隸，解放爲農奴的農民而已。可是土地所有者爲要管理領邑的經濟政治和軍事，在公社——『田』『邑』之上，便設置一個莊園。在莊園內有領主的邸宅，有工奴的手工業的工作場，有徵稅吏，有捕魚者，打獵者，構成一個自給自足的大農莊。各公社的農業生產，則仍以公社爲單位，從事生產，由領主派定監督管事去負責管理，『詩經』中很多處的『田畯』，便是替領主編制農奴的賦役勞動和收受農奴賦課的監督官。」而「原來的公社——『田』『邑』，就是這樣的再編制在封建主義的莊園經濟中而保存下來的」。〔註57〕

　　在「井田制」的問題上，吳澤也繼承了呂振羽的觀點，他認爲「並非胡適等認爲全屬『子虛烏有』」，「所謂『井田制度』，是西周初期封建制社會中勞役地租的生產組織，他是由農村公社形式的保存加以封建農奴制生產關係內容再編制而成」。〔註58〕他說：「……西周莊園經濟是組織在公社——『邑』『田』單位上的，據公社的生產組織原理，公社的土地，大部分分配給各家族耕種外，一部分未分配的土地，爲公社所有。當然，西周新國家，『王』是把土地宣佈爲『王有』的，公社的土地，實質上已不是公社所有，而是『王』所有了，故各家族由公社分配到的所謂『私田』，只是租佃『王』的土地耕種權而已，所以各家族必須對土地所有者繳納地租，這時『王』便把公社未分配的所謂『公田』，作爲各家族提供勞動的徭役地，以『公田』生產物，作爲

〔註56〕吳澤《中國歷史簡編》，第62～63頁。
〔註57〕同上，第86～87頁。
〔註58〕同上，第88～89頁。

『私田』的地租，這樣完成了勞役地租的生產關係。」〔註59〕吳澤認爲「井田制」崩壞於春秋戰國時期，這是由於，「隨著經濟的發展，（一）公社內勞動人口增加，各家族由公社分配到的耕地即『私田』已不敷應用；（二）且生產增大了，農民『私田』的剩餘穀物增多，農民對『公田』強制勞動無興趣；（三）加以領主貴族生活程度提高，戰費浩大，不得不增高地租收入，於是『公田』勞役制的生產組織，已不適用，必須廢除，把『公田』取消，一律分配給農民耕種，然後計畝徵稅，實行現物地租，春秋末宣公十五年時便開始了『初稅畝』制，這時期所謂『井田制』，便開始廢除，勞役地租朝向現物地租轉化，此後楚鄭魯秦等國，便逐一進行著現物地租的政制。」〔註60〕

4、鄧初民

鄧初民（1889～1981）重視「亞細亞」社會中農村公社作用的觀點與呂振羽接近。他認爲商和夏一樣都屬於奴隸社會，這種奴隸社會有別於古代希臘羅馬式的奴隸制，是其「一變態」，是「一種初期國家的奴隸制度」，也就是以「農村公社」爲其基礎的亞細亞社會形式。他說：

　　……就亞細亞社會的幾個特點來看：一，土地私有制不存在，二，人工灌漑之必要及與此相適應的極大範圍的公共事業組織之必要，三，停頓不進的農村公社之普遍的存在，四，專制政體爲國家形式，五，地租與賦稅不分。但就看這些特點，還沒有啓發出生產手段所有者對於直接生產者的關係。爲的要找出這一關鍵，我們試從農村公社出發。因爲亞細亞社會是從它發生並把它作爲基礎在它上面發展起來的。所以亞細亞社會之根本的階層的對立，是發生在公社內，因公社發展爲國家，國家的公務人員就變成統治者。也就變成生產手段的所有者。因爲國家與統治者在那時沒有截然的劃分，所以土地是國有，土地之私有財產不存在。國家是土地和水（基本的生產手段）之最高所有者，主要的經濟之僭取形式是賦稅，但是等於地租。統治階層及國家以賦稅的形式僭取農民的剩餘勞動，即剩餘生產品，這種僭取關係，就是亞細亞社會的生產手段所有者對於直接生產者的關係。但以賦稅——和地租一樣的賦稅僭取農民剩餘生產品的關係，顯然和奴隸社

〔註59〕吳澤《中國歷史簡編》，第 88 頁。另可參見：吳澤《殷代貢納制考辨——殷史新考之一》，《歷史社會季刊》，1947 年第 2 期，第 20 頁。
〔註60〕吳澤《中國歷史簡編》，第 100 頁。

會的僭取關係相接近，因此，亞細亞社會實不過奴隸社會之一變
態，中國歷史第一階段的社會形式，是表現爲一種初期國家的奴
隸制度，即是一種初期種族國家的奴隸制度，亦即帶有亞細亞特
徵的奴隸制度。那麼，也可以說：亞細亞的社會，是希臘羅馬以
外的其他國家——中國的奴隸社會。〔註61〕

鄧初民以爲夏殷的社會生產擔當者都是奴隸〔註62〕，在財產所有關係
上，他認爲：

> 夏殷兩代土地屬於國家所有，這是亞細亞的特徵之一。其國有
> 土地的形成，一是由氏族所有轉化爲國家所有，一是把被征服異族
> 的土地收歸國有。而被征服的異族既已降服，則成爲征服者之代理
> 人或收稅吏，並不變更其原有關係，所以甲骨文中有既破而又封之
> 的記載。但多有把被征服的異族人民，俘虜以爲奴隸，其土地則在
> 收歸國有的原理下，把它再賜給本種族內的貴族或自由民，而使用
> 奴隸（即降服人民）以耕種之。其形態仍重組爲農業公社，所以甲
> 骨文中又有作邑或封邑的記載。在這種形態下的國有土地，本質上
> 便是種族公有下的種族財產。除土地而外，其他一切生產工具和消
> 費資料，皆變成國家所有物，亦即統治者，天子，帝王，及各種貴
> 族階層，亦即奴隸所有者諸階層的所有物。不過這些階層，多分是
> 在以家族爲單位的父家長的身份發展出來的。因爲氏族發展到一定
> 階段，家族與氏族就形成對立，前者就把後者腐蝕，……〔註63〕

繼商代之後，鄧初民認爲周代——西周至春秋戰國——是封建社會，周
在滅殷之後，「一面把原來的奴隸解放；一面把殷代國家的土地所有宣佈爲周
天子所有，周天子又以這種土地去酬庸其左右扈從，和隨同去伐殷的各屬領
的氏族酋長，這種扈從和酋長，又相次地把所得土地去酬庸其自己的左右。
於是他們便轉化而成了各級的土地所有人，從而開始把殘存的農村公社轉化
爲莊園，或即就農村公社的形式——所謂井田制，來分田制祿，奠定封建僭
取的基礎」，「在夏殷是把土地的氏族所有轉化爲土地的國家所有，或即利用
原來的氏族公社形式，去建立奴隸制的僭取關係，周代則把殷代國家的土地

〔註61〕 鄧初民《中國社會史教程》，香港文化供應社，1946年，第78～79頁。
〔註62〕 同上，第85～88頁。
〔註63〕 同上，第83～84頁。

所有宣佈爲周天子所有或利用殘存的農村公社即井田制的形式去建立封建制的攫取關係。」〔註64〕

　　與呂振羽、翦伯贊等有所不同的是，鄧初民雖然也反對胡適、郭沫若否定井田制存在的觀點，但他把它與德國、俄羅斯、印度等歷史上有關農村公社的材料作了對比，而認爲「……農村公社，在日耳曼民族中稱爲馬克（mark），在俄羅斯稱爲密爾（mir），在我們中國就是傳說中的井田制度，實在這種農村公社，在印度、秘魯也存在過。並且印度的農村公社是著名的存在得很久的。」「農村公社式的井田，中國在西周以前，毫無疑義的，是普遍的存在過，不過在西周以前，它是農村公社的初期，是氏族社會的發展階段；在西周時代，它便變質了，它的土地佔有形式便變爲封建社會的土地佔有形式，它的存在也不普遍，然而它確實存在過，也是毫無疑義的。」〔註65〕

　　關於氏族公社如何發展爲農村公社，他則解釋道：

　　　　……氏族社會時代，土地的佔有，完全是爲一個部落、圖騰、氏族所公有。氏族內的分子，共同在這公有的土地上工作，所獲得的生活產品亦按照大家需要而行分配。所謂「土地如水火，不是屬於個人的。」其所以然的原因，仍是由於生產力的幼稚，土地在生產上和人類的關係，並沒有怎樣密接起來。即農業生產並不占主要地位，但待到氏族公社的農業生產漸漸發展，便由氏族公社而進於農村公社。在農村公社裏面，土地佔有還是保存著公有的形式。但也不過是一種形式而已；因爲此時由於生產力的發展，人口也跟著增加，在公社的生產過程中，遂發生人數過多、許多人在一塊地面上耕作的困難！並且因住所的便利，兒童的撫育，早已在氏族公社中發生了許多家族的集團，即整個的氏族中有了分裂的各個家族；於是土地也就隨著家族的分裂而分裂使用了。其辦法是氏族把它公有的土地，按期均分於各家族去耕作，各家族在一定期間內得專有這塊土地的收益（自然要抽一部分出來供公社的費用），這種期間初爲一年，繼爲數年，期滿則再行分配。這就是所謂農村公社的土地佔有形式，……〔註66〕

〔註64〕鄧初民《中國社會史教程》，第92～93頁。
〔註65〕同上，第102～103、106～107頁。
〔註66〕同上，第102頁。

鄧初民強調：「實在農村公社在初形成時與氏族公社並無質的不同，即雖然氏族公社進爲農村公社，氏族社會並未曾瓦解，至多不過是氏族社會末期的階段。必須再進一步，到了公社的統治權威日大，即公社變成了國家以後，氏族社會才會瓦解。這是要很愼審的分辨出來的一個問題，必需把這一問題分辨明白了，我們才能從井田之動的形態上，肯定它的存在於中國的時代，並且肯定它在某時代還是氏族社會之發展形態，在某時代才成爲封建之土地佔有形態。」〔註67〕

因此他指出：「……西周以前的井田制還是氏族公社之發展階段，是一種公有土地私用土地的氏族社會，即那時的土地佔有並不會成爲僭取手段，不曾把社會組織分裂爲利害相反的階層。」而「至於西周井田，具土地佔有形式已不是初期的農村公社，而其質已變爲封建的這一點，我們最好是根據孟子所說來下判斷。」「這種井田制度，即孟子所主張的井田制度，很明顯的是農村公社已發展爲國家組織，即父家長或氏族長，部落酋長已變爲皇帝，已變爲有權威的統治者。而某一統治者的皇帝與諸侯，已併吞了許多公社、許多部落，而在事實上，不曾也不能把以前的各個公社（各個井田區劃）、各個部落打破或改組，即就其原來區劃，徵取地租、賦稅以自養，照孟子的說法，就是『分田制祿』。這樣一來，農村公社式的井田，就只剩下一個軀殼，一個形式，一個遺跡，而內容，而性質卻完全變了。即以前氏族社會的土地佔有關係，便變成封建社會的土地佔有關係，氏族社會的土地佔有者是大眾，而享受土地的生產物者也是大眾；封建社會的土地佔有者是封建領主（以中國來說，在名義上土地佔有者是國家）；而享受土地的生產物者也是封建領主。大眾卻變成了爲封建領主服役的農奴。」〔註68〕

鄧初民在對商周公社的考察上頗多精彩論述，但他認爲西周以前的井田制是一種公有土地私用土地的氏族社會，當時的土地佔有並不成爲僭取手段，也不曾把社會組織分裂爲利害相反的階層，這個觀點實際上已經背離了他同時認爲夏殷是奴隸社會的見解。

（三）侯外廬

與呂振羽一樣，侯外廬（1903～1987）也是從研究「亞細亞生產方式」而深入到對公社（「共同體」）問題的探討的，但其對商周社會的分析則另成

〔註67〕鄧初民《中國社會史教程》，第105頁。
〔註68〕同上，第108、109、110頁。

體系。

侯外廬認爲所謂「亞細亞生產方式」便是：

> 土地氏族國有的生產手段與集體氏族奴隸的勞動力兩者間之
> 結合關係，這一關係支配著東方古代的社會構成，它和「古典的古
> 代」是一個歷史階段的兩種不同路徑。〔註69〕

他不同意雷哈德、早川二郎等人把「亞細亞」生產方式看作所謂「過渡
期」的觀點，而指出：

> 在文獻中過渡期的農村共同體，是歷史上一般的法則，這是
> 將近於氏族解體過程的二元性，一方面表現於私的佔有與共有土
> 地之不相容，他方面表現於血緣基礎的社會與地域基礎的社會不
> 相容。從社會諸家庭的分裂到個人成員間的分裂，從單純種族間
> 的分業到社會內部的分業，漸漸產生了內部城市與農村的第一次
> 分業。在希臘英雄時代與羅馬王政時代，都有過這樣的過渡
> 期。……所以，過渡期是一切文明社會的共同階段，不是東方所
> 特有的東西……〔註70〕

他也不同意柯瓦列夫等的「東方奴隸變種」說，而認爲古代文明的路徑
有多種。古代除了「古典的古代」外，尚有「亞細亞的古代」，兩者都指「奴
隸社會」，並且是並立的；「古典的古代」是革命的路徑，而「亞細亞的古代」
則是改良的路徑，前者即所謂「正常發育的文明小孩」，後者爲「早熟的文
明小孩」。〔註71〕「這兩個『古代』路徑，都是由共同體的過渡而生長起來，
惟第一種是和共同體密結，第二種則在後來把共同體的氏族軀殼完全衝破。」
〔註72〕

可見，侯外廬對於「亞細亞生產方式」的新的見解是建立在對東西方公
社（「共同體」）發展狀況的不同認識上的，他把這種公社稱作「農村共同體」、
「氏族」、「氏族共同體」以及「氏族農村共同體」〔註73〕等，並且在此基礎
上研究了商周社會。他認爲殷代「至多是進入野蠻上期的門口」〔註74〕：

〔註69〕侯外廬《中國古代社會史》，第14頁。
〔註70〕同上，第5頁。
〔註71〕同上，第10～11、17頁及自序。
〔註72〕同上，第20頁。
〔註73〕同上，見10、34頁等。
〔註74〕同上，第37、38頁。按：建國後，在《中國古代社會史》的修訂本即《中國
　　　　古代社會史論》（北京：人民出版社，1955年6月）一書中，侯外廬修正了自

……殷代的生產方法是，氏族共同體所有的畜牧生產手段與氏族成員主要的共同勞動力二者間之結合關係。

族長的「王」可以「田於㫪」、「田於雞」、「相田」、「觀黍」，其族成員當為共同生產者。但新的勞動力奴隸會在這裏是參加者的。

侯外廬認為中國奴隸社會起源於西周，部落戰爭的俘獲成為新勞動力的主要來源，這與希臘內部的分化典型是有別的，而且西周的奴隸已經是「族人之集體奴變為分散的家族數目奴」。關於西周的「生產手段」（即「生產資料」）的特性，他指出，

土地國有制是周代的特點，所謂「莫非王土」。大盂鼎所謂「相先王受民受疆土」。所賜賞之田，為公族貴族所有，土地未能自由買賣（如希臘典型）。……〔註75〕

……西周城市國家顯已成立，它亦沒有土地私有制，僅僅走了另一個路徑，國有制（氏族共同體保存之下公族所有制）。〔註76〕

侯外廬進一步考察了土地和城市的關係以及氏族傳統如何在文明社會裏延續的問題。他認為：

希臘古代的城市是基於經濟的分業，故建立於土地私有的城市，必然發生城市的繁榮，而且在這種條件下，城市因了經濟的基礎，決難有所謂遷移。在東方中國則不然，……城市是「宗子維城」制，即宗法的，不是經濟的。它雖然「之屏之翰，百辟（君）為憲」，統治著農村，而在「經濟上，則形成農村與城市特殊不可分裂的統一」，「經濟制度的贅瘤」。原因，是氏族紐帶，在城市為「振振公子，振振公姓，振振公族」，在鄙野為稽夫族人，《左傳》所謂「帥其宗氏，輯其分族，將其醜類而職事」，《周書》所謂遷殷民於洛邑，降為稽夫，「比事我宗多遜」。故在制度上祇有「氏所以別貴賤」，二元化的分工，而沒有澈底由氏族單位轉化而為地域單位。〔註77〕

兩種氏族紐帶（斌按：即氏族貴族與直接生產者的氏族集團）約束著私有制的發展，不但土地是國有形態（貴族宗子所有），生產者亦係國有形態（周

己的看法，認為殷代社會是奴隸社會的初級階段。
〔註75〕侯外廬《中國古代社會史》，第57頁。
〔註76〕同上，第39頁。
〔註77〕同上，第90頁。

代與希臘稍異者，奴隸買賣不常見）。在上的氏族握有城市，在下的氏族奴隸居於農村，兩種氏族紐帶結成一種密切的關係，而難於結於土地，未能向古典國家的第二階段發展，形成了城市與農村特殊的統一。〔註78〕

對於春秋戰國時代，侯外廬認為：

> ……東周是仍以氏族為基礎，未以地域為基礎，沒有私有制的生產手段（土地）……

> ……春秋時代的生產手段所有形態，基本上還是繼承「周公之籍」，所變化者乃由大氏族向小宗族的土地所有，而隸農的過渡形態之首先出現，產生稅畝與地征，實不能決定變化為封建支配的性質。

〔註79〕

在侯外廬那裡，生產資料的土地公有向私有轉化的過程，從未合法的私有到合法私有的過程，以及奴隸轉化為隸農的過程，都是和郡縣制的發生發展乃至確立具有密切關係的。但這種制度在中國古代地域上是由晉楚秦三國漸漸地普及，在時間上則自春秋中葉以至秦並六國慢慢地發展而來，在商鞅變法的階段，才最終衝破了氏族制。〔註80〕

他認為，

> 古者公私之說，不同於現代語。公乃指大氏族所有，私指小宗長所有，公指國君事，私指大夫家事，所謂「私肥於公」者，乃政在大夫或「政將在家」之謂，私並非私有土地之意，這是應當分辨的。

> 因此，「雨我公田，遂及我私」，這私亦不是自由買賣的私有土地，至多是在鄙野大量土地以外的自由民使用之小塊田。而土地生產手段的主要所得形態如「乃求千斯倉，乃求萬斯箱」，則是「曾孫（貴族）之稼」，「曾孫之庾」。

> 這樣看來，土地是西周的主要生產手段，這種生產手段之所有形態為「國有」或「曾孫田之」的貴族所有。在周金銘文中與最早的《周頌》歷史詩裡沒有「私」的現象。《小雅》的材料頗晚出，故其所言指者，已經相對地改變了周公之制。〔註81〕

〔註78〕侯外廬《中國古代社會史》，第147頁。
〔註79〕同上，第62、64頁。
〔註80〕同上，65頁。
〔註81〕同上，第60～61頁。

他還進一步指出「……所謂井田也者，即指土地貴族專有，廢除井田就可以使土地私有了。」〔註82〕

侯外廬是我國最早翻譯《資本論》的學者之一，也是最早接觸並部分地翻譯引用馬克思遺稿《資本主義生產以前的各種形式》的學者。他對中國古代社會的探討明顯受到了《資本主義生產以前的各種形式》一文中有關公社土地所有制形態研究的影響。可以認為，無論是他關於「亞細亞生產方式」的理解，還是對商周社會特徵的考察，圍繞公社（「共同體」）問題的研究實在是其核心所在。

（四）熊德山－何幹之

持「五種生產方式」論的學者，又如熊德山、何幹之等，他們也對與公社相聯繫的井田制、亞細亞生產方式等作了深入的探討。

1、熊德山

熊德山（1891～1939）與鄧初民一樣，認為井田制起源於村落公社。

他在《中國社會史研究》一書中指出中國「在神農以前的社會，可叫作原始共產社會，在神農以後約至陶唐止，可叫作村落共產社會，原始共產社會，它是為漁獵，為畜牧，是遷徙無恒的，它的社會的紐帶，完全為血緣，至村落共產社會，它是土著的，農業的，它的社會的紐帶，完全為地緣。」〔註83〕而「中國的封建社會，大概是發軔於夏代，至周初算是繁榮的極端了，可是其命運亦於周末衰歇。」〔註84〕對於中國的奴隸制社會階段，他當時持不太肯定的態度。〔註85〕他把井田制與俄國「密爾」、德國「馬克」等作比較，認為井田制起源於村落共產社會，他說：

> ……考歐洲的共產村，在俄有所謂密爾 mir，在日耳曼有所謂馬克mark，在不列顛有所謂頓 Tun，在秘魯有所謂馬加maca，他們都是土地公有，按丁分田，到一定期間，並還重行分配，至土地的肥墝，地位的遠近，分配的時候都是配搭勻稱的，無貧富的懸殊，無階級的區分，這是何等的樂園！然一到強大的封建出現的時候，這種制度雖還保存，卻已完全變質了，即已經變為封君的榨取機關

〔註82〕侯外廬《中國古代社會史》，第71頁。
〔註83〕熊德山《中國社會史研究》，上海：崑崙書店，中華民國十八年，第209頁。
〔註84〕同上，第211頁。
〔註85〕同上，第220頁。

了。如俄之密爾，秘魯的馬加，就是明證。……

　　中國的井田制，照上例比較起來，或許是中國村落共產時代的
遺型，……如當時除什一稅之外，還有所謂「九貢」，「九賦」，「力
役」，這是活畫一幅農奴勞動圖，與變形變質的密爾，馬加有什麼分
別？……至所謂公田百畝的，在密爾，馬克也有這種類似的制度，
乃是為一個村落的不能勞動的贍養，如老幼，廢疾不能勞動的是，
在中國井田中所謂公田百畝的，一是供防衛里閭的「健伉」的給養，
一是救濟老弱的，迨封君出世以後，遂變為支配者的租稅了，正與
密爾，馬克等同一個步驟，所以我很肯定的說井田是起於共產村落，
決非起於所謂封建盛世。〔註86〕

在其遺著《中國社會史論》一書中，熊德山改變了原來對於中國歷史發
展階段的認識，認為馬克思在《〈政治經濟學批判〉序言》中所說的「亞細
亞的生產方法」，其實就相當於《德意志意識形態》中的「父家長制種族財
產」，因此就中國歷史來說，「所謂亞細亞的生產方法，或與傳說的夏代相當，
因夏不傳賢而傳子，或即父家長制時代。第二形態，即古代的（即奴隸制社
會——斌按），或即與殷代相當。第三形態，即封建的，當是由周以至清中
葉的時代（鴉片戰爭前）。由鴉片戰爭後至現在，則為半封建半殖民地的時
代。」〔註87〕在井田制的問題上，他仍然堅持井田制是原始共產體最後的
發展階段——農業共產體遺跡的觀點。〔註88〕

2、何幹之

在商周社會的「公社」問題上，「亞細亞生產方式」貢納制說的力倡者
——何幹之（1906～1969）也是較早發表見解的一位學者。

貢納制說認為「亞細亞生產方式」不是什麼特殊的經濟結構，「那裡可以
看見的生產方法只有公社制度和初期國內奴隸制的混合體。此外再也沒有其
他。氏族公社包括著家內奴隸制，正表示在於最後的階段」，「在這種關係（進
貢制）之下，通常支配者和被支配者都組織在公社之內。……因為支配者組
織於公社，而公社又有相對封鎖性，因此，被支配者若肯負一定的進貢義務，
表示服從（例如執行支配者的宗教儀式），對被支配者就不加干涉，同時被支

〔註86〕 熊德山《中國社會史研究》，第 211～213 頁。
〔註87〕 熊德山《中國社會史論》，上海：上海書店出版社，2010 年 7 月，第 3～5 頁。
〔註88〕 同上，第 116～118 頁。

配者因爲生活在小天地內，不容易集中反抗力量，社會也比較安定」。〔註89〕
何幹之認爲商代、西周是奴隸制，由東周秦漢以至清末是封建社會。但「殷
代奴隸制是不完全的」，「殷代不曾普遍採用奴隸勞動，公社不曾完全清算，
就改變爲別個社會，因此，公社還殘留在周以後的封建時代」。〔註90〕他還引
用《詩經》的材料來說明進貢制的具體形態，他說《詩・七月流火》（應是《詩・
七月》——斌）「這裡所說的『公子』，是大土地所有者，是奴主，『田畯』是
公子的監督人。『我』就是被征服公社的家長，農夫是被征服的生產者、奴
隸」……。〔註91〕

對「農村公社」的認識是何幹之歷史理論體系中重要的組成部分，他說：
「……有了進貢的關係，農村公社長期保留在中國社會裏，結果，公社雖然
朝著應走的方向前進。可是跑起步來卻如龜步，如爬行。……有了進貢關係，
奴隸勞動就不容易去清算公社的基礎了。所以中國或東洋的奴隸制度，雖由
國有奴隸制發展到家內奴隸制，但家內奴隸制再不能發展到成熟的勞動（或
古典）奴隸制。換一句話說，中國古代不能靠著奴隸勞動來根本肅清公社的
關係，確立私有制度，……公社關係不僅糾纏著奴隸社會，同時也糾纏著封
建社會，……」。〔註92〕從貢納制的理論以及他對《詩・七月》中「我」的理
解來看，他所認爲的存在於商周時代的「農村公社」應是「家長式」的。

二、非「五種生產方式」論者

除了上述以「五種生產方式」的理論爲指導研究商周社會的學者之外，
也有學者提出了不完全遵從「五種生產方式」理論模式的中國古史發展觀。
其代表性的學者如陶希聖、胡秋原等，他們在井田制、公社的研究上，多以
世界性的眼光論及對比了日耳曼的馬爾克、俄國的米爾等。

（一）陶希聖

以《食貨》雜誌著名的陶希聖（1899～1988）在當時是和郭沫若齊名的。

〔註89〕何幹之《亞細亞生產方法問題在日本》（1936年），收入鍾離蒙、楊鳳麟主編《中
國現代哲學史資料彙編，第2集第4冊，中國社會史論戰，上》，第80頁。

〔註90〕何幹之《中國的過去和未來》（1936年），收入《何幹之文集》第一卷，北京：
北京出版社，1994年，第126、127頁。

〔註91〕何幹之《中國歷史上農村公社的再評價》（1937年），收入《何幹之文集》第
一卷，第394頁。

〔註92〕同上，第390～391頁。

郭湛波在三十年代所著的《近五十年中國思想史》中指出：「中國近日用新的
科學方法——唯物史觀，來研究中國社會史，成績最著，影響最大，就算陶
希聖先生了。」〔註93〕後來顧頡剛先生也認爲：「研究社會經濟史最早的大師，
是郭沫若和陶希聖兩位先生，事實上也只有他們兩位最有成績。」〔註94〕

對於中國社會歷史的發展階段，陶希聖原來在《中國社會之史的分析》
（新生命書局 1929 年初版，1935 年再版）一書中認爲炎黃以前是氏族社會，
炎黃以後一直到清末都是封建社會〔註95〕，但他後來在 1932 年寫的《中國
社會形式發達過程的新估定》〔註96〕中，改變了之前的看法，曰：

> 西周時代，我們認爲氏族社會末期。所謂「封建」，是周族征
> 服黃河流域以後，依族内身分而分配土地的意思。王侯乃是聯盟長
> 及族長。被征服的氏族分隸於各氏族，但征服者與被征服者間乃是
> 族與族的關係，與階級間的關係不同。

> 氏族的貴族平民並不是剝削被剝削的兩階級。但隨生產力的進
> 步——由石銅兼用到鐵的使用，由石木製的耒耜到鐵製的耒耜——
> 及家族制的發達，氏族的組織及權力漸次分解。「土地分屬個人私
> 有。因爲商品生產及其所引起的商業發達了。」（Engels, Origin of the
> family, Chicago, P.131）「從前因有財富而有權力的家族於氏族以外自
> 成特殊階級。農民與商人的勞動分化已有與舊社會氏族的分化相抗
> 的勢力。於是國家與氏族社會間不可調和的對立便顯示出來了」（ibid.
> P.131）由春秋到戰國的時代，便是私有財產對氏族身分抗爭的時代。

> 戰國到後漢是奴隸制經濟占主要地位的社會。……

> 由三國到唐末五代，……是一個發達的封建莊園時期。

> 宋以後……是先資本主義時期。

陶希聖認爲在「氏族社會末期」「私有制沒有發達以前，奴隸與農夫雖受

〔註93〕郭湛波《近五十年中國思想史》，上海：上海古籍出版社，2005 年 9 月，第
　　　　172 頁。
〔註94〕顧頡剛《當代中國史學》，瀋陽：遼寧教育出版社，1998 年 3 月，第 91 頁。
〔註95〕陶希聖著《中國社會之史的分析》，瀋陽：遼寧教育出版社，1998 年，第 78、
　　　　112 頁。
〔註96〕陶希聖《中國社會形式發達過程的新估定》，《中國社會史的論戰》第三輯，《讀
　　　　書雜誌》1932 年第二卷第七八期合刊。

剝削」〔註 97〕，但氏族與氏族之間、氏族內的貴族與平民間的關係並不是階級關係。「這是以身分而決定財產的制度。等到私有財產製發達起來，便轉成正相反對的局面，即以財產決定身分的制度。春秋時代這個轉變最爲顯明。」〔註 98〕

在後來所著的《中國社會史》（1944 年）一書中，他又如次說道：

……現在我想作新的嘗試，重估中國社會進化的階段如下：

第一期　氏族社會末期及原始封建社會。

此時期商周屬之。周是由氏族社會到奴隸經濟的過渡時期。因此社會組織是氏族集團最爲有力，所以財產以身分而分配。因所分配的財產主要是土地，所以氏族貴族對農民的統治，是封建的統治。因之周代社會又與原始封建社會頗有相通之點，或竟可以叫做原始封建社會。

第二期　奴隸社會。

「在古代的世界，商業及商人資本發達的影響，當歸宿於奴隸經濟：或依其出發點的不同，其結果單把那生產直接生活資料的家長奴隸制度轉變爲生產剩餘價值的同樣的制度。」（Capital, III, P.390-391）戰國時代就是原始封建形態的社會轉變到奴隸生產占支配地位的商業資本社會的時期。秦漢可以劃入奴隸社會的階段。

第三期　發達的封建制度。

小農的破產，奴隸的涸竭，土地的集中，長期的戰禍，游牧部落的侵入，把中國從商業資本社會逆轉於封建制度。所不同於周代的，是身分依財產而支持。由漢末到唐初，是封建制度發生，完成，發達的時期，初唐以後，此制由發達而分解。

第四期　城市手工業即商業資本主義社會。

宋代以後，城市手工業發達，商業及商人資本鼎盛。自由勞動代奴隸勞動而起。莊園組織分解爲小農經濟。這是手工業發達而封建制度分解的時期。

〔註97〕陶希聖《東周時代的農工商業與社會層》，《中山文化教育館季刊》，1935 年第3 期，第 775 頁。

〔註98〕同上。

　　第五期　清末以來半殖民地社會。

　　……〔註99〕

陶希聖認爲商是「氏族社會」，但是，

　　　　商族如甲骨文所記載，已不是原始共產社會。其特徵之一是
　　氏族内部已有身分的分化，且氏族有公有的奴隸。僧侶爲獲得剩
　　餘勞動，渴求奴隸。貴族亦同。於是爲求奴隸而與鄰近氏族作戰。
　　奴隸愈多，則牧場與耕地愈廣，而貧富懸殊愈甚，而鄰族的征服
　　愈亟。……依史記商本紀所述，當其盛時，諸侯來歸；當其衰時，
　　諸侯不至。所謂諸侯就是服從商族的諸族長。不過統治族與服從
　　諸族的關係是疏略的。統治族與被治族或許還沒有同居一地，及
　　經常貢納的關係。這種政治組織至多只能叫做初期的「主族國家」
　　（Geschlechtsstaat）。但因氏族内部的貴族平民還不是階級剝削關
　　係，而主族與屬族之間也與剝削階級的關係不同，所以叫做國家，
　　不大妥當。主族與被征服族的關係怎麼呢？被征服族對於主族，
　　不過間隔的或定期的貢享。或者主族對被征服族間隔的或定期的
　　劫掠。〔註100〕

　　對於西周，陶希聖把其劃爲「原始封建社會」，認爲周克殷後，「把被征
服族分給征服族，受其支配，同居一地，貢納賦役，這是征服氏族與被征服
氏族之間的封建組織成立的過程。」「被征服的農民和土地屬於征服族的共
有，並不是受土的家族所私有。貴族的家族分受土地與農民而收地租。自由
民則分受耕地以自耕。」而「分受農民，在周初以族爲單位。但農耕技術進
步以後，農場漸漸劃分，每一農場只需有一家族的勞動力。這時候，貴族之
分割農民，就以家爲單位了。」〔註101〕

　　陶希聖認爲是春秋至戰國時期農業技術的進步導致了由氏族共有的耕地
變爲阡陌制，原來

　　　　……征服族瓜分「耕地與農民」，是以農民的族和家爲單位。
　　耕地依農户的數量而劃分以後，租役仍依農民的户數而徵收。耕地
　　原不是農民之所有，不過給與耕作以收奪其勞動力。所以田租和徭
　　役只依農民的數量來計算和徵收。春秋時代，農業技術漸次發達。

〔註99〕陶希聖《中國社會史・緒言》，重慶：文風書局，1944 年 10 月。

〔註100〕陶希聖《中國社會史》，第 9～10 頁。

〔註101〕同上，第 12、13 頁。

農民的分地即詩所謂「私田」，漸次帶有獨立農場的傾向。並且，在人口減少的地域，貴族爲勞徠安輯異地的農民，使來耕作計，不少分給耕地而提高身分的事情。於是，農民中的富農以及這種招徠者，漸有成爲獨立農場所有人的趨勢。因技術增高之故，同樣面積的耕地，較從前需要較少的勞動力而生產量反而加多。……農民既有貧富及獨立與否之分，耕地的面積與農民的數量之比例，漸不平均。於是貴族一面要增加田租，他面要顧慮農民的納租能力（這自然以耕地面積爲衡），便有於以口計租之外，以耕地計租之必要。即如魯，……「初稅畝」，……「用田賦」，……這種以田畝面積爲準而收租，一方面固加重農民的負擔，他方面是耕地與農民分配的比例漸次不均的結果。更有一種意義，便是農民以後以田畝負擔定額租稅，其身分漸次提高，漸趨獨立。〔註102〕

而商鞅正是順應了這樣的趨勢，「把依氏族身分而分配財產的制度改變爲依財產定身分的制度。」〔註103〕舊的氏族身分制終於在氏族間的兼併戰爭、有產者對身分制的爭鬥中遭到了毀壞。〔註104〕

總之，陶希聖所稱「氏族社會」的氏族，應屬於「公社」的範疇，雖然他不曾有意地去研究「氏族」公社的問題，但其對「氏族社會」與階級社會區別的認識確實獨具慧眼！

（二）胡秋原－陳邦國－王伯平－王禮錫

胡秋原、陳邦國、王伯平等認爲殷是氏族社會，繼之而起的周爲封建社會，他們對「氏族社會」的內涵有著獨特的看法，並且都肯定中國歷史上的井田制與農村公社相當。

1、胡秋原

胡秋原（1910～2004）曾和王禮錫一起參加神州國光社創辦《讀書雜誌》，並以「自由人」身份參加了社會史的論戰，他在《亞細亞生產方式與專制主義》一文中認爲：

杜布洛夫斯基指出，沒有特殊亞細亞生產方法，是正確的，在歷史時期上，在空間國別內，沒有這特殊生產方法之地位。既不是

〔註102〕陶希聖《中國社會史》，第31～32頁。
〔註103〕同上，第32頁。
〔註104〕同上，第39～44頁。

與封建主義不同的特殊的生產方法，也不是什麼前封建的，與奴隸制並存的生產方法。馬克斯所謂亞細亞生產方法者，不過是亞洲之先資本制，即與農村公社結合的封建的及一部分農奴底制度。……

所以，如果要應用亞細亞生產方式這名詞，那麼，就是指中國（或印度）之先資本主義制的復合方法（農村公社與封建農奴制之結合），就是指亞洲的專制主義。〔註105〕

在《中國社會＝文化發展草書（上）》〔註106〕一文中他劃殷以前為原始社會時代，殷為氏族社會時代，周及春秋戰國為封建社會時代，而秦至清末是專制主義社會時代，鴉片戰爭以來則是專制主義半殖民地化時代。

「到殷，已經是氏族社會之最高階段，而封建時代之前夜了」，「關於殷代的田制，雖不可考，……但在殷代農業生產以農村公社的形式來進行，是在情理之中的」。〔註107〕

他認定西周的井田制就是農村公社的制度，而認為：

由各國的社會史看來，農村公社制實存於各國封建社會的初期。將理想的井田制看作農村公社的理想化，我們實在不必多所懷疑的。固然，孟子所謂「方里而井，井九百畝，其中為公田，八家皆私百畝」的話，不過是理想；但所謂九八皆不過約稱；如果根本沒有這個事，則古書中也不會都談這問題了。《王制》所言，自然就更是理想化了的，但孟子所謂「經界不正，井地不均，穀祿不平」，明顯是公社破壞土地私有後之不平「現象」，決非無所謂而發的。孟子所謂「大國地方百里，君十卿祿，卿祿倍大夫，大夫倍上士」，……分明一種土地階位制度（Hierarchy）；所謂「庶人」者，即一種佃農或農奴，正是公社末期的景象。在古代，……王既授田於民，而民耕種共同土地以供王，作土地之稅，這是可能的事。而德國 Mark 與俄國 Mir 即是如此——到了經濟發展時代，又將這制度擴大嚴密起來，這是封建制必經之經過，只有經過這種形式才能蓄積封建社會初期之剩餘生產物，而鞏固封建國家。這是一種農奴制初期，剝

〔註105〕胡秋原《亞細亞生產方式與專制主義》，《中國社會史的論戰》第三輯，《讀書雜誌》1932 年第二卷第七八期合刊。
〔註106〕胡秋原《中國社會＝文化發展草書（上）》，《中國社會史的論戰》第四輯，《讀書雜誌》1933 年第三卷第三四期合刊。
〔註107〕同上。

削得不現痕跡。……孟子所説「死徙無出鄉，鄉田同井，出入相守，守望相助，疾病相扶持，則百姓親睦」，更無疑也是自然經濟的農村公社的風光，而他國農村公社都有過這實在的情形。如果根本無此制，則《詩》「雨我公田，遂及我私」，就無可解釋了。〔註108〕

他還說：

> 井田制，農村公社制，不是可能的而且是由氏族社會到封建社會之必經橋梁。
>
> 農村公社發展到高級封建社會，有兩條路線：一是莊園（采邑）經濟的農奴制，一是小農經濟的佃農制。北歐封建制度是前者，南歐封建制度是後者。這都沒有變更封建制度之本質。而在中國，兩種形態都包含著。〔註109〕

他認爲西周爲中國封建社會的形成期，東周是封建社會的崩落期，春秋末葉則由於鐵器的普遍使用帶來了生產力的發展，公社因而徹底破壞。〔註110〕

胡秋原解釋「農村公社」說：

> 家族公社聯合而爲氏族公社，氏族公社聯合而爲農村公社。然農村公社並未改變氏族社會之經濟形式。農村公社正是氏族與封建社會中間之一重要階梯。而正是氏族社會末期（最高期）之經濟基礎。李季君堅持此種公社形式爲亞洲生產指標，其實它不僅限於亞洲，是稍治社會史者所均知的。
>
> 例如，在日耳曼莊園制度之前，有 Mark 制度，其村落之模型如插圖。俄國的 Mir 更是有名的。日本大化改新以前──即班田授受制以前，有聚落形態之氏村制。南斯拉夫地方之 Zadruga，也是同性質的東西。其比較的研究，最簡單的可看日本黑正岩《農業共產制史論》一書。此外，瑞典也有 Allmende……〔註111〕

胡秋原認爲井田制就是農村公社，並從世界範圍來認識農村公社在社會歷史演變中的重要作用，這在當時學界是頗具特色的。

〔註108〕胡秋原《中國社會＝文化發展草書（上）》，《中國社會史的論戰》第四輯，《讀書雜誌》1933年第三卷第三四期合刊。

〔註109〕同上。

〔註110〕同上。

〔註111〕同上。

2、陳邦國

陳邦國認為在原始社會之後是氏族社會，「這兩個社會組織，同是共產主義的，但經濟的性質（一以採取經濟為主，一以生產經濟為主）不同」。〔註112〕「殷周之際是氏族社會向封建社會的轉變」，殷代「已表示出氏族社會的完全崩潰」，「中國封建之形成是在西周，東周時代已在崩潰的過程中」。〔註113〕

> 氏族社會的崩潰，因為生產力更高的發展，人口的增加，使鄰居的聯繫加緊起來。這樣，已經接近了各自獨立經營的「大家庭」制度，並且開始使用公共的財產：住宅及牧場。

> 鄰居關係的奠定，將昔日氏族聯繫根本推翻，於是氏族公社就為鄰居的，或農村公社（井田制度）所代替。……

他相信井田制就是農村公社，

> ……在殷周的初期是，「初服於公田」與「雨我公田，遂及我私」，到後來因土地私有制的發展，至西周末年就「人有土地，汝反有之」而漸次變成農奴了。這正是農村公社崩壞的過程。

> 固然，孟子。尤其是孟子以後的關於井田制的傳說，多少是有點「神話」的……，但其近似西歐歷史發展中的馬克（即農村公社），是一望而知的。即如「五家一鄰，五鄰一里，四里一族，五族一黨，五黨一州，五州一鄉，一鄉二千五百戶，鄰里守望相助，疾病相扶持」，雖不免有過甚其詞之處，但「五家一鄰」恰與基於鄰居關係上的農村公社相符。「鄰里守望相助，疾病相扶持」的描寫，更與西歐農村公社時的人類關係一樣。因此，我們說：

> 「井田制度的神話，其實便是氏族社會末期的一種生產形式」（拙著《中國歷史發展道路》）。

> 現在，我們還應補充說：就中國歷史發展道路看，氏族社會崩潰後，或由氏族社會到封建社會的過渡間，是與一般的歷史發展規律相符──是農村公社制。〔註114〕

〔註112〕陳邦國《「關於社會發展分期」並評李季》，《中國社會史的論戰》第三輯，《讀書雜誌》1932年第二卷第七八期合刊。

〔註113〕陳邦國《中國歷史發展的道路》，《中國社會史的論戰》第一輯，《讀書雜誌》1931年第一卷第四五期合刊。

〔註114〕陳邦國《關於社會發展分期並評李季（續）》，《中國社會史的論戰》第四輯，

他批評李季的所謂「亞細亞」生產方法是不切實際的，不合乎歷史發展規律，也不合乎中國的實踐形態，

> ……氏族社會崩潰之社會形態，有兩個基本的趨向，一是由農村公社，漸至土地私有，歸結為大土地的領有。一以奴隸生產為主，由奴隸領有制的形式出現。在西歐的歷史發展中，中歐和北歐是屬於前一形式，南歐是屬於後一形式。

> 前一形式，是一般的封建制度之由來的道路，後一形式僅見之於希臘羅馬，即馬克斯所指的「古代生產方法」。〔註115〕

陳邦國對氏族公社、農村公社的認識在很大程度上受到了國外學者的影響，如他在說明氏族社會崩潰的過程時，引用了普列勃拉順斯基《社會發展史封建社會》中的解釋：

> 氏族社會崩潰時的生產力的發展，以及隨著的人口之迅速的增加，加緊了所謂鄰居連繫。前此經營獨立經濟的大家庭，彼此乃更形接近，至不得不共同使用公共住宅及牧場。

> 重新確立的鄰居關係，漸將從前氏族的聯鎖，排擠在千里以外了。氏族公社是為鄰居的，或者更明顯說，如鄉村的公社所代替。在這公社內，管理機關的選舉，已經不是按照氏族的表徵了。
> 〔註116〕

總之，陳邦國在氏族公社與農村公社嬗替關係上的認識與胡秋原的觀點非常接近，但是他們在以農村公社為媒介的社會形態演變趨勢的看法上仍有差距。

3、王伯平

王伯平在《中國古代社會研究之發軔》〔註117〕一文中批評郭沫若關於中國古代社會發展階段的觀點，認為：「原始共產社會」開始於古石器時代；從新石器時代開始，人類社會才開始脫離原始的狀況，逐漸向「氏族社會」過

《讀書雜誌》1933年第三卷第三四期合刊。

〔註115〕陳邦國《關於社會發展分期並評李季（續）》，《中國社會史的論戰》第四輯，《讀書雜誌》1933年第三卷第三四期合刊。

〔註116〕陳邦國《「關於社會發展分期」並評李季》，《中國社會史的論戰》第三輯，《讀書雜誌》1932年第二卷第七八期合刊。

〔註117〕王伯平《中國古代社會研究之發軔》，《中國社會史的論戰》第三輯，《讀書雜誌》1932年第二卷第七八期合刊。

渡，至新石器時代末期，氏族社會之確定的形式才確立；後來銅器逐漸並且在主要範疇上代替了石器，氏族社會則趨於了瓦解，而與氏族社會之瓦解如影隨形般的生長的便是「封建社會」，奴隸制度卻不能列作一個社會進化的獨立階段。

由此王伯平認爲殷代已經是氏族社會之晚期，到了周則是封建社會代替了氏族社會，因爲：

> 周勝殷之後，生產力繼續發展，人口不斷的增加，鄰居關係更加緊密起來。氏族社會中大家庭不得不彼此謀接近，且不得不使用公共牧場和住宅等。氏族公社在周勝利之後，因爲經過戰爭的關係，已完全破壞，更因爲新的條件，使農村公社代替氏族公社社會而起。封建社會之基礎遂因而建立起來了。

在井田制的問題上，王伯平也主張井田制度即是氏族公社瓦解後的農村公社，與德國之馬克、俄國之米爾、印度之共產公社是一類的歷史事實。

王伯平認同拉狄克「商業資本」的觀點，認爲中國的封建社會在西周末年早已崩潰，戰國時期商人勢力發展起來，秦的統一，是商業資本的統一。

仔細讀來可知，在對郭沫若的詰難中，王伯平所指謫的「原始共產的氏族社會」、「原始共產社會」及「氏族社會」等概念的區別顯然不怎麼正確，但其不盲從希臘羅馬歷史的規則來研究中國古史的做法仍然值得肯定。

4、王禮錫

以創辦《讀書雜誌》而名世的王禮錫認爲中國在殷代以前已經脫離了原始社會，進入氏族社會，殷代是氏族社會的末期。

殷代的社會結構是以血族爲基礎，其與別的諸侯的關係是聯盟的關係，而非統治的關係。但是國家形式及私有財產皆已萌芽。因此，殷代是正在崩潰中的氏族社會，而有初期封建社會之萌芽。〔註118〕

（三）其他學者：李季－張宵鳴

1、李　季

曾是上海共產主義小組成員之一的李季（1892～1967）對「亞細亞的生產方法」作了深入的研究。他認爲馬克思在《〈政治經濟學批判〉序言》中

〔註118〕王禮錫《古代的中國社會》，《中國社會史的論戰》第四輯，《讀書雜誌》1933年第三卷第三四期合刊。

所提到的「亞細亞的、古代的、封建的和近世資產階級的生產方法」是其對
於經濟發展分期的明確指示，而且馬克思本人對於「亞細亞的生產方法」是
有詳細解釋的，這就是《資本論》第一卷中馬克思對於印度公社的詳細描述。
〔註 119〕

　　他接受了普列漢諾夫在《馬克思主義的根本問題》中關於「亞細亞生產
方法」的論述，認爲馬克思所說「亞細亞生產方式」其實就是在原始社會解
體後與奴隸制並行的另一種生產方式。由此他分析中國歷史：

　　（一）自商以前至商末爲原始共產主義的生產方法時代。（至紀元前一四
　　　　　○二年止）

　　（二）自殷至殷末爲亞細亞的生產方法時代。（紀元前一四○一年起至一
　　　　　一三五年止）

　　（三）自周至周末爲封建的生產方法時代。（紀元前一一三四年起至二四
　　　　　七年止）

　　（四）自秦至清鴉片戰爭前爲前資本主義的生產方法時代。（紀元前二四
　　　　　六年起至紀元後一八三九年止）

　　（五）自鴉片戰爭至現在爲資本主義的生產方法時代。（一八四○年起）

　　　　　〔註 120〕

李季以盤庚遷殷爲「商」與「殷」的分界點，引用《尙書》的《湯誓》、《無
逸》等有關材料，認爲：「在商代的早期，田野農業早已出現，是無復疑義
了。……商代實已在摩爾根所謂野蠻的高級，直與文明爲鄰了。」〔註 121〕至
於殷代，「《盤庚》三篇明白告訴我們，當時的私有財產，階級制和國家都一
一出現了……氏族共產社會在盤庚時已經崩潰」〔註 122〕。李季沒有深入研究
殷代的公社組織，但他徵引《資本論》第一卷馬克思對印度公社的描述，說
明「亞細亞生產方式」特點中的「土地公有」即是「土地國有」〔註 123〕，則
實行亞細亞生產方式的殷代當然也充斥有農村公社的了。不僅如此，他還認

〔註 119〕李季《對於中國社會史論戰的貢獻與批評》，《中國社會史的論戰》第二輯，《讀
　　　　　書雜誌》1932 年第二卷第二三期合刊。
〔註 120〕同上。在後來修改擴充此文而成的《中國社會史論戰批判》一書中，李季對
　　　　　此劃分有所修改，見李季《中國社會史論戰批判》，上海：神州國光社，民國
　　　　　二十五年，第 17～18 頁。
〔註 121〕同註 119。
〔註 122〕同上。
〔註 123〕同上。

爲直到「前資本主義的生產方法時代」仍有亞細亞生產方法的殘餘〔註124〕，則在封建時代——周的這種殘餘自然也不少。

2、張宵鳴

張宵鳴在《中國歷代耕地問題》一書中按照人類一般土地佔有的演進形式，把社會發展階段劃分爲：「漁獵及游牧時代的佔有形式；家族原始土地共產制的佔有形式；封建領主的土地佔有形式；商業資本發展時代個人耕地私有制度的佔有形式；工業資本主義時代的耕地佔有形式。」〔註125〕

他認爲井田制發生於家族原始土地共產制的階段，與日耳曼的「馬克」、俄國的「米爾」等同屬一類：

> ……這時土地佔有還是保存著共有的形式。某一氏族或部落的份子，都每日大家共同在他們共有的土地上工作；所獲得的生產品，按照戶口的需要而分給。……
>
> 歷史不斷的進展，土地使用的形式亦逐漸的移變。人口不斷的增加，使各個氏族的人數有了大量的澎漲，如是在農業技術極原始的生產過程中，遂發生因一集團人數過多而在農作上有了困難。不只如此，以居處上的便利，兒童的撫育，早已在氏族人口速度的增加中，逐漸分爲許多血統家族的集團。如是土地，也就隨著家族關係的分裂而分裂使用了。但這種分裂使用，還沒有變成個人或家族私有。不過在工作上形成爲分裂形式，而改變了以前的那一種共同工作按戶口分配消費品的情形。
>
> 這種組織的形式，在日耳曼的民族中叫做「馬克」（mark），在俄國叫做「米爾」（Mir），而在中國所傳述的「井田制」亦具有此種形式。
>
> 在這一制度中，最大的特色，是每每實行一種家族換耕制度。如在俄國的米爾，將它那一氏族所公有的土地，按期均分於各家去耕種，期限或一年，或爲數年，期滿再行分配。
>
> 他們分配的形式和手續，是將一村之公地，分爲許多長而狹的

〔註124〕李季《對於中國社會史論戰的貢獻與批評》，《中國社會史的論戰》第二輯，《讀書雜誌》1932年第二卷第二三期合刊。
〔註125〕張宵鳴《中國歷代耕地問題》，上海：新生命書局，1932年，第18頁。

片段，配合幾片為一份，每家各得一份。片段雖有肥瘠的區分，但配合時，務求其平均。每家所得耕地的面積，大概是佔有一對牛耕種兩日的大小。每個村落除分配給各家族外，還留著一片公地，由大家共同工作，作公共消費之用，後則變為租賃。分配的主持，是各村的長老會議。當分配土地時，由長老會召集各家族的代表來抽籤，抽著那一份就得那一份。候期滿後又再舉行抽籤的分配。至牧場、森林、水道、漁獵區域，以及其他公眾需要使用的，都不分配，留為全村公眾使用。自然，在這種形式之下，絕不會有土地的買賣和私有。

「經土設井，以塞爭端，立步制畝，以塞不足，使八家為井，井開四道，而分八宅，鑿井於中」，這種井田制據中國古代各家的傳說中，都是說將一塊土地，劃為：四圍八塊為私田，中間的為公田。每塊面積為百畝。可以養活八九人。一個男子到了三十歲，是為成年，即受田百畝。到了六十歲時，則仍將所分的土地，交還公家。此時每每在一個井田耕作的八家，相聚為一村，「守望相助，疾病相扶持」。公田由八家共耕，出產作這一村的共同備用和撫養老弱無依者。這種制度，和米爾、馬克、秘魯及印度之村落社會具著同一的形式。是中國歷史上的農村家族原始土地共產制的階段。……〔註126〕

由家族原始土地共產制的階段過渡到封建制的階段，張宵鳴認為雖然「……耕地也是形成為領主所有了。不過在這時期，尤其是初期，村落土地共產制度的集團，還不能一時完全消滅盡淨，故在中國的封建制最盛的歷史時期，還存留著『井田制度』；但這時期的土地所有形式已經改變了，『普天之下，莫非王土』，土地所有權已為領主所有了。」〔註127〕自然，張宵鳴所謂「中國的封建制最盛的歷史時期」，就是周了。

第四節　本章總結

中國社會史論戰以來的這個時期，是唯物主義之風盛行之時代。中國學

〔註126〕張宵鳴《中國歷代耕地問題》，第20〜22頁。
〔註127〕同上，第24頁。

者們運用馬克思主義的原理研究了中國的過去和未來，他們無論在理論上還是在實踐上都取得了豐碩的成果。雖然其時的很多研究都還處於草創階段，但是中國的馬克思主義歷史學已經初具規模。甚至可以說，中國的馬克思主義史學已經首先形成於先秦史特別是對商周歷史的研究中！

在商周歷史的研究上，關於公社組織的探討雖然算不上當時多數學者所關心的主要問題，但是對這個問題的涉及卻極大地影響了人們對於商周社會性質及其歷史形態的研究和認識。回顧以上學者的觀點，當時對商周歷史的研究可以分為以下三類：

其一，如郭沫若等，他們以「五種生產方式」的理論為指導研究商周歷史，基本迴避或者根本不去探討商周社會裏的「公社」問題，而是要在中國歷史上尋找希臘羅馬式的歷史法則；

其二，如呂振羽、侯外廬等，他們也堅持用「五種生產方式」的理論去觀察和研究商周歷史，但是他們同時關心「亞細亞生產方式」的問題，關心「公社」組織在商周社會中的歷史作用；

其三，如陶希聖、胡秋原等人，他們也以唯物主義的歷史觀研究商周歷史，但他們不篤信「五種生產方式」，而認為中國歷史可以有區別於希臘羅馬的發展模式，尤可注意者，對「公社」組織的探討也是其社會發展理論的重要組成部分。

總體看來，當時的學者基本都是承認商周社會大量存在「公社」組織的，他們中的一些人雖然也把這種公社作地域關係的「農村公社」解，而且認為「井田制」就是農村公社的組織，但他們中的很多人卻並不因此否認這種公社組織實際還具有氏族血緣的性質。

商周社會存在大量的公社組織，這必然會對商周社會形態及其性質的判定造成重要的影響。然而一些學者雖然承認商周社會普遍存在「公社」並且沒有土地私有制，但他們卻仍以「土地國有」等，實際上是擴大化了的「私有」來詮釋當時的社會財產形態，從而把商周社會依舊歸入到了奴隸制或封建制的行列。

考馬恩對公社組織的研究，歸根結蒂其實就是對人類歷史上「私有制」發生過程的研究。馬克思說：「東方一切現象的基礎是不存在土地私有制。這甚至是瞭解東方天國的一把真正的鑰匙。」也正是在考察東西方社會「私有制」不同發生過程的這個意義上，馬克思後來繼續探討了東西方社會之不同

的發展途徑。而嚴格按照馬克思主義的觀點，不管是奴隸社會還是封建社會，它們都應該是建立在私有制基礎上的階級社會。既然商周社會還不存在「私有制」，把商周社會納入以「私有制」爲基礎的奴隸社會或封建社會當然是不妥的。應該說，這還不是一個只從經濟意義上就能完全解讀的社會歷史階段，而倒像是陶希聖所主張的，那是一個「身分決定財產」的時代，而不是「財產決定身分」的時代。

可惜後來隨著馬克思主義在政治意識形態領域領導地位的確立，特別是由於受到蘇聯學界有關觀點的影響，能這樣脫離「五種生產方式」模式，背離階級鬥爭論點的看法實在是鳳毛麟角。更多的學者，走向了在「五種生產方式」理論框架內研究商周社會及其公社問題的道路，即上述第二種類型的研究得到了全面的發展。

第二章　建國後商周「公社」研究的
　　　　回顧與反思（1949～1978）

第一節　馬恩有關「公社」理論著作的翻譯情況

　　中華人民共和國成立以後，馬列著作的翻譯出版呈現出了嶄新的局面。

　　建國初期以來，許多解放前翻譯的馬恩著作被再次翻印和出版，其中的一些重要著作還經過了作者的進一步修訂。

　　郭大力、王亞南合譯的《資本論》，人民出版社於 1953 年和 1954 年分別出版了經譯者修訂過的新版本。此後譯者又作了第二次的修訂，這次修改的各卷又於 1963 年（第 1 卷）、1964 年（第 2 卷）和 1968 年（第 3 卷）陸續出版。這是譯者對 1938 年出版的中文版《資本論》所作的一次較爲全面的校訂。〔註1〕《反杜林論》的譯者吳黎平也於 1954 年、1973 年和 1978 年對譯文作了三次修訂，而且分別在 1956 年、1974 年和 1979 年由人民出版社出版了修訂後的譯本。

　　在這樣的大背景下，有關馬恩公社理論的著作也被相繼翻譯發表。如 1951 年出版的《新建設》第 5 卷第 1、2 期發表了季羨林、曹葆華翻譯的《不列顚在印度的統治》和《不列顚在印度統治的未來結果》，1952 年 10 月、11 月《新建設》又發表了郭大力翻譯的《政治經濟學批判之導論》，同年 12

〔註1〕　胡永欽等著《馬克思恩格斯著作在中國傳播的歷史概述》，以下有關馬恩著作中文翻譯史的研究主要參考了此文，但在一些地方也據斌所見作了重要補充。

月和 1953 年 1 月《新建設》還陸續發表了潘光旦翻譯的《瑪爾克》等。關於俄國公社問題的著作,《經濟周報》在 1954 年第 1、2 期和第 4 期陸續刊登了王士章譯的《恩格斯給達尼爾遜的信》(即《恩格斯致尼・弗・丹尼爾遜尼》(1882 年 3 月 15 日))、《馬克思致〈祖國紀事〉編輯部的信》以及《恩格斯給達尼爾遜的信》(1891 年 10 月 29～31 日))。1957 年人民出版社還出版了劉瀟然譯的《德國古代的歷史和語言》,其中收入的著作包括恩格斯的《論日耳曼人的古代的歷史和語言》、《法蘭克時代》和《瑪爾克》等三篇文章。

在這個時期翻譯出版的馬恩著作中,對史學界關於公社問題的探討和研究產生了重大而深遠影響的,是馬克思的著作——《資本主義生產以前的各種形式》、《科瓦列夫斯基〈公社土地佔有制,其解體的原因、進程和結果〉一書摘要》、《摩爾根〈古代社會〉一書摘要》以及《給維・伊・查蘇利奇的覆信草稿》等。

《文史哲》曾在 1953 年的第 1、2、3 期陸續刊登了日知根據俄譯本轉譯的《前資本主義生產形態》,後來由人民出版社以《資本主義生產以前各形態》為題於 1956 年集合出版了單行本。這個譯本的某些譯文雖然讓人很費解,但卻是中國國內第一個關於馬克思《資本主義生產以前的各種形式》的中譯本,曾被眾多研究公社問題的學者所引用,在當時產生了廣泛而深刻的影響。繼日知之後,劉瀟然根據柏林狄茨出版社 1953 年版的德文本翻譯的《政治經濟學批判大綱》第三分冊(於 1963 年 6 月由人民出版社出版)中也收入了《資本主義生產以前的所有制形態》一文。而 1979 年出版的《馬克思恩格斯全集》第 46 卷(上)收入的《資本主義生產以前的各種形式》則是根據《馬克思恩格斯全集》俄文第二版譯出的。

1955 年,《史學譯叢》第 3 期發表了由張廣達翻譯、何許校定的《答維拉・查蘇里奇的信和草稿》。這個譯文是根據俄譯本翻譯而來的,由於轉譯等的原因,其翻譯的某些術語並不准確,甚至產生了混亂,但在當時卻產生了積極的影響。後來在 1963 年出版的《馬克思恩格斯全集》第 19 卷中也收入了根據俄譯本翻譯而來的《給維・伊・查蘇利奇的覆信草稿》,其譯文質量則有了明顯的提高。

《科瓦列夫斯基〈公社土地佔有制,其解體的原因、進程和結果〉一書摘要》是馬克思大約在 1879 年 10 月至 1880 年 10 月寫的。《摘要》對公社的

性質、公社在不同時代和不同民族中的地位及經濟作用等問題作了詳細的筆記並且作了重要的評注，它標誌著馬克思在公社問題研究上的新階段。《山西師範學院學報》於 1959 第 4 期和 1960 年第 4 期分別刊載了關文運翻譯的《馬克思未發表過的有關原始公社的手稿》，其內容便是《科瓦列夫斯基〈公社土地佔有制，其解體的原因、進程和結果〉一書摘要》的部分摘譯。1965 年人民出版社出版了由鄒如山、世雄翻譯的《科瓦列夫斯基〈公社土地佔有制，其解體的原因、進程和結果〉一書摘要》，這是國內首個全譯本。

　　1965 年 4 月中國科學院歷史研究所翻譯的《摩爾根〈古代社會〉一書摘要》也由人民出版社出版。馬克思閱讀摩爾根《古代社會》一書後，在公社問題的認識上多有改變，《摘要》的譯出對中國學者認識和研究馬恩的公社學說具有重要的意義。

　　上述馬克思有關公社問題的筆記及遺著的出版大大促進了當時史學界關於公社問題的進一步研究，它們成爲了五十年代以來推動公社相關問題研究的巨大動力。

　　然從馬克思主義著作的翻譯史來說，這個時期最重要的翻譯盛事，當屬《馬克思恩格斯全集》的翻譯和出版。1953 年 1 月，中共中央決定成立馬恩列斯編譯局，以有計劃、系統地翻譯馬恩列斯的全部著作。在中央編譯局的主持下，《馬克思恩格斯全集》陸續出版，這是建國以來我國馬恩著作翻譯史上最重要的成就之一。中文版《馬克思恩格斯全集》由中央編譯局根據蘇聯出版的《馬克思恩格斯全集》俄文第二版進行翻譯。從 1956 年 9 月《馬克思恩格斯全集》中譯本第 1 卷問世始，至 1974 年共出齊了 39 卷。1977 年以後，《馬克思恩格斯全集》的補卷也陸續翻譯出版。

　　《馬克思恩格斯全集》的出版爲學者們全面認識和深入研究馬克思恩格斯的學說提供了更爲全面的寶貴材料，中國學者從此有了可資以引用的「權威」譯本！

第二節　關於「亞細亞生產方式」的再討論

　　關於「亞細亞生產方式」的討論仍然促進著人們對「公社」乃至中國歷史特殊性等問題的深入探索。

　　1951 年，童書業在《論「亞細亞生產方式」》〔註2〕一文中首先發表了對

〔註 2〕　童書業《論「亞細亞生產方式」》，《文史哲》，1951 年第 4 期。

「亞細亞生產方式」的看法，他認為，「亞細亞生產方法」不可能是奴隸制或封建制的變種，它是原始共產社會無疑。在同文中，童書業還區別了「亞細亞生產方式」和「東方社會」的意義，認為不可把它們等同起來。

童書業的觀點遭到了日知的反對，日知認為，馬恩所說的東方社會就是亞細亞生產方式，亞細亞生產方式指的是古代東方國家奴隸制的低級階段。〔註3〕

圍繞童書業、日知二人的觀點，史學界對於「亞細亞生產方式」的認識基本上分為了兩派，即一派認為「亞細亞生產方式」是原始共產社會，另一派則認為是奴隸社會，但認為奴隸社會的學者卻又存在對奴隸制特點具體看法的不同。

田昌五也認為「亞細亞生產方式」就是原始社會，他在《馬克思恩格斯論亞洲古代社會問題》〔註4〕一文中指出：「馬克思和恩格斯所說的亞細亞社會形態，作為一種特定的生產者和生產資料所有制的結合方式而論，無論在邏輯上或在歷史中，都是指的原始共產主義，意味著完全成熟而具有典範形式的原始社會形態」。至於馬恩所說的原始社會為什麼會帶有階級社會的色彩，田昌五認為這要從當時學術界有關原始社會的研究狀況去作歷史的分析與考察。

認為「亞細亞生產方式」是指奴隸社會的，有如王亞南、吳澤、吳大琨、束世澂等。所不同的是，王亞南、吳大琨與日知一樣，主張古代東方奴隸制與古典奴隸制是奴隸制發展中的兩個不同階段〔註5〕；而束世澂等則認為古代東方和古典的奴隸制是奴隸制發展的兩種不同的類型。〔註6〕

除了以上主流的看法之外，一些學者還提出了「過渡形態」說、「封建社會說」以及非獨立社會經濟形態說等的觀點。

〔註3〕 日知《與童書業先生論亞細亞生產方法問題》，《文史哲》，1952年第3期。

〔註4〕 田昌五《馬克思恩格斯論亞洲古代社會問題》，中國科學院歷史研究所《歷史論叢》第1號，北京：中華書局，1964年。

〔註5〕 王亞南《由領主經濟與地主經濟引論到中國社會發展史上的諸問題》（下），《文史哲》，1954年第7期；吳大琨《與范文瀾同志論劃分中國奴隸社會與封建社會的標準問題》，《歷史研究》，1954年第6期。

〔註6〕 吳澤《亞細亞生產方式問題研究》（《華東師範大學學報》，1955年第1期）、《古代東方社會的基本特點問題》（同前，1956年第4期）；束世澂《關於西周封建制形成的若干問題》（同前，1955年第1期）、《有關古史分期的一些理論問題》（《學術月刊》，1960年第9期）。

如吳大琨在五十年代初曾提出「亞細亞生產方式」是處於原始公社末期向階級社會過渡時期的觀點〔註7〕，但不久就放棄了。而楊向奎則認爲「亞細亞生產方式」不是一種獨立的經濟形態，而是指原始公社制度殘存於奴隸社會、封建社會內。劉毓璜也基本贊同這個觀點。〔註8〕

認爲「亞細亞生產方式」是封建社會的則有馬克垚。在《學習馬克思恩格斯論東方古代社會的幾點體會》中他認爲馬恩所說的東方社會的特點，主要是從東方封建社會歸納出來的，但隨著研究的深入，19世紀70年代以後馬恩便不再使用亞細亞生產方式這個概念。〔註9〕

在當時學界，雷海宗的觀點獨樹一幟。他在1957年6月2日「天津各社會科學學會學術講座」上做的講演，即後來在《歷史教學》1957年7月刊登的《世界史分期與上古中古史中的一些問題》一文中認爲，「馬克思的亞細亞生產方式，我們今日知道得很清楚，就是銅器時代，就是近年來一般所謂早期的或不發達的奴隸社會」，但是「世界歷史上並沒有一個奴隸社會階段」，因此「無論如何，早期奴隸社會一類的名稱是難予考慮的」，「中國歷史上有『部民』一詞」，倒可以考慮來稱謂這個銅器時代。〔註10〕

總體看來，這個時期對「亞細亞生產方式」的探討分歧雖然很大，但卻幾乎都被包括在了「五種生產方式」的範疇以內。儘管如此，許多學者的探討顯然已經使這個問題的研究走向了深入。他們不僅涉及到了「公社」的歷史作用，而且其實也已經涉及到了人類社會發展到底是「單線」還是「多線」的問題。關於這些問題的繼續探討，顯然是「五種生產方式」的框架所容納不下的。但由於客觀的政治歷史條件，許多問題的研究並沒有能再向前深入。

第三節　商代「公社」研究的回顧

商代社會形態及其性質的探討，在四十年代曾一度趨於平靜。但建國後

〔註7〕　吳大琨《論前資本主義社會地租的三種基本形態》，《文史哲》，1953年第1期。

〔註8〕　楊向奎《中國歷史分期問題》，《文史哲》，1953年第1期；劉毓璜《試論農村公社的過渡性質與中國農村公社的發展》，《南開大學學報》，1956年第4期。

〔註9〕　馬克垚《學習馬克思恩格斯論東方古代社會的幾點體會》，《北京大學學報》（哲學社會科學版），1978年第2期。

〔註10〕　雷海宗《世界史分期與上古中古史中的一些問題》，《歷史教學》，1957年第7期。

隨著人祭、人殉討論的展開，關於商代社會的研究很快又再次掀起高潮。儘管學者們在商代社會歷史發展階段的認識上仍然意見紛呈，但是只要觸及到商代社會的結構問題，關於「公社」的探討依然是大家不可迴避的重要內容。

一、原始社會末期說者

建國後在研究商代社會的學者中，于省吾與趙錫元主張商代處於原始社會的末期。他們對商代的公社問題多有涉及，並且都傾向於認為商代公社是家長制的家庭公社。與此有所不同的是，丁山則主張商代社會還停留在氏族制的階段，他根據甲骨文著重研究了商代的氏族組織。

（一）丁　山

丁山（1901～1952）認為殷商社會還停留在氏族階段，他研究殷墟甲骨中的「非貞卜辭」指出：

> 就現在已經刊佈的甲骨文材料看，我們碻知商代的氏族至少有二百個以上，待將來海內外所藏的甲骨文全部刊出，再為綜合研究，一定還有若干新的氏族發現。這些氏族的事跡，有的常見於卜辭，間有見於經傳諸子的傳說；並且，他們當時所用的器皿和兵器，自宋以來，出土甚眾。我們利用商代銅器的銘文，參驗以經傳諸子傳說，可以說，殷商後半期的國家組織，碻以氏族為基礎。〔註11〕

他認為甲骨文中的「眾」字諸形，「或從日，或省之，日為殷商民族的大神，……眾人在日下，應作『受日神保護的民眾』解釋，其地位應與羅馬帝國時代的『公民』相等，至少也應該是自由民；可能是公卿大夫的子弟。」〔註12〕

對於當時的政治社會組織，他推斷指出：「……侯、伯、男、田、亞一類封建的爵名，都是氏族的別名，或為氏族的擴大。甲骨文既發現大量的侯、伯、子、男，又發現二百個以上的氏族，可見殷商政治組織，碻已胚胎了周代的封建制度。……商代所封建的氏族，都就其采地中心建築城邑，也可以名之曰『城主政治』。每個大城主最初都是帥領自己的奴隸耕種自己的土地。大城主的兒子成年了，也就分給他們若干奴隸耕種一部分土地，建立各個『小

〔註11〕丁山《甲骨文所見氏族及其制度》，北京：中華書局，1988年4月新1版，第32～33頁。
〔註12〕同上，第38頁。

城主』。老城主死了，就由他的『少子』繼承大城主政權。……封建制度，可以這末概括的說：王朝為『宗氏』，諸侯就是『分族』，諸侯為『宗氏』，大夫就是『分族』；大夫為『宗氏』，家臣就是『分族』。……每年，每個分族都要貢賦於宗氏，宗氏都要貢賦於王朝，這就是殷商時代氏族制度的經濟組織之一面」。〔註13〕

　　丁山先生以確鑿的甲骨證據揭示了商代是以氏族為基礎的社會，但是他沒有進一步深入討論在這些氏族組織的基礎上如何能產生等級、國家等的重要問題。

（二）于省吾－趙錫元

1、于省吾

　　于省吾（1896～1984）先生是著名的古文字學專家，他「根據甲骨文並結合其它各項史料研究所得，以為商代係原始氏族社會的後期，即父權制的發展期，也即軍事民主主義時期」。〔註14〕

　　他認為「商代已由氏族公社發展為家族公社。不過在父權制發展到高級階段時，也自必出現帶有地域性的鄉村公社」，他例舉一期卜辭中有關「犬」部落及「致」邑、「取」邑的契文，指出「外族邑落既並於商族部落之內，則生產上的成員必然形成為混合組織，那麼，具有地緣關係的鄉村公社也自然而然的侵蝕了以血緣關係為基礎的家族公社組織。……到了晚期，即鄉村公社當日趨發展。」〔註15〕

　　他以為當時的生產單位係家族公社制，「由於商王的併吞外邑，部分地區有發展為鄉村公社的迹象，既以集體農耕為主流，同時也存在著個體耕作；從土地公有和私有的二重性方面來看，王和貴族們擁有大塊私田，氏族成員也私有小塊土地，已與氏族公社制相對立」〔註16〕，再則，「從族與三族的動產來看，則家族公社應保存著公有土地」，這種「商代的土地一部分為私人所佔有，一部分為公有，私有與公有的二重性，自係父權制發展期的應有現象。這與現今海南島黎族所保持的合畝制。私有與公有牛隻和土地的同時並存的

〔註13〕丁山《甲骨文所見氏族及其制度》，第54～55頁。
〔註14〕于省吾《從甲骨文看商代社會性質》，《東北人民大學學報（人文科學版）》，1957年第2、3期合刊，第97頁。
〔註15〕同上，第100～101頁。
〔註16〕同上，第134頁。

交錯情況是極相似的」。〔註17〕

關於眾的身份，于省吾同意趙錫元以為眾和眾人是家長制家庭公社成員的觀點。〔註18〕

2、趙錫元

趙錫元（1929～）曾擔任過于省吾先生的助手。他認為「眾」和「眾人」都是作為殷代的主要生產的擔當者出現的，「眾」和「眾人」無別，他們是殷代農業生產的主要擔當者，是殷代狩獵的參加者，也從事於對外戰爭和戍衛，他們「既非奴隸，又非自由民」，而「只能是家長制家庭公社的成員，捨此再沒有其他更好的說明」。〔註19〕他主張殷代社會正如恩格斯所說的，是東方那種變形的家長制的家庭公社。〔註20〕

二、原始社會向奴隸社會過渡說者

尚鉞和朱本源都以為商代是原始社會向奴隸制社會的過渡時期，在這種社會中，公社是其重要的構成基礎，朱本源為此還專門區分了兩種不同性質的「農村公社」。

（一）尚　鉞

尚鉞（1902～1982）認為商人的社會組織有大邑和邑。大邑如王都的安陽，王遊田（獵）的駐所——衣，還有商丘；邑是聚族而居的，邑有很多，除商王都外，各宗氏、分族的各邦也有邑，見於記載的有四十邑、三十邑、二十邑、四邑、三邑以及二邑。大約有宗廟設置的稱作大邑，沒有的稱邑，而邑都有其田，邑的機構就是所謂的「書社」。周族征服商族以後，便把這種組織的土地人民，賞賜給從征的大夫、軍士。他認為書社或社，在早期如商末周初，基本上都是以血緣關係為基礎之氏族公社，後來到了春秋時代，則逐漸發展成以地區關係為基礎之農村公社。〔註21〕

商末雖然已經形成早期奴隸制國家，但氏族公社卻未因周族對於商族的征服而被破壞。相反，由於征服者為著榨取被征服者的貢納，把中原廣

〔註17〕于省吾《從甲骨文看商代社會性質》，第 102 頁。
〔註18〕同上，第 114～115 頁。
〔註19〕趙錫元《試論殷代的主要生產者「眾」和「眾人」的社會身分》，《東北人民大學人文科學學報》，1956 年第 4 期，第 63、67～72、79 頁。
〔註20〕同上，第 79 頁。
〔註21〕尚鉞《先秦生產形態之探討》，《歷史研究》，1956 年第 7 期，第 5～6、7 頁。

大地區的商族及其聯盟，或其他各氏族部落的共同體原封不動地保存了下來。〔註22〕

（二）朱本源

朱本源（1916～2006）認爲「殷代是由原始公社制到東方奴隸制和專制國家的過渡時期」。〔註23〕他認爲要認識殷代的社會性質，必須從生產資料所有制的形式入手，而要說明生產資料的所有制形式，基本上就是要說明當時的土地所有制。因此，他重點研究了馬克思主義歷史科學中的「農村公社」概念，提出要區別出兩種形態的農村公社：一是在階級社會形成時期（即由原始社會到階級社會的過渡時期）的農村公社；一是作爲古代東方專制國家基礎的農村公社。〔註24〕

前一種農村公社〔註25〕，「公社的大部分土地作爲份地以分配給農民，並由其獨立耕作；另一部分的土地由公社保留下來作爲『共有地』，由大家共同耕作。……共有地上的剩餘生產物最初是用來應付公共的支出，如戰爭、祭祀和歉收時的準備等等。但是隨著時間的進展，農村公社中的私有制因素戰勝了公有制因素。到了份地的佔有權由暫時的變爲永久的，以及公有地被特權者所掠奪時，農村公社便隨著作爲公社制度之基礎的財產關係一起滅亡了。」

關於後者〔註26〕，它「是東方專制國家的牢固的基礎」，這種「農村公社對於公社土地也只有繼承的佔有權，作爲一切公社之父的專制君主才是全國土地之唯一的所有者。每一個別的人只有通過其所屬的公社才能領得自己的份地。正因爲份地的所有權在法律上屬於專制君主，所以每一公社成員的剩餘勞動屬於這個最高的統一體。這樣的農村公社……一方面保持了農民從公社領取份地的形式，因而妨礙了個人的土地私有制之發展；一方面它自己只是公社土地之世襲的佔有者，因而成爲專制君主之全國土地的最高所有權的體現者。……所以作爲東方專制制度基礎的農村公社，完全是屬於階級社會的範疇的東西。在這種公社中，農民的剩餘勞動作爲貢賦或課稅上交給專

〔註22〕尚鉞《先秦生產形態之探討》，第 8 頁。
〔註23〕朱本源《論殷代生產資料的所有制形式》，第 69 頁。
〔註24〕同上，第 48、51 頁。
〔註25〕同上，第 52 頁。
〔註26〕同上，第 52～53 頁。

制君主」，與過渡時期農村公社把剩餘勞動用來支付集團本身的費用不同。
東方專制國家基礎的農村公社由過渡時期的農村公社發展而來。

朱本源指出，「農村公社是從原始社會末期的父權制家庭公社發展而成
的。……不過農村公社在社會關係方面不同於以往的公社的地方爲：比鄰關
係代替了血統關係。『農村公社則是自由的、沒有血緣聯繫的人們的第一個社
會聯合組織』。」〔註27〕

朱本源「斷定殷代的農村公社還是從第一形態向第二形態過渡時期的農村
公社，而不是作爲專制制度的基礎的農村公社。……就殷代的社會制度而言，
它應當表現出這樣的兩面性：作爲上古公社生活殘餘的農村公社公有制的成分
與以東方奴隸制爲基礎的專制制度的萌芽，這兩者的同時並存。」〔註28〕他認
爲殷王雖然已經部分掠奪了農民的剩餘勞動，即征集農村公社自由民（「眾」和
「眾人」）在「王田」上從事農業勞動，以及從其他部落徵收「貢賦」，但在
殷代「東方專制制度雖已萌芽而尚未形成。……等到農村公社共有地上的剩
餘生產物的最後部分以及整個公社的土地所有權都屬於最終成爲一人形式的
最高集團時，過渡時期的農村公社便轉變成爲作爲東方專制國家基礎的農村
公社。這也就是說國王對全國土地之最高所有制已形成，亦即東方奴隸制國
家已形成。……一直到殷朝被滅亡時，殷王對全國土地之最高所有權尚未形
成。」〔註29〕

可見，朱本源認爲的商代社會實際上是以「公社」爲基礎的社會。他以
此來分析商代社會的結構及性質，這在研究方法上是極爲正確的。但是他把
存在於商代的「農村公社」等同於馬克思所說的「農業公社」，並且還認爲存
在有一人形式的最高集團，這就很難讓人信服了。

三、原始社會向封建社會過渡說者

與當時學界嚴格遵循「五種生產方式」發展模式的觀點迥異，童書業、
范義田等人認爲商代是從原始社會向封建社會的過渡階段。特別是范義田，
他理解的這個過程完全是依據其對家庭公社和農村公社本身發展的不同類型
而展開的。

〔註27〕朱本源《論殷代生產資料的所有制形式》，第54頁。
〔註28〕同上，第60～61頁。
〔註29〕同上，第62～65頁。

（一）童書業

童書業（1908～1968）原來〔註30〕認爲：「中國歷史上的『夏代』，是氏族制向奴隸制轉移的時期；『商代』，是奴隸制的時期。」他並且同意呂振羽關於中國古代兩種公社並存的論述，而認爲：「在殷代時，統治種族的公社已形成奴隸制度，作爲『主要的形態』，許多被統治種族的公社也逐漸形成農村公社式的『井田』，受統治種族支配，所謂『殷人七十而助』，就是統治種族對被統治種族的一種力役稅的剝削（自然，在殷代，這種剝削形態尚非主要的）。」

在《中國古史分期問題的討論》〔註31〕一文中，童書業還曾一度認爲，「從夏代起（至少從殷代起）到春秋末是原始奴隸制的時期，從戰國起到漢末是發展奴隸制的時期，魏晉時代才正式轉入封建社會」，「分封制、父系家長制和農村公社制，在東方國家，都是初期奴隸社會的現象。」

後來他又完全改變了這一看法，認爲古代東方由於原始公社制的殘餘和奴隸制沒有充分發展等的條件，造成了封建制度的早熟，「……殷代可能是一個從原始社會進入封建社會的過渡階段，從西周起開始進入封建社會。」但在殷代公社性質的問題上，他仍然認爲「中國殷代的『公社』，似乎就是屬於奴隸制性質的。」〔註32〕在《略論古史分期討論中理論結合史料問題》〔註33〕一文中，他又說道：「在殷代時，類似的農村組織應該也是存在的，所謂『眾』，所謂『殷人七十而助』（《孟子・滕文公上》），『惟助爲有公田』（《孟子・滕文公上》），就說明有類似周代的農民和『公社』的存在，……殷代如果是奴隸社會的話，則這種農民應當是受著變相的奴隸的待遇，類似古代埃及和古代蘇美爾的農民的待遇。」

（二）范義田

范義田（1909～1968）依據了恩格斯在《起源》中的相關論述，認爲從家庭公社和農村公社發展爲奴隸社會和農奴社會的過程，有兩種不同的類型〔註34〕：

〔註30〕 童書業《中國封建制的開端及其特徵》，《文史哲》，1951 年第 2 期。
〔註31〕 童書業《中國古史分期問題的討論》，《文史哲》，1955 年第 1 期。
〔註32〕 童書業《與蘇聯專家烏・安・約瑟夫維奇商榷中國古史分期等問題》，《文史哲》，1957 年第 3 期。
〔註33〕 童書業《略論古史分期討論中理論結合史料問題》，《文史哲》，1957 年第 5 期。
〔註34〕 范義田《西周的社會性質——封建社會》，收入文史哲雜誌編輯委員會編《中

第一種類型，是家庭公社中的奴隸制充分發展起來，公社中的農民份地逐漸落在高利貸的貴族手裏，合併爲大莊園，進行使用奴隸勞動的大規模經營，因而摧毀了氏族制度，把公社的組織消滅了。此後又由於個體農業的發展，使小農生產表現出優越的利益，大莊園就被分割爲小塊的土地分租給農民，而轉變爲農奴制度。……

第二種類型，是家庭公社中的奴隸制沒有得到充分的發展，公社配田的小農生產方式始終占著社會經濟的重要地位，往後由於個體農業的發達，便發展爲農村公社，只要公社的土地變爲有權力的領主所佔有，便轉變爲農奴制的封建社會。……

他認爲殷周之際的社會發展過程屬於第二種類型，他說道〔註35〕：

殷商的時代，是父系氏族正在廣泛的發展爲家庭公社和農村公社的時代，奴隸制度已經合法化並且有了相當的發達，但公社的小農生產一直獲得了優勢的發展，而把奴隸制局限在家庭奴隸的形式上，於是，公社的小農生產的發展前途，便是農奴制的封建社會。

他從《左傳》定公四年的材料分析殷商人民的公社組織情形，認爲「在家長統率之下的『宗氏』『分族』是氏族家庭的自由民，『醜類』是不同族的奴隸，這種奴隸是被組織在家庭內參加生產的。公社的區域有『土田陪敦』和『封畛土略』，便是公社的配田制度。『土田』是公社上的公共田，……『陪敦』就是公社供神的社壇，……『封畛土略』，顯示著是劃分小塊土地的田地區域，和殷墟卜辭中所記錄的田、井、疆、甽等字，符合一致。……殷民各族早已普遍從事於小農生產，把最初包含在家庭公社裏面的農奴制的縮影，發展起來了。」「殷墟卜辭中記錄著很多的侯伯子男，如雀侯、亞侯、犬侯……之類，都服從於商王的調遣，並且有『冊命』的記錄，由商王用命令允許他們各自佔有自己的區域，這一類侯伯子男，就都是家庭公社和農村公社的家長或族長，他們的組織情形，是很可以用魯、衛的殷民十三族去加以類推的。」〔註36〕

總之，范義田認爲商周之際的社會以家庭公社和農村公社爲基礎，這是

國古史分期問題論叢》，第 220～221 頁。

〔註35〕范義田《西周的社會性質──封建社會》，收入文史哲雜誌編輯委員會編《中國古史分期問題論叢》，第 225 頁。

〔註36〕同上，第 222～223 頁。

頗有見地的。但是他認爲「家庭公社，是父系氏族在採用農業耕作及奴隸制合法化以後所產生的制度」〔註37〕，並且把公社內的奴隸制因素發達與否作爲公社崩壞的主因，這些觀點在我們卻難以接受。

四、奴隸社會說者

認爲商代是奴隸制社會，可以說這是當時學界較爲普遍的看法。然而這種奴隸制社會究竟是發達了的奴隸制，還是奴隸制的早期階段，或者是與古典奴隸社會並行的奴隸制的東方類型，各家的具體看法是很不相同的。這種不同在很大程度上也直接影響到了大家對商代公社組織的研究和認定。

（一）發達奴隸制說者：李亞農

李亞農（1906～1962）認爲：商代已經進入了奴隸制的高級階段，「農村公社」雖然仍管理著一些信仰方面的事情，但在實質上已經崩潰了。

他在《中國的封建領主制和地主制》一書中專門以一章的篇幅論述了「中國古代的公社制度」，他認爲農村公社產生於氏族公社，他說：

> 在氏族公社時代的部落中，最初居住著兩個以上的純粹的氏族組織。後來由於經濟生活的發展，逐漸招來了外來的居民，這些異族居民在插進氏族部落之初，是沒有公民權的，因而也就沒有權利來參加公共事務的管理，處於很吃虧的地位。可是他們從事的職業，大都是手工業或商業，爲氏族成員的生活所必需。氏族集團不可能對他們長期加以歧視，剝奪他們參加處理公共事務的權利，於是以血緣關係爲中心的氏族組織，不得不讓位於區域性的組織；氏族公社不得不讓位於農村公社。在農村公社時期，宗族神的崇拜已經變成了各氏族集團的信仰，而整個公社成員所信仰的則是區域性的社神。
>
> ……
>
> ……古代公社最主要的作用，還是表現在經濟生活方面。在氏族公社時代，公社的任務，在於組織氏族成員來共同生產，共同消費。在農村公社時代，公社中的各家族雖然有了私有財產——生產工具、牲畜、家宅、家宅周圍的園圃以及奴隸等等，但是森林、草地、牧場等等還是大家公用的，就是耕地也還是部落的共同財產。

〔註37〕范義田《西周的社會性質——封建社會》，收入文史哲雜誌編輯委員會編《中國古史分期問題論叢》，第216頁。

因此，組織農業生產依然是農村公社必須挑起來的擔子。它必須分
配土地給大家耕種，最初是一年分配一次，後來逐漸變成三年分配
一次，終於發展到固定分配而由各家族去長期使用。最後出現了土
地私有制。〔註38〕

他說殷代「眾是奴隸的說法，現在恐怕已成定論。」〔註39〕而且，他認
為到了殷代，中國古代社會就已經進入了高級階段的奴隸制，關於殷代的農
村公社，他是這樣說的：

　　　　……對於已經進入奴隸制階段，成立了國家機構的殷人來
說，公社成員之間已經進行著劇烈的階級分化，富有者擁有奴隸，
由於剝削奴隸以及放高利貸等等而日益增其財富；貧苦農民因為要
還債而被迫典當、出售土地，甚至於出賣妻子兒女，終於出賣自身
而淪為奴隸。農村公社實質上是崩潰了。在奴隸制國家成立之後，
組織生產，監督生產的是奴隸主而不是農村公社。在奴隸制時代，
一方面是奴隸主，一方面是奴隸。奴隸在社會生產中負擔著主要的
任務。……不可能想像，處於這樣的時代，在數倍於自由民的奴隸
階層之外，還有廣大農村公社成員在那裡分配土地，進行生產。……
所以此時的公社，已經是喪失了管理生產的機能，而只是管理一些
信仰方面的事情。無論在卜辭中，或殷代文獻中都絲毫不見公社還
在經濟生活中所起的作用的痕跡，應當是這一論斷的佐證。……
〔註40〕

由此可知，李亞農雖然重視殷代農村公社的研究，但是他卻堅信殷代已
經進入了高級奴隸制的時代，從這樣的立場出發，「農村公社」當然也就不能
完整地存在了。

（二）早期奴隸制說者：楊械－吳大琨－徐中舒－李埏－斯維至等

認為殷商社會是早期奴隸制是當時學界最一般的觀點，持這種觀點的學
者幾乎都自稱以馬克思的《資本主義生產以前的各種形式》為指導；他們認
為殷代奴隸制是建立在「公社」基礎之上的，「公社」的繼續存在是其區別落
後於希臘、羅馬式發達奴隸制的關鍵所在。

〔註38〕李亞農《中國的封建領主制和地主制》，收入《李亞農史論集》（下），上海：
　　　　上海人民出版社，1962 年 9 月第 1 版，第 876、878～879 頁。
〔註39〕同上，第 884 頁。
〔註40〕同上，第 888～889 頁。

1、楊棫－吳大琨

在主張商代是早期奴隸制社會的學者中，楊棫和吳大琨都認為商代的基本組織是氏族。吳大琨還強調這種氏族與原始時代的「氏族公社」存在著本質性的區別。

（1）楊　棫

楊棫認為，「……殷代（指武丁以後）雖然還存在著以血緣關係為紐帶的氏族社會，但已進入了文明階段，有了青銅器和甲骨文字，一如古代東方的埃及或巴比侖，已進入了『原始的奴隸制關係佔優勢的階段』」。〔註41〕「……殷代直接從事生產的『眾人』……的社會身份是族人，自由農民，並非奴隸」，「殷代當時的社會生產，確實還是以族眾為主力的大生產，行集體耦耕制，以殷代的口語來說，叫作『耤田』，……而且殷代人所耕耤的田地是由公家分配的，……由於奴隸的數量還是少數，征伐時的主要兵源，是氏族全體成員。」〔註42〕

他還認為殷代社會由於「氏族血緣關係的存在，地域觀念並未鞏固」，農村公社亦不區別於氏族，他說：

> 考古代的農村公社，以中國史言，殷周二代都叫作『邑』，它是部落聯盟的組織單位。殷末周初的農村公社是以氏族家族為其組織的基層，在部落酋長式的「王」統帥下，各聯盟氏族的氏族長，就其同一血統的後代子孫若干人組成家族。各家族成員由家長率領，使用氏族公有的土地，共同生產勞動，除了「什一」徵納給氏族共同體的最高代表者「王」作為「王室」的消費外，所有的生產成果都作為各家族成員共同生活共同消費之用。這種在諸大氏族組成的部落聯盟之下的各大家族是各自獨立的，學名叫做「氏族公社」，這在「卜辭」及「金文」中，通稱曰邑。
>
> 殷周二代的「邑」，具有雙重性的經濟意義：其一，耕地是公有的，最初是定期分配給各大家族使用，享有公社所有的土地使用權；其二，每一家族在其公社內，有其家族的私有財產，如庭院、房屋、菜圃、畜群以及家庭中的日用品等。〔註43〕

〔註41〕楊棫《論殷末周初的社會性質——關於我國早期奴隸制的探討》，《新建設》，1955 年第 10 期，第 41 頁。
〔註42〕同上，第 42、40～41 頁。
〔註43〕同上，第 42、43～44 頁。

對於當時的生產方式，楊械指出：「……支配著殷末周初社會構成的生產方式，是由於氏族共同體所公有的生產資料（田邑土地）和以氏族全體成員（即族眾）爲主的勞動力互相結合而成。這種生產方式是東方古代社會的，亦即是馬克思所指出的『亞細亞的』。」〔註44〕

（2）吳大琨

吳大琨（1916～2007）原來在《論前資本主義社會地租的三種基本形態》一文中曾認爲：在古代亞細亞，存在過一種特殊的地租形態，其直接負擔者，既非奴隸又非農奴，而是廣大「自由農民」，與此種地租形態相對應，「馬克思所說的『東方的或者亞細亞的』生產形態就只可能是由原始公社制末期過渡到原始階段奴隸制社會中的一個特殊生產形態。這種特殊生產形態與原始公社制的生產形態固然不同，與希臘羅馬發達了的奴隸制社會的生產形態也不同，因爲生產者在這裡主要地還是『自由農民』而不是『奴隸』。」他認爲中國土地買賣開始於戰國末，並且指出「中國在土地能『自由買賣』以前，存在過這種東方式的地租形態是沒有疑問的」。〔註45〕

在《與范文瀾同志論劃分中國奴隸社會與封建社會的標準問題》一文中，他則進一步認爲，「商朝是比西周更接近於『原始公社制』的低級奴隸社會，或者說是正在開始向『家內奴隸制』過渡的『原始公社社會』」。〔註46〕

在《中國的奴隸制經濟與封建制經濟論綱》一書中，他則進而指出商代是建立在青銅器時代的古代東方的奴隸佔有制國家，其經濟特徵，都完全符合於馬克思在《資本主義生產以前各形態》這本經典著作中所論述的「東方的」或「亞細亞」生產形態的特徵。這些特徵包括：

一、存在著土地的公社所有制形式和國家所有制形式，這些所有制形式的存在是同以人工灌溉爲基礎的耕種制相聯繫的。擁有無限權力的帝王是這些國家的土地的「最高的所有者或唯一的所有者」。

二、作爲這些國家的主要生產者的乃是公社中的成員，也就是農民，由於這些公社成員既不是公社土地的所有者，他的本身反而

〔註44〕楊械《論殷末周初的社會性質──關於我國早期奴隸制的探討》，第 45～46 頁。

〔註45〕吳大琨《論前資本主義社會地租的三種基本形態》。

〔註46〕吳大琨《與范文瀾同志論劃分中國奴隸社會與封建社會的標準問題》，收入歷史研究編輯部編《中國的奴隸制與封建制分期問題論文選集》，北京：生活・讀書・新知三聯書店，1956 年 6 月，第 128 頁，原載《歷史研究》1954 年第 6 期。

變成公社的財產，也就是「公社的統一體所體現的那個人的奴隸」，即專制帝王的變相奴隸。

　　三、建立在這些小公社之上的專制政府，它們是依賴於作爲公社農民的剩餘勞動或剩餘生產物——貢賦而生存的。這些政府既控制著土地、水源，也控制著手工業和商業，就政治上説是絕對專制主義的。

　　四、作爲這種專制主義基礎的公社，它的本身是一種手工業和農業相結合的經濟組織，可以自給自足，這樣的公社，因此「變成完全能夠獨立存在，且本身包含著一切再生產和擴大再生產的條件」。〔註47〕

他還進一步指出：古代東方的奴隸佔有制是建立在「青銅器時代」之上的，而希臘羅馬的奴隸制則是建立在「鐵器時代」之上，這就造成了兩者在經濟特徵上的不同。〔註48〕

　　他反對一些歷史理論家把古代東方國家中的公社制度説成是「原始公社制度」的殘餘，認爲「古代東方國家中的公社並非是氏族社會的殘餘，它是古代東方奴隸制社會中的重要組成部分，也就是東方專制制度的基礎。」〔註49〕他認爲氏族公社（其所在地即是「邑」）不但是商代國家的統治單位，也是軍事組織的單位與生產的單位（因爲「邑」必有田）。〔註50〕這種「氏族公社」與原始時代「氏族公社」的本質區別在於：

　　……第一，就它的内部來説，它已産生了階級，有統治者與被統治者，貴族與平民，有奴隸，所以儘管還是同一血緣的人民聚居在一起，它的實質就已與過去的原始公社有了不同。

　　其次，我們知道這些氏族公社組織，就它們的對外關係來説也

〔註47〕 吳大琨《中國的奴隸制經濟與封建制經濟論綱》，北京：生活·讀書·新知三聯書店，1963 年 3 月，第 6～7 頁；亦可參見吳大琨《關於西周社會性質問題的討論——答戚其章先生》，收入「歷史研究」編輯部編《中國古代史分期問題討論集》，北京：生活·讀書·新知三聯書店，1957 年 7 月，第 265～266 頁，原載《歷史研究》1956 年第 3 期。

〔註48〕 吳大琨《關於西周社會性質問題的討論——答戚其章先生》，收入「歷史研究」編輯部編《中國古代史分期問題討論集》，第 267 頁；吳大琨《中國的奴隸制經濟與封建制經濟論綱》，第 12 頁。

〔註49〕 吳大琨《中國的奴隸制經濟與封建制經濟論綱》，第 17 頁。

〔註50〕 同上，第 26～27 頁。

已經與過去的「原始氏族公社」不同。在真正的原始氏族公社時代，公社與公社之間的關係是彼此獨立的，而這時候的氏族公社與氏族公社之間的關係卻是存在著各種「等級」的統治與被統治的關係的。這就說明了當時的氏族公社已經成為了當時國家的一個統治單位與生產單位，而不再是完全獨立的了。當然，這一些氏族公社間的統治與被統治的關係是可以有時加強，有時削弱，或者甚至可以彼此經過戰爭以後改變原來的關係的。〔註51〕

他還強調：

> 當時的主要生產者，並非是奴隸。《卜辭》中所說的耕種「王田」的「眾」或「眾人」，依據丁山先生的解釋，「眾人在日下，應作『受日神保護的民眾』解釋，其地位應與羅馬帝國時代的『公民』相等，至少也該是自由民，可能是公卿大夫的子弟」。〔註52〕

吳大琨曾指出商代的「氏族公社」與西周的公社有著不同的特點，他說：

> ……在殷代社會裏作為主要勞動者之一部分的農民（另一部分，當然是正式的奴隸）還是屬於未完全解體的氏族公社內的農民，而到了西周社會，則這些氏族公社內的農民已都在性質上，基本上轉變為村公社中的農民了。我們知道：氏族公社與村公社是有著很大的區別的。……」〔註53〕

2、徐中舒－李埏－斯維至

徐中舒、李埏、斯維至對商代公社的看法基本相似。他們都承認商代同時存有家族公社和農村公社。而且，按照徐中舒、李埏的觀點，商代家族公社與農村公社曾分別存在於統治者與被統治者中間。

（1）徐中舒

徐中舒（1898～1991）先生認為殷商是奴隸社會，但這個奴隸社會仍然以氏族社會為基礎。〔註54〕

〔註51〕 吳大琨《中國的奴隸制經濟與封建制經濟論綱》，第27～28頁。
〔註52〕 同上，第28頁。
〔註53〕 吳大琨《關於西周社會性質問題的討論——答戚其章先生》，收入「歷史研究」編輯部編《中國古代史分期問題討論集》，第262頁。
〔註54〕 徐中舒《論殷代社會的氏族組織》，收入《徐中舒歷史論文選輯》（下），北京：中華書局，1998年9月第1版，第801頁，原載成都《工商導報學林》副刊1951年1月7日；另可參見，徐中舒《論西周是封建制社會——兼論殷代社

他根據《尙書・酒誥》，認爲殷代的上層建築有內、外服之分，「內服是王朝官吏，在王朝內服役；外服有『侯、甸、男、衞邦伯』，侯、甸、男、衞，是四種指定服役制。每服都有許多氏族公社、家族公社或農村公社，每個公社都有它的氏族長、部族長或公社推選的村長（里君）。這些公社都由它的氏族長、部族長或村長統率著在王朝外服役。」〔註55〕

他還認爲「殷代有兩種不同身份的人。《尙書・君奭》云：『商實（的）百姓、王人。』百姓是以一百家爲單位的家族公社，是殷部族，屬於統治集團；王人是萬民，也是庶民，是以方里而井爲單位的村公社，是被征服部族，屬於被統治階級。《尙書・酒誥》記述殷代內服的官制，以『百姓、里居（君）』爲兩個相對立的官名。這裡的百姓，是指的氏族長，是統率家族公社的百姓的官長；里君，是統率村公社的『方里而井』的君長。」〔註56〕

在《論甲骨文中所見的儒》一文中，徐中舒先生把殷代的「丘」與馬克思在《資本論》第一卷中所論述的印度村社加以對比研究，認爲「卜辭『丘需』之丘，是按居處劃分的地理區域」，「殷代的丘，它必然還停留在印度村社共同體的階段上」，其土地「共有共耕」。〔註57〕他並且指出：「甲骨文中儒的發現，其中有作爲普通名詞儒家之儒；一般的儒則稱曰儒人，儒家的大主教則稱曰儒師，一個村社共同體的主教則稱曰丘儒；說明儒在殷商時代已經是一個有組織的僧侶制了。」〔註58〕而所謂的「丘儒」，其實就是與印度共同體中世業祭司之職的婆羅門僧相當，「丘是一個教區，丘儒就是掌管這個教區的祭司。他主持這個教區的賓祭典禮，在人民群眾中有了聲望，也就是王朝爭取的對象。」〔註59〕他同時研究甲骨文中關於「子儒」的卜辭，認爲「子儒爲王室主持賓祭典禮，祭祀人鬼（祖先），接待賓客，是一個專職的儒。」〔註60〕「子儒」之所以被選拔「作爲『信仰守護人』（美洲土著的祭司的名稱），

會性質》，收入《徐中舒歷史論文選輯》（下），第933～934頁，原載《歷史研究》1957年第5期。
〔註55〕徐中舒《試論周代田制及其社會性質》，收入《徐中舒歷史論文選輯》（下），第888～889頁，原載《四川大學學報（哲學社會科學版）》1955年第2期。
〔註56〕同上，第867頁。
〔註57〕徐中舒《論甲骨文中所見的儒》，收入《徐中舒歷史論文選輯》（下），第1221～1223頁，原載《四川大學學報（哲學社會科學版）》1975年第4期。
〔註58〕同上，第1219頁。
〔註59〕徐中舒《論甲骨文中所見的儒》，收入《徐中舒歷史論文選輯》（下），第1224頁。
〔註60〕同上，第1226頁。

並不是偶然的。……武丁時代已經形成了一個強盛的奴隸制的大帝國。可是這個大帝國仍然保存著許多氏族制的殘餘，存在著大量的小氏族單位。武丁要團結這些氏族，就必須從他的近親中選拔一個像子儒這樣的人，從宗教方面鞏固他的統治。」〔註61〕

（2）李 埏

李埏（1914～2008）認爲，在研究商周歷史發展上迴避馬克思、恩格斯所探討的「農村公社」是造成困難的原因之一。〔註62〕

根據馬克思在《答維拉・查蘇里奇的信和草稿》中有關「農村公社」理論的論述，他認爲農村公社不僅存在於商，而且也存在於周，「……和農村公社並存的，還有家庭公社的大量殘餘──『宗族組織』，即所謂的宗法制度。大體說來，以統治與被統治爲分野，宗族組織存在於統治階級之內，而村社組織則存在於被統治階級之間」，其中，「商朝是未充分發展的奴隸制社會，其特徵是農村公社、宗族組織和典型奴隸、種族奴隸的同時存在」〔註63〕。卜辭中的「邑」字、「丘」字、「⊞」字或「田」字、「土」字和商代已經實行井田制就是當時存在農村公社的證據〔註64〕，而商代的奴隸又可分爲兩種類型，一種是典型的、完全沒有人生自由的奴隸；另一種則是種族奴隸。〔註65〕

（3）斯維至

斯維至（1916～）師從徐中舒先生。在《關於殷周土地所有制的問題》一文中，他認爲殷周時期是早期奴隸制社會，其中保存了以公有制爲基礎的農村公社和家族公社。〔註66〕他以爲殷代存在公社是不成問題的，甲骨卜辭中祈禱祭祀的「土」應讀作「社」，即家族公社、農村公社之「社」，而卜辭中有「邦社」的名字，則尤其是殷代公社存在的證據。〔註67〕

〔註61〕徐中舒《論甲骨文中所見的儒》，收入《徐中舒歷史論文選輯》（下），第1230～1231頁。

〔註62〕李埏等《試論殷商奴隸制向西周封建制的過渡問題》，收入《不自小齋文存》，昆明：雲南人民出版社，2001年11月，第4頁，原載《歷史研究》1961年第3期。

〔註63〕同上，第5～6、19頁。

〔註64〕同上，第8頁。

〔註65〕同上，第10頁。

〔註66〕斯維至《關於殷周土地所有制的問題》，收入《斯維至史學文集》，西安：陝西師範大學出版社，2009年2月，第57頁，原載《歷史研究》1956年第4期。

〔註67〕同上，第50～52頁。

他指出殷代公社亦存在公田和私田之分，卜辭中的「協田」「籍田」等應該是公田，「它們的面積是很大的，因此，在公田裏廣泛地進行著集體勞動。……卜辭中常見『耤』『呼耤』的說法。耤字象一人執耒踏地耕作的形狀，即後來古書中的『借』字，它有耕地和借助的兩個意義。『呼耤』就是動員公社農民耕種公田了。」〔註68〕依據馬克思在《前資本主義生產形態》中的有關論述，他認爲「至少在原始的意義上，籍田只是國王借民代耕，還不具有嚴格的剝削意味」，但他同時指出當時作爲公社自由民的「眾人」，除爲了公田耕種以外，還負有沉重的徭役和兵役，其負擔也是相當重的。〔註69〕

二十多年後，在《釋宗族》一文中，斯維至進一步指出存在於商周時期的「宗族」其實就是父家長家庭公社，他理解「父家長家庭公社的特點，如恩格斯所指出的，一是把非自由人包括在家庭以內，二是父權。此外，它們組成家庭公社，在社內實行土地公有，其中，除一部分土地（公田）共同耕作以外，另一部分土地則分配給成員各家輪流耕種。」〔註70〕

3、吳澤－徐喜辰－孫海波－王玉哲－劉毓璜

吳澤、徐喜辰、孫海波、王玉哲等人都認爲當時的公社組織是農村公社。在殷商社會是否還保持有氏族血緣關係的問題上，王玉哲明確地指出其時的血緣紐帶業已廢弛，地域關係已經替代了血緣關係。

（1）吳　澤

吳澤主張殷代是奴隸社會，在《殷商奴隸制社會史》一書中他繼續豐富和發展了過去的觀點。

他認爲：

> 氏族組織，本來是原始氏族社會的產物。同一圖騰同一血統的氏族，佔領一定土地，各氏族成員在其上共同畜牧，共同農耕，共同居住，共同生活，組織一種氏族公社。後來農業生產發達，生產力提高，公社內各家族可以獨立經營農業生產；於是各家族就耕田所在，數土地連毗的獨立家族，爲著分配土地，公共使用公共牧場森林池沼等經濟關係，依地域關係，就結合成爲農村公社。這是原

〔註68〕斯維至《關於殷周土地所有制的問題》，收入《斯維至史學文集》，第 55 頁。
〔註69〕同上，第 59～62 頁。
〔註70〕斯維至《釋宗族——關於父家長家庭公社及土地私有制的產生》，收入《斯維至史學文集》，第 95～96 頁，原載《思想戰線》1978 年第 1 期。

始社會末期的事。當然，這時候，人口繁殖，氏族公社的組織，漸次被農村公社所破壞。到古代社會，土地私有買賣，農村公社就被破壞，氏族組織澈底肅清！這是世界史的一般法則！希臘、羅馬奴隸制經濟高度發展，就以「原始氏族組織和農村公社之解體，」爲其主要原因之一。〔註71〕

然而與希臘、羅馬不同的是：

在中國夏代已步入野蠻上期，即原始社會末期的農村公社的階段。當時私有制，商業資本，奴隸，也已出現。但夏代的傳說中，看不出很多商業資本發達的史跡，商業資本力量薄弱，不能分解公社，土地未因高利貸的剝削而轉化爲商品買賣，土地未曾私有化，因此，公社制的土地佔有仍然保存著未瓦解。雖然，夏末，商業交通，原始城市亦漸漸顯著，公社未被分解，經「成湯革命」夏亡殷興，公社仍被保存著，土地仍被組織在公社中，土地分配仍然按照公社井田的原理，無何變動。只不過當時的名稱，不叫作公社而叫「邑」罷了。……邑是包括一定土地面積及土地上人數的社會經濟組織單位。……邑是村落，有房屋有住民，四圍有耕地，有郊、林、牧、野等牧場林地，可見所謂「邑」，十足是「公社」的內容。當時的邑，和原始社會的公社相仿，是星羅棋佈著，……殷都商丘，是古代京師都城，而甲骨文稱之曰「商」「中商」又名曰「大邑商」，商爲都城，都城曰「大邑」，可見殷代的「邑」，經過數度再組織，有許多，已有市區形態的商業內容，已具有古典城市的政治內容那樣的公社了。〔註72〕

吳澤認爲當時的「邑」能被保存下來，「有兩種辦法。第一種是殷族本族的許多支族，（所謂『多子族』）在其原有的土地和開墾的土地上的公社，原來是氏族所有的，現在把他轉化爲國家所有，或『王有』，卜辭中多『貞：作邑』語，『作邑』便是把邑轉化爲國有之意。第二種是將被征服者的土地，宣佈爲『國有』，如果被征服者的社會經濟已進入農村公社的階段，便把他們的土地宣佈爲『國有』，即將公社轉化爲『國有』，卜辭云：『王封邑，帝

〔註71〕吳澤《中國歷史大系　古代史　殷代奴隸制社會史》，上海：棠棣出版社，1949年11月再版，第342～343頁。
〔註72〕同上，150～151頁。

若。』『封邑』，便是『既破而重封之』的意思。」〔註73〕他同時指出：「殷代土地已非公社所有，亦非人民所公有，而在『國家所有』這個名義下為王所劫奪了！為王一人所有了。……殷王分賜土地，或殷王命之『作』和『封』的『邑』的土地，是不能買賣的，我們在甲骨文金文中，看不見殷代土地有買賣的史跡，殷代土地尚未轉化為個人私的佔有，即尚未私有化，當然就不會商品化，根本上，人民無土地所有權，非土地之所有者，人民無權買賣。因為土地未私有化，不能買賣，所以土地的分配仍然依農村公社佔有制的原理組織著，不稍移易。」〔註74〕

他認為「殷代古典制經濟是沒有發展到像希臘、羅馬那樣高度那樣典型，而表現所謂為『東洋的』或『亞細亞的』特性」，這就是，「土地國有，原始氏族組織與農村公社的保存，家族小土地的生產，商業，私有財產的不發達，賦稅與地租的合一，國家直接干涉人民的經濟生活，經濟發展的不平衡性，貢納制的盛行」。〔註75〕他確認殷代的國家形態是「專制主義君主制」，「因為殷代社會基地上，不存有普遍的星散的實際的奴隸所有者，僅存有孤立的農村公社，所以那種由許多奴隸所有者推選自己的代表，由代表組織政府來管理國家的民主主義的國家形態，是不能產生的。因為殷代社會基地上，不存有大土地大奴隸所有者，僅存有孤立星散的農村公社，所以，那種由少數幾個大貴族奴隸所有者擁戴出自己的代表為帝為王，組織政府管理國家的貴族主義共和制國家形態，是不能產生的。因為殷代社會基地上，不存在有大土地大奴隸所有者，不存有普遍星散的實際的獨立的奴隸所有者，在下僅存有孤立的農村公社，在上便是全國所唯一的實際的最大奴隸所有者——國王。所以這個國王，就成為全國『惟我獨尊』『只有他一人自由』『君臨萬民』，『包攬一切』的專制獨裁君主。一切權利屬於君主一人，一切法規為了君主一人，君主一人是絕對的權力者，君主以外的一切人都是臣僕，都是奴隸。」〔註76〕

然而令人費解的是，吳澤一方面認為殷代社會的基底是公社，是不發展的奴隸制，但在一方面卻又強調：「殷代主要的生產擔當者是『眾』『眾人』、

〔註73〕吳澤《中國歷史大系　古代史　殷代奴隸制社會史》，第152頁。
〔註74〕同上，第153頁。
〔註75〕同上，第351、345頁。
〔註76〕同上，第495頁。

是奴隸，所有農業，畜牧業，手工業，商業交通運輸，糞除，湟廁，白粉勞動等勞動力，全由奴隸來充任。」〔註77〕

而且，與其他認爲商代是早期奴隸社會的學者一樣，吳澤也認爲殷代不存在普遍星散的獨立的奴隸主，而只存在位於公社之上的全國唯一的實際的最大奴隸所有者──國王。但是，令人不無疑問的是：一人形式的國王如何可以成爲一個奴隸主的階級呢？

（2）徐喜辰

徐喜辰（1921～1994）接受了蘇聯學者斯特魯威等關於古代東方社會的觀點，認爲商殷是「原始奴隸制國家」，這種國家是以公社所有制爲基礎的，但是在農業生產上，奴隸勞動仍然占主導地位。〔註78〕

關於商殷時期的公社組織情況，徐喜辰說在奴隸制的商殷王國中，農村公社長期殘留，這可以從井田制得到說明。「商殷的基本生產單位，是一田，而田又屬於邑；邑大概即是農村公社，而田是農村公社的所有地」。「卜辭中『商』名稱也稱『天邑商』，……也稱『大邑商』，……又作『大邑』……這說明『商殷』國家可能就是從某一或某些農村公社之邑發展而來的（古代埃及的『州』，即 nome，亦由各公社聯合而成）。」當時「各個農村公社有自己的疆界，甲骨文中『封』字有作 **𡉚** 者，象以樹分界，封疆爲邑。同時，各邑並立旗徽於其中，以志區別。」而且，「當時的農村公社（邑）成員的任務，大抵是耕戰合一的」，他們「『雖受田於野，而其廬舍未必在田旁，或皆聚居城邑之中，其公田亦都在一隅，未必介於私田之中。』這些村社居民，並有共同的宗教節日──社祭。甲骨文中的土即社，字作 **𝛀** 形，就是村社成員共同膜拜以爲吾之所自出的對象。」徐喜辰並且指出「卜辭中又言『王立黍』，『王勿立黍』，『婦妌黍』等辭，可知殷王等有親身參加『籍田』之事。

〔註77〕吳澤《中國歷史大系　古代史　殷代奴隸制社會史》，第330頁。
〔註78〕徐喜辰《商殷奴隸制特徵的探討》，收入「歷史研究」編輯部編《中國古代史分期問題討論集》，第 57、71、72 頁，原載《東北師範大學科學集刊》1956年第 1 期。斌按，對於當時「奴隸制生產仍然是主導的」原因，徐喜辰根據斯特魯威的觀點認爲是由於對奴隸的剝削比之向農村公社的徵收租稅要較爲進步，但後來在 60 年代寫的《「籍田」即「國」中「公田」說》一文中，他也曾指出「殷商時期的奴隸，還只能像恩格斯所說：在那裡，奴隸不是直接地形成生產的基礎，而僅是間接的氏族成員的性質。因此，實際的耕種者，則是公社農民即所謂『眾』或『眾人』。」（徐喜辰《「籍田」即「國」中「公田」說》，《吉林師大學報（社會科學版）》，1964 年第 2 期，第 89～90 頁。）

這種『王觀黍』，『王省田』等，正是農村公社公共利益的領導職能；這又是商殷王國保有濃厚的農村公社殘跡反映之一。」〔註79〕

儘管徐喜辰稱商殷時期的公社為「農村公社」，但他仍然指出殷周奴隸社會中的公社還長期保持有氏族血緣的關係。〔註80〕

（3）孫海波

孫海波估定商代的社會性質，仍然停滯於奴隸制的早期階段，在商代，「以血緣為聯繫的氏族組織並未解體，在各氏族中，生產組織是村公社，但在商國內部及其周圍，還殘存著母系氏族殘餘，這些殘餘到武丁時才逐漸消亡」。〔註81〕

他認為：

> 卜辭雖無公社的名稱，但卻有公社中神祠的社字，國王的社祠叫做「邦社」和「亳社」，一般農村公社中也應有社，這種社是公社成員共同祀神的所在。公社是當時的生產單位，作為一個單位來說，商人稱之為邑。……古代的邑是很小的大約由若干村莊組成，村莊的周圍築有城壘，故稱之為邑，象城壘外有人守衛之形。這種邑的組織，不僅商代普遍存在，到了春秋時代仍存在，……商國是建立在各氏族之上的一個大邦，故卜辭稱商國都所在為大邑商。〔註82〕

孫海波說邑＝公社是商代社會的生產組織，由此他論述商代的社會結構指出：

> ……邑中的耕地單位叫做田，邑屬於各氏族所有，商王通過公社所有而將全國土地占為己有。國王所佔有的土地，除了作為私產之外，也可以分賜給他的臣僚。臣屬於商國的氏族長的稱謂叫做侯伯子男，他們和商王的關係是部落聯合性質。此外還有與商國相併存的許多部落，卜辭稱做方，有些方被商王所征服而參加了部落聯

〔註79〕 本段引文參見徐喜辰《商殷奴隸制特徵的探討》，收入「歷史研究」編輯部編《中國古代史分期問題討論集》，第 61～66 頁，原載《東北師範大學科學集刊》1956 年第 1 期。

〔註80〕 徐喜辰《關於中國國家形成問題》，《吉林師大學報》，1960 年第 2 期，第 37頁。

〔註81〕 孫海波《從卜辭試論商代社會性質》，《開封師院學報》，1956 年第 1 期，第139 頁。

〔註82〕 同上，第 133～134 頁。

盟，有些方一直和商國相處於敵對狀態中。作為具有國家組織機構
而出現的商國，他是「高居於一切小集團之上的結合的統一體」，商
王是這樣統一體的代表人而出現的。商王通過公社所有的形式而將
各公社所有的土地完全占為己有，因此，它成為了當時全國最大的
土地所有者。在這種情況下，作為生產工作者基本上是各公社的自
由民，但商王不斷將從戰爭中所獲得的俘虜分配到各公社的公地上
進行生產，這些從事於生產的俘虜與自由人有所區別，卜辭稱為邑
眾，也就是生產的奴隸。商王為了經營自己的土地和剝削公社之一
部分的剩餘產品，每年春耕的時節，派遣官吏到各氏族之間進行督
耕，督耕的官吏叫做「小臣」，「小耤臣」，「尹」，「𣂏」。……為了提
高農業生產所採用的耕作方式是集體的耦耕，卜辭叫做「耤」，也稱
為「　田」，這種集體耕作，其中有奴隸，也包括有公社自由民在內，
卜辭稱作「眾人」。商王和其官吏為了督促奴隸更好的耕種，不斷地
親往視察，卜辭稱為「觀黍」和「省黍」。至於公社的每年剩餘產品，
作為貢賦或用以讚揚國王的形式而為商王所徵收。這種特點，正如
馬克思所指出的古代東方奴隸制所具有的特點是一致的，就是「自
古以來，原始的農村公社始終是生產細胞」，「在東方不能形成土地
私有權，甚至封建制的土地私有權」，其所以如此，因為古代東方世
界裏，各個氏族或家長集團，對於土地佔有的關係，是視土地為其
集團的財產，……（前資本主義生產形態）商代的土地所有形態正
是這樣。〔註83〕

　　總之，孫海波較客觀地肯定了商代社會裏的氏族血緣關係，但他在對商
代國家構成的認識上，其理論及結論實與吳澤等人的並無二致。

　　（4）王玉哲

　　王玉哲（1913～2005）分析商代「兄終弟及」的繼統法，認為這種繼統
法「即是母系氏族制的一些殘餘形式被保留在父系氏族社會中，同時父系氏
族的特色也必然深深滲入了它的內部（如兒子固然沒有優先繼承權，但已經
可以繼承）」，因此商代社會前期應當仍然滯留在父系氏族社會的末期。〔註84〕

〔註83〕孫海波《從卜辭試論商代社會性質》，第 136～137 頁。
〔註84〕王玉哲《試論商代「兄終弟及」的繼統法與殷商前期的社會性質》，收入王玉
　　　　哲著《古史集林》，北京：中華書局，2002 年，第 39～44 頁，原載《南開大

而到了盤庚時代，由於農業生產力的提高，經濟生活發生了根本性的改變，殷商社會由氏族社會的末期，正式的進入奴隸社會。〔註85〕在有關商代經濟形態的問題上，他認爲當時的主要經濟細胞爲農村公社，商代社會的經濟，符合馬克思所說的「亞細亞生產方式」，即東方類型的奴隸制，也就是低級階段的奴隸制。〔註86〕

關於當時的剝削形式，王玉哲指出：

> ……當時土地分爲兩類：一類是「王田」，由王直接命他的奴隸——「眾」或「眾人」來耕種；另外的田地則是由較自由的農村公社成員來耕種，以貢納的方式，剝削其剩餘勞動。〔註87〕

他認爲商代已經具有了國家的特點，其特徵之一便是氏族血緣關係的崩壞：

> 殷代既已出現了不同的階級，氏族內部經濟利益的矛盾使原來氏族賴以維繫的血緣紐帶廢弛了。個別的家族、宗族都可以離開原氏族的故土，或者去到未開墾的新地區，或者去和沒有血統關係的集團雜居。又由於殷代商業已經興起，勞動分工很細緻，這些商人和工匠，在全國範圍內，往來奔走謀生。氏族成員與一定地域的聯繫消滅。這就破壞了氏族在地域上的完整性，另外也造成了屬於不同氏族的人們的雜居村落。這種新的社會聯合是用「地域關係」代替血緣關係，因而殷人是已經按地區來劃分其管治下的人民，而不是按照氏族集團來劃分的。……這樣以地域代替血緣來區分其統治下的人民，是國家形成的第一個特徵。〔註88〕

王玉哲先生認爲商代的公社是農村公社，而強調商代的血緣紐帶業已廢弛，血緣關係已爲地域關係所替代，這在史實上恐怕並不符合商代社會的實情。

（5）劉毓璜

劉毓璜（1909～1993）指出：「農村公社是人類從公有制社會走向私有制

學學報〔人文〕》1956年第1期。
〔註85〕王玉哲《有關西周社會性質的幾個問題》，《歷史研究》，1957年第5期，第80頁。
〔註86〕同上，第80～81頁。
〔註87〕王玉哲《試論殷代的奴隸制度和國家的形成》，《歷史教學》，1958年第9期，第19頁。
〔註88〕同上，第20頁。

社會的橋梁，在對抗性社會形態中，特別在奴隸制封建制時代，由於商品經濟發展的局限性，村社的殘餘影響，還是普遍存在的，而且殘存在階級社會內部的村社經濟，又必須和相應階段中的先進生產方式互相結合、互相制約、互相滲透的。完全忽視了村社因素的存在，不去適當地估計它的作用，固然是不對的；過分誇大了村社的功能，把它理解為氏族結構原封不動的存在，也顯然不符於歷史的真實。」〔註89〕他因此批評吳大琨在《論前資本主義社會地租的三種基本形態》等文中主張商周社會屬於從原始公社制到原始奴隸制「過渡」階段的看法是在「過度強調村社經濟的基礎作用，把它構成一個獨特的社會階段，這是在基本精神上違反馬克思主義的」〔註90〕。

他認為：「中國有文字的信史，始自商代，從現存甲骨文中，可以看出遠在殷商時代就有了農村公社存在的痕跡。……如果說卜辭中的社，純代表一種信仰，不是指的村社，則真正代表村社的應是邑。從卜辭記錄中，看出商代的邑，曾經獲得了散漫繁榮的發展，形成了真正的社會基礎。邑的大小不等，最大的邑便是國家。商人自稱為『大邑商』，稱敵對的夏部族為『西邑夏』，正說明了兩族在各自發展中，已經越出了農村公社的藩籬，逐漸『擴展為能夠生產整個制度的共同體』了。」〔註91〕

（三）東方類型奴隸制說者：楊向奎－束世澂

楊向奎、束世澂等認為殷代社會是東方類型的奴隸制社會。與早期奴隸制說者把奴隸制分為初級、高級兩種發展階段類型有所不同的是，東方類型奴隸制說者認為東方奴隸制不是相對於希臘、羅馬發達奴隸制的初級階段，而是與其平行、對等的奴隸制社會發展類型。然而無論是早期奴隸制說還是東方類型奴隸制說，它們都十分重視和研究東方社會中的「公社」問題。

1、楊向奎

楊向奎說（1910～2000）：

> ……對於殷代的井田是否農村公社的組織，我是有些徘徊的，但當有的同志指出，馬克思曾經說過，「如果你在某一個地方看到了由許多小塊土地組成的並帶有土壟的棋盤狀耕地，那你就不必懷疑，這就是業已消失的農村公社的地產。」（《答維拉·查蘇利奇的

〔註89〕劉毓璜《試論農村公社的過渡性質與中國農村公社的發展》，第48頁。
〔註90〕同上。
〔註91〕同上，第59～60頁。

信和草稿》，見《史學譯叢》，一九五五年第三期，第二四頁）再從事殷商井田制的研究，也就去掉了我的徘徊心情。

　　馬克思指示說：農村公社「既然是原生的社會形態的最後階段，所以它同時也是向次生的形態過渡的階段，這就是說，它同時也是由建立在公有制上的社會向建立在私有制上的社會的過渡。不言而喻，次生的形態是包含著建立在奴隸制上和農奴制上的一系列的社會的」。（同上書，第二三頁）因此，我認爲在中國奴隸制社會存在著農村公社（井田），在封建社會初期的西周，也存在著農村公社。井田制度崩潰後，隨之而來的是封建地主階級土地所有制。……〔註92〕

　　楊向奎認爲殷商是奴隸社會，有大批的生產奴隸，而羌人則是構成奴隸的主要來源，他說：

　　和虞、夏兩代比起來，殷商已經是發達的奴隸制，在古代東方的奴隸社會的類型中它也是發達的奴隸制；雖然和希臘、羅馬的奴隸社會比較起來，還有很不相同的地方。……在商湯王以前，有虞氏和夏后氏已經先後出現了奴隸制的萌芽，到商湯的時代，奴隸社會更向前發展了一步，在盤庚以前，就手工業生產來說，就農業生產來說，都大規模地在使用奴隸，……〔註93〕

除了奴隸之外，楊向奎認爲大規模從事農業生產的，還有處於奴隸地位的叫作「眾」的農村公社成員，他指出：

　　……「眾」是處在奴隸地位的公社成員，農村公社已經是原始公社的次生形態，在階級社會內農村公社的成員也不可能是自由的，奴隸社會的公社成員地位實在同於奴隸。在殷商除了農村公社的「眾」人從事農業生產外，還有脫離農業生產的手工業奴隸。……〔註94〕

2、束世澂

　　束世澂（1896～1978）原來認爲商代是早期奴隸社會，其社會的基礎是「農村公社」。〔註95〕他研究甲骨文辭指出：

〔註92〕楊向奎《中國古代社會與古代思想研究上冊・自敘》，上海：上海人民出版社，1962年4月第1版，第1～2頁。
〔註93〕楊向奎《中國古代社會與古代思想研究上冊》，第13、15頁。
〔註94〕同上，第18～19頁。
〔註95〕束世澂《夏代和商代的奴隸制》，收入「歷史研究」編輯部編《中國古代史分

……甲骨文中的「邑」，一般是農村公社。

股代的農村公社顯然還帶有濃厚的氏族色彩，例如殷代出兵，有時就用氏族組織的，而各氏族還保留著氏族長。……直至殷亡以後，還存在有能夠「帥其宗氏」的大批氏族長，我們可以推斷殷代社會的農村公社一般是氏族公社的變相，還存在著若干農業部落和游牧部落。〔註96〕

束世澂認爲當時統治階級「主要的剝削對象是自由的農村公社的成員——眾人」〔註97〕，他區別「眾」和「眾人」，認爲：

甲骨文上的「眾」和「眾人」有別，「眾」就是「尚書」「盤庚」篇上的「眾」，「眾人」是「盤庚」篇上的「民」，皆不是奴隸。「眾人」是自由的公社成員，是殷代基本生產工作者，而眾則是……「多工」（士）以上的階層，是屬於統治階級的。〔註98〕

在奴隸制社會類型的問題上，束世澂後來感到逕把東方奴隸社會稱作「早期奴隸制」並不妥當，而認爲「古代東方的奴隸社會和古典奴隸制所走的是不同的道路，是奴隸社會的兩種類型，他們都是直接向封建制發展的」。〔註99〕兩種奴隸制的根本區別在於：「古代東方的始點，如……《反杜林論》所指出，是在古代的公社繼續存在時，進入奴隸社會的。而古典古代則是在公社崩潰以後，在已形成自由土地私有制以後，才進入奴隸社會的。」〔註100〕他強調：

……在古代東方型的奴隸社會中，是「古代公社」「繼續存在」，而不只是被保存一些殘餘。但繼續存在的古代公社，是已經變了質的，已不再是原始公社了。如埃及古王國，公社由公社會議管理，它同時是行政又是司法機關，並受國王委託，負責收繳公社的實物稅和派定人們從事「王家勞役」。照中國商朝的史例，村社（邑）也是一個負擔勞役和納稅的單位。事實上，統治階級只是利用最方便、

期問題討論集》，第8、15頁，原載《歷史研究》1956年第1期。

〔註96〕束世澂《夏代和商代的奴隸制》，收入「歷史研究」編輯部編《中國古代史分期問題討論集》，第15～16頁。

〔註97〕同上，第25～26頁。

〔註98〕同上，第18頁。

〔註99〕束世澂《有關古史分期一些理論問題——與楊寬同志商榷》，《學術月刊》，1960年第9期，第28～29頁。

〔註100〕同上，第30頁。

現成的、原有的集體組織加以改變而進行壓榨，而原有的集體組織
在打上階級壓迫的烙印後就變爲它們的剝削基礎了。〔註101〕

根據《資本主義生產以前各形態》，束世澂認爲商朝其實就是馬克思所說
的「普遍奴隸制」的社會。〔註102〕

束世澂分析了以公社爲基礎的東方社會土地所有權的問題，他犀利地指
出：

> 常常有一種誤解，在古代東方，公社繼續存在，就不存在土地
> 私有權，這是很大的錯誤，馬克思主義指出：一切階級社會都是私
> 有制的社會，這是一條普遍眞理。如果古代東方不存在土地私有權，
> 那就根本不能有階級社會的存在了。
>
> 在我看，古代東方是有土地私有權的。不僅封建時代的封建土
> 地所有制，性質上根本是私有，在東方奴隸社會中也有私有制，不
> 過它用另一種形態表現出來。……在東方型奴隸社會中，土地所有
> 權是分別掌握於國家和公社手中的。分占的土地，分別稱爲國王的
> 土地和公社的土地，在比重上，國家直接佔有的還遠遜公社佔有。
> 但公社的所有權也被集中於最高集體（國家），而國王以集體之父的
> 姿態出現，這便使全國最高土地所有權屬於國王，而小集體（公社）
> 只在實際上是一個佔有者。由此，占全國絕大多數的直接生產者確
> 是沒有土地私有權的。但在國王直接掌握的土地（即不屬於公社佔
> 有的，即國王的土地）中，國王可以任意支配，可以隨便賞賜臣下
> 或寺院，成爲他們的私有土地，……這種「國王的土地」，在所有權
> 的性質上，不能不是私有。……在事實上，在東方型的奴隸社會中，
> 被統治的被剝削階級是沒有土地私有權的，而統治階級的剝削階級
> 是有土地私有權的。但這種土地私有權，如果想給它一個恰當的定
> 名，很不容易。因爲它既不是自有土地私有權（像希臘羅馬那樣），
> 又不是封建式私有（像領地制和地主土地所有制），該給它一個什麼
> 名稱呢？恩格斯是不得已吧，也用了「國家所有」這個名詞，這個
> 「國」，是剝削階級的國，是奴隸主的國，這種「國有」，本質上即
> 是私有。現代持國有說者把中國古代看成沒有土地私有制，無疑是

〔註101〕束世澂《有關古史分期一些理論問題——與楊寬同志商榷》，第33頁。
〔註102〕同上，第33～34.

錯誤的。他們不知道，他們自己所謂的「國有」，根本是私有。……
〔註103〕

五、小　結

　　商代有無公社的組織，以及商代的公社究竟是血緣性的組織還是非血緣性的組織，這是這個時期大家所討論的重要問題。從上述的研究看來，除了個別學者如李亞農等認為，在商代這樣的奴隸制高級階段，「農村公社」實質上已經是崩潰了的之外，大多數學者都是承認商代社會是以「公社」為基礎的。而且，其中的絕大部分人又都認為商代的「公社」還具有很強的氏族血緣性。我們認為這樣的觀點是相當正確的！

　　但是，為什麼依據了同樣的史料，面對同樣一個以「公社」為基礎的社會，大家卻對其發展的歷史階段得出如此不同的結論呢？

　　毋庸深辯：造成這種結果的主要原因，與其說是史料的問題，不如說是受到了史觀的約束。在「五種生產方式」的理論中，氏族血緣關係的廢弛與否似乎就是原始社會與階級社會的分水嶺。而氏族血緣關係的社會往往又被認為是「原始」、「平等」的，「不平等」似乎只是階級社會中才有的伴生物。在這樣一種史觀的引導下，具有氏族血緣關係但卻又明顯不平等的商代社會自然也就顯得難以勘定了。遵從血緣氏族關係確實存在這個事實的學者就試圖把它歸為原始社會，但又因為存在諸多的「不平等」，就不得不說成是原始社會末期向某個階級社會的過渡；而那些太多留意於「不平等」關係的學者，則不管氏族血緣、未解體的公社是不是原始社會的遺存，又都認定這已經是階級社會了。

　　然而正如束世澂先生所正確指出的那樣：「一切階級社會都是私有制的社會，這是一條普遍真理。如果古代東方不存在土地私有權，那就根本不能有階級社會的存在了。」這也就是說，「階級社會論者」必須要解決這樣一個問題，那就是：以「公社」為基礎的社會為什麼又是「私有制」的？束世澂先生敏銳地看到了這一點，而且還試圖作出調和，但是我們認為這種調和是極其缺乏說服力的。因為在我們看來，商代「統治者」與「被統治者」的劃分及其權利的來源並不是以私有制、所有權之類的經濟關係為其前提的，而是一種與經濟關係根本不同的政治強制力，這種政治強制力在很大程度上又是

〔註103〕束世澂《有關古史分期一些理論問題——與楊寬同志商榷》，第34～35頁。

以血緣的等級關係爲其基礎的。不深刻認識到這一點，或者說僅以經濟原因的不平等去考察人類社會不平等的起源，那將無異於「緣木求魚」！

第四節　西周時期「公社」研究的回顧

關於西周的社會形態及其社會性質的探討，是建國後古史分期討論中的熱點問題。儘管西周奴隸社會論者與封建社會論者幾經激烈交鋒，但無論是堅持奴隸社會論的學者，還是堅持封建社會論的學者，其中的大多數都承認中國的奴隸社會或封建社會不可簡單等同於希臘羅馬式的奴隸制或日耳曼式的封建制，而其關鍵便是「公社」組織的廣泛存在。

一、奴隸社會說者

與對殷商社會的認識一樣，認爲西周是奴隸社會的學者，也有「發達奴隸制」、「早期奴隸制」及「東方類型奴隸制」的區別。他們中的大多數都認爲西周社會存在著大量的「公社」組織，並且還認爲西周社會是以「公社」組織爲其基礎的。但也有學者，如郭沫若、李亞農、田昌五等，堅持認爲西周時期的社會早已不存在什麼「公社」組織了。

（一）發達奴隸制說者：郭沫若－李亞農－楊椊

堅持西周社會是發達奴隸制的學者有郭沫若、李亞農等，他們或者矢口否認當時社會中「公社」組織的廣泛存在，或者認爲其時的「公社」已經在社會經濟生活中不起到任何作用了。主張西周曾經歷發達奴隸制的還有楊椊，他主張西周到了後期才進入發展的奴隸制，但卻不否認氏族血緣關係在先秦社會的長期留存。

1、郭沫若－李亞農

（1）郭沫若

郭沫若在五十年代末發表了《關於中國古史研究中的兩個問題》一文，就商周公社的問題發表了自己的看法。他說：

我認爲，中國奴隸社會不像所謂「古代東方型」的奴隸社會那樣：只有家內奴隸，而生產者則是公社成員。嚴格按照馬克思的意見來說，只有家內奴隸的社會，是不成其爲奴隸社會的。家內奴隸在解放前的漢族和某些少數民族中都還存在。如果太強調了公社，

認爲中國奴隸社會的生產者都是公社成員，那中國就會沒有奴隸社會。正如太強調中國封建社會中還是和奴隸社會一樣，是土地國有制，則中國就沒有封建社會一樣。這樣，馬克思列寧主義關於人類社會發展階段的原理，也就成問題了。當然，如果事實如此，我們也只有尊重事實；可惜事實並不是這樣。〔註104〕

他分析「邑」，認爲其最初的組織雖然是原始公社的組織，「但邑的性質是隨社會的發展而變化的，它作爲商周社會中的基層單位，其中的組織就不再是什麼『公社』了」，而是「奴隸主控制下的勞動集中營，變成行政機構了。所以一有機會，邑人就會集體地或個別地逃亡，這是奴隸反對奴隸主的一種形式。」〔註105〕他認爲把這樣的「孑遺形態」誇大成社會制度，並不符合歷史唯物主義的精神。〔註106〕

他雖然認爲中國古代存在過井田制，但他強調井田制並不是公社土地所有制，而是奴隸主貴族的土地國有制，耕種井田的「眾人」和「庶人」也不是什麼公社成員，而是奴隸。〔註107〕

總之，郭沫若先生是從極力維護「馬克思列寧主義關於人類社會發展階段的原理」——「五種生產方式」的理論——出發來看待和探討「公社」問題的。這樣的立場、觀點本不可取，但他作爲中國馬克思主義史學的最重要的開創者之一，卻爲我們道出了「公社」問題的本質，那就是：「如果太強調了公社，認爲中國奴隸社會的生產者都是公社成員，那中國就會沒有奴隸社會。正如太強調中國封建社會中還是和奴隸社會一樣，是土地國有制，則中國就沒有封建社會一樣。」

（2）李亞農

李亞農雖然認爲周人歷史上有過農村公社的階段，但他認爲自從周人征服了殷人之後，周人創立的國家便代替了農村公社，農村公社已經不再是社會生產的組織者，而在社會經濟生活中退居到了次要的位置，他說：

　　……當周武王進軍中原，消滅殷王朝之後，掠奪了殷人的奴隸，並且把大部分殷人轉化而爲奴隸，周族的子孫，都很快的變成了或大或小的奴隸主。周民族走進了奴隸制的階段。土地共有制消

〔註104〕郭沫若《關於中國古史研究中的兩個問題》，第1頁。
〔註105〕同上，第2～3頁。
〔註106〕同上，第3頁。
〔註107〕同上，第4～5頁。

滅了，土地私有制出現了。農村公社制度在經濟生活中還起什麼作用呢？什麼作用也不起了。〔註108〕

他分析周人農村公社消亡的原因認為：「周人的農村公社之消亡，並不是由於農民的土地為氏族貴族所兼併，相反地，是由於他們統統變成了貴族，變成了剝削者。被他們剝削的是久已進入高級階段的奴隸制的殷人以及從殷人手中奪取過來的奴隸。在奴隸制社會的經濟生活中，氏族公社、農村公社都已經不起重大作用，而退居於次要的地位。這是我們研究中國古代史時，應該銘記不忘的事實。」〔註109〕

他考察了後世作為戶口編制基層組織的「里」和公社的關係，認為「當周人入據中原，建立了強大的國家之時，原來農村公社的里（二十五家）取得了戶口編制基層組織的地位」。〔註110〕他雖然承認周人進入中原後「在中原地區，無論城鄉，遍地都有公社」，但同時強調，「這些公社，既不是國家機構的一環，也不再組織農業生產，而僅僅是信仰中心」。〔註111〕

總之，李亞農相信：「農村公社始終是奴隸制社會前一階段的社會發展階段，一旦出現了奴隸制，農村公社制就不可能再繼續其存在。」〔註112〕

在井田制的問題上，李亞農認為《孟子·滕文公》上所說的八家共耕的井田制，不過是孟子的烏托邦，在歷史上是從來沒有存在過的，《詩經·小雅·大田》中「雨我公田，遂及我私」中「我私」就是奴隸主的私田，而「我公田」就是奴隸主的氏族所公有的或國家機關的田地。〔註113〕

2、楊　械

楊械把西周社會的發展階段分成「早期奴隸制」與「發展奴隸制」的兩個階段。

他在《關於西周社會性質的商榷》〔註114〕一文中指出：「西周的土地在夷屬時代以前，都是國（王）有形態的，即其土地的使用權，實際上是全體周

〔註108〕李亞農《中國的封建領主制和地主制》，收入《李亞農史論集》（下），第879頁。
〔註109〕同上，第894頁。
〔註110〕同上，第900〜901頁。
〔註111〕同上，第897頁。
〔註112〕同上，第920頁。
〔註113〕李亞農《中國的奴隸制與封建制》，收入《李亞農史論集》（上），上海：上海人民出版社，1962年9月第1版，第93頁。
〔註114〕楊械《關於西周社會性質的商榷》，《文史哲》，1955年第9期。

氏族成員所有」,「……周亡殷之後,其社會的組織依然是以氏族血緣關係為
紐帶,直到春秋時代,氏族組織才逐漸瓦解。……在周代是定期分配土地的,
後來人口多了,氏族組織瓦解了,春秋中期以後不再分配,土地私有制已正
式確立起來。」他把西周奴隸制社會分為兩個階段:「文武成康是第一階段,
即『原始的奴隸制關係佔優勢的階段』;昭穆以後即逐漸進入第二個階段,即
『發展的奴隸制佔優勢的階段』,而其生產力的構成,在第一階段中,勞動力
主要是以氏族成員為主,而其生產手段則使用周氏族公有的土地;……後來
發展至第二階段時,……勞動力逐漸移轉以奴隸為主」。

在《論殷末周初的社會性質——關於我國早期奴隸制的探討》〔註115〕一
文中,楊械具體探討了殷末周初的社會性質,他認為周初的社會性質是屬於
「原始的奴隸制關係佔優勢的階段」,「……西周的土地依然是國有形態。不
過西周土地之為『王』有,實則又為王室(大宗)統治下各個氏族共同體所
有,因為西周的『王』是整個周部落聯盟各大氏族如姬姓、姜姓、姒姓等全
體成員族眾共同體的最高代表,各大氏族中的各家族在進行勞動生產時,是
使用『王』有(即國有形態)土地來進行集體耦耕的,而且是定期分配的。」
「西周初年的社會生產,仍以族人為主力。」他引用《良耜》、《載芟》、《七
月》以及《楚茨》等材料,認為「……在西周從事『共洫而耕』、『共族而居』
的『百室』者(農人)的社會身份,並非奴隸,更非農奴,而是自由農民。」
而且,「……這些耕於公社土地上的自由農民,最初與最高集團王族的關係是
平等的,因為有血族(大宗小宗)系統關係;但後由於人口的繁殖與生產的
發展,正如馬克思所指出的『在古代波蘭和羅馬尼亞所發生的情形一樣,慢
慢地那個氏族共同體的最高代表者的王族貴族就變成了公社族眾的生產掠奪
者,同時也成了自由農民的統治者。』」

(二)早期奴隸制說者:日知-吳大琨-何茲全-尚鉞-斯維至等

日知、吳大琨、何茲全、尚鉞、斯維至以及徐喜辰等都認為西周是早期
的奴隸制社會,而且他們幾乎都肯定「公社」形態中的血緣關係。

1、日知-吳大琨-何茲全

日知、吳大琨、何茲全主張西周的公社是氏族。

(1)日 知

日知(1910～2007)認為西周屬於古代東方奴隸制生產階段,而且是奴

〔註115〕楊械《論殷末周初的社會性質——關於我國早期奴隸制的探討》。

隸社會的初級階段。西周的主要勞動者「農夫」與「庶民」不是奴隸，也不是農奴，而是尚未完全解體的氏族公社成員。〔註116〕

（2）吳大琨

吳大琨則認定，西周與殷代一樣，也是建立在青銅時代的奴隸佔有制國家，這種古代東方社會以公社爲基礎。〔註117〕

他研究了《左傳》定公四年中有關周初分封情況的論述後指出：

一、周初的「封建」實際上只是以姬姓血緣關係爲主體的宗法制的統治體系來代替了過去殷代的以子姓血緣關係爲主體的宗法制的統治體系。

二、固有的殷民在被分封以後，是還保留著他們的原有氏族組織形式的。所謂「帥其宗氏，輯其分族，將其類醜」，就是要殷代原有的大宗族長，依舊統率他們的分族以及奴隸們來爲周王朝服役。

三、周王朝是盡可能地根據各地的固有情況來實施統治的，所謂「啓以商政，疆以周索」與「啓以夏政，疆以戎索」，就是他們的統治方法因地制宜的證據。

……

就國家政治上的組織形態來說，我們認爲殷代的制度與周代的制度比較起來也並沒有發生什麼本質上的差異。……〔註118〕

吳大琨認爲傳說中的井田制，並不始於周代而是早在殷代就存在了。〔註119〕他把井田制中的「公田」、「私田」之分與馬克思在《資本論》中論述過的波蘭與羅馬尼亞兩國在古代土地共有制瓦解以後的情況加以類比，而認爲：

西周的情況，顯然也是這樣，所不同的，就是這時「氏族」公社組織還有力地存在著。王與諸侯貴族雖已能在實際上佔有「公田」，但卻還是作爲代表著「共同體的個人」而佔有著這些「公田」，並非作爲私人佔有這些「公田」的。〔註120〕

〔註116〕日知《與童書業先生論亞細亞生產方式問題》，《文史哲》，1952年第3期。
〔註117〕吳大琨《論地租與中國歷史分期及封建社會的長期阻滯性問題》，《文史哲》，1953年第2期，第25頁。
〔註118〕吳大琨《中國的奴隸制經濟與封建制經濟論綱》，第31～32頁。
〔註119〕同上，第34頁。
〔註120〕同上，第39頁。

可見，無論是殷商還是西周，吳大琨所認爲的建立在青銅時代的奴隸制國家都是以「氏族」公社作爲其基礎的，他還強調這種氏族公社並非是氏族社會的殘餘。但是遺憾的是，他並沒有去深入研究這種「氏族」組織的關係在商周社會裏究竟還起著何種作用，而是簡單地把其中存在的等級看作了階級的差別，以與他所說的奴隸制國家的形態相適應。

（3）何茲全

何茲全（1911～2011）雖然也認爲西周是早期奴隸制社會，但他所說的這個早期奴隸制社會與其他學者的主張還有所不同，他總體上是把西周社會看作了氏族制度向奴隸制國家的過渡階段。

他認爲「西周春秋還是前期古代社會，或家長制早期奴隸制時期，魏晉時期中國才由奴隸社會進入封建社會」。〔註121〕

他說：

> 前期古代社會是氏族貴族統治到發展的奴隸制國家的過渡時期。在這時期：氏族制解體過程還在繼續進行，氏族制的軀殼和氏族的傳習力量還很強的保存著，社會已分解爲對立的階級，但除去奴隸主和奴隸的對立外，還有氏族貴族和自由貧民的對立，也還有氏族貴族和依附農民或農奴的對立。
>
> 在公社解體過程中，奴隸制的發展不是突然的，在前期古代社會這個過渡時期，奴隸制還是處於低級發展的階段，主要的形式仍然是家長奴隸制，公社成員還是一個主要的生產階級。對外征服，俘虜總被降作奴隸，但征服和被征服族的關係，有各種不同的形式：有的是以聯盟的形式，由征服族把被征服族吸收到一個社會體中來，組成部落國家；有的被征服族的地位很低，他們的地位可以低到近乎奴隸；有的在和農業的服役有關係的條件下，又可以近乎農奴。但，無論是那一種形式，被征服族原來的氏族部落組織，通常是並不被打散的，仍然是各自聚族而居。〔註122〕

他強調指出：

> ……氏族制解體後不是一下子就出現了發展的奴隸制國家。在

〔註121〕何茲全《關於中國古代社會的幾個問題》，收入文史哲雜誌編輯委員會編輯《中國古史分期問題論叢》，1957年11月，第117頁。
〔註122〕同上，第118～119頁。

氏族制解體過程中以縮影的形式出現了以後在社會及其國家中廣泛
發展起來的一切對抗形式，有奴隸制，有農奴制，也有其他形式的
依附制和隸屬制。這一時期，奴隸制還不是支配的形式，社會上的
生產勞動者主要的仍是氏族制解體過程中由公社成員發展出來的自
耕農民。但由於階級分裂、對外征服，國家已是初步出現了，我認
爲具有這些特徵的這一階段是前期古代社會，它是由氏族貴族統治
到發展的奴隸制國家的過渡階段。

　　西周春秋的社會正是處於這一階段。這時期社會的主要特徵就
正是：氏族公社解體過程還在繼續，氏族制的軀殼還很強的保存著。
公社已分解爲敵對的階級，有了氏族貴族、自由貧民和奴隸，同時
也出現了農奴制或依附農民。戰爭中的俘虜是降爲奴隸的，被征服
族，主要的是殷族的地位是低的，但基本上他們間的關係是聯盟的
關係。殷族的氏族部落組織通常並不被打破，他們是一族族、一部
落一部落的被納入征服族周族的社會體中來，組成不平等的部落聯
盟形式的國家。〔註123〕

在井田制的問題上，何茲全認爲：

　　……它雖然反映了歷史事實，卻沒有弄清歷史事實，它是把公
社解體前和公社解體後不同的土地制度混而爲一的土地制度。

　　井田制度中的平均分配土地，是公社時代公有土地平均分配耕
種的使用制度的反映。我們知道有些民族在氏族公社時期，它的土
地就是以長條或方塊的形式平均分配給各氏族成員去耕種和使用
的。……最初，可能是一年一分，收穫以後，公社的土地又成爲一
片公地，明年再分配。其後分配時間逐漸放長。隨著公社的解體，
氏族內部階級的分化，私有財產的發展，原來氏族長就竊奪了公社
的公權，他們把因被選舉而被賦予的管理公社事務和公社財產的權
力轉化爲個人的私權，同時也就竊奪了公社的公有財產成爲他的私
有財產。和氏族長的權力、財產通過竊奪由公有轉化爲私有的過程
同時，氏族成員由氏族公社分得使用權的土地也由一年一分、二年
一分到終生分去不還，變成他們的私有土地。

〔註123〕何茲全《關於中國古代社會的幾個問題》，收入文史哲雜誌編輯委員會編輯《中
　　　　國古史分期問題論叢》，第 121 頁。

井田制所反映的原始歷史影子，就是這種制度。……〔註124〕

他指出：

> ……文王、武王以後，周人已進入階級社會了，氏族或大家族成員在氏族長或家長率領下在公有土地上集體耕作的形式已不會很多，就是有也只是殘餘了。井田制這時也只是仍保留下氏族公社土地公有制時期土地使用形式的外貌，井田制本身已經是王公氏族貴族篡奪了公有土地後一種剝削組織，收取貢納的組織。……〔註125〕

總之，何茲全認爲：

> 西周春秋還不是封建社會，也還沒有進入發展的奴隸制時期。西周春秋時期氏族制解體過程還在進行，血緣關係還很頑強的保存下來，各族，尤其在初期，仍是聚族而居的。這時期出現了依附關係和農奴制，同時更出現了奴隸制，但無論奴隸制或農奴制都還沒有成爲支配的生產形態，社會生產的主要擔當者還是公社解體中發展出來的自耕農民，雖然這些自耕農民是具有著東方特點的。所有這一切，正說明西周春秋時期，是由公社解體到發展的奴隸制國家的過渡時期，或者叫作前期古代社會。〔註126〕

2、尚鉞－斯維至

尚鉞、斯維至基本上都把西周的公社看作家長制的家庭公社。

（1）尚 鉞

尚鉞主張西周是早期奴隸制社會，「……當時的基本生產關係，是以家長制公社爲基礎的早期奴隸制的關係。這一點，由古代文獻所記載的西周王國，乃至春秋時代的各公國，都是以公社爲基層組織，可以看得出來。」〔註127〕

他根據《左傳》定公四年等的材料，指出西周時各公國都是建立在被征服的殷民或他族人民的家長制家庭公社基礎之上的。所不同的，分與魯公的是「殷民六族」，其所統治的是「商奄之民」及其所聚居的魯國；分與康叔的是殷民七族，統治的地區是殷墟，即殷人所聚居的衛國；分與唐叔的是「懷

〔註124〕何茲全《關於中國古代社會的幾個問題》，收入文史哲雜誌編輯委員會編輯《中國古史分期問題論叢》，第133～134頁。
〔註125〕何茲全《周代土地制度和它的演變》，《歷史研究》，1964年第3期，第147頁。
〔註126〕同註124，第138頁。
〔註127〕尚鉞《先秦生產形態之探討》，第4頁。

姓九宗」，統治地區爲夏墟，即狄人所聚居的晉國等等。而在這樣的部落分封制度下，各地方土著居民的原有氏族部落公社組織和風俗習慣，除了來了一個帶有武裝的征服者外，沒有根本的變動。〔註128〕

　　他認爲西周延續了商代「邑」的組織，並且還有「丘」。雖然邑和丘都不是農村公社的結構，只是它的形式和所在地點，但它的機構則是以血緣關係爲基礎的氏族公社──「書社」。在周代，國家對於土地，或者大氏族貴族對於土地的佔有，都是通過這種公社而不是通過個體家庭來榨取剩餘生產物和剩餘勞動的，土地是公有制的。公社成員雖然佔有土地，但卻不能脫離公社，對內，公社及家長是家庭生產的組織者；對外，公社又是他們對抗外面世界的結合，防止其他公社來劫掠其財產和人口的保障。家長制的政治體可以組織公社成員進行各種活動，如軍事、教育、征斂貢納、召集各種服役，乃至遇有重要事故召集成員大會商討等。〔註129〕

　　尚鉞指出，在西周，在公社財產上也已經出現了公有財產與私有財產之對立，即一方面是「田裏不鬻，墓地不請」，注謂：「皆受於公，民不得私也。」「溥天之下，莫非王土，率土之濱，莫非王臣」，另方面則是「雨我公田，遂及我私」。但是公有財產仍是先決的條件，公社的代表人物，氏族貴族集團的國君及卿大夫作爲公有土地的佔有者，後來便逐漸佔據了公有土地。不僅如此，由於中國古代具體的條件，各先進國，如齊、晉、魯、衛等，建立伊始，便在各族各種發展不同階段的公社與集團的比鄰或包圍之下。這種具體的環境，就迫使他們把公社制度和關係看作保障自我生存的嚴重條件，從而發展成一套宗法制度。這種制度到春秋時被貴族統治階級的代言人──儒家發揮成完整的思想體系。這種思想又反轉過來，影響著公社制度的殘存與延續，一方面延緩了奴隸制的成長、阻礙社會的發展；另方面，它的忠、孝、義的道德教條，也爲中國民族的許多優良品質與精神，奠下了初基。〔註130〕

　　尚鉞認爲原始公社自然長成的民主制度和習慣，在早期奴隸社會還濃厚地保存著，國人、鄉人、民、庶民、庶人、百姓都是公社成員，是自由民，他們的意見是國家大政決定的基礎。〔註131〕

〔註128〕尚鉞《先秦生產形態之探討》，第5頁。
〔註129〕同上，第6、7、9～10頁。
〔註130〕同上，第10～11、12頁。
〔註131〕同上，第13、16頁。

（2）斯維至

斯維至認爲：西周是早期奴隸制社會，而且還保存著以公有財產爲基礎的農村公社或家族公社。〔註132〕

他指出馬克思和恩格斯所說的「家族公社或農村公社的主要特徵是土地的公有，凡草地、森林、牧場等也都是公用的。耕地雖然分給各個家族使用，但是並不是他們的私有財產，各個家族所能私有的只是房屋及生產工具而已；至於土地，則往往過若干年之後，必須重新分配。」〔註133〕斯維至認爲西周公社的休耕制度——爰田，正具有上述特徵。〔註134〕

根據《詩》、《逸周書》等的材料，斯維至認爲「西周時的農村公社大概是由一百個家族所組成」〔註135〕，公社中有公田和私田之分，「公田就是農民爲『共同體個人』耕作的。私田就是農民各個家族耕作的份地，但它們仍非私有，而只是作爲『承襲的佔有者』。……《詩經》中的『甫田』『大田』等應該就是公田，……籍田的制度在西周時仍有發展。」〔註136〕他強調籍田的最初目的是爲了保險、戰爭和祭祀之用，「至少在原始的意義上，籍田只是國王借民代耕，還並不具有嚴格的剝削意味。……『宣王不借千畝』，至多只能說是籍田開始破壞，還不是完全破壞。這也就是說，在宣王以前，公社成員爲籍田所支付的剩餘勞動還不是眞正的勞役制，他們只是爲了『集團本身的費用』而勞動的。因此，在這樣的生產關係之下，階級矛盾也尚未十分尖銳。」〔註137〕

斯維至認爲周克殷後，周人並沒有破壞被征服者殷人的公社制度，「周初封建諸侯事實上就等於對全國的公社一層層地加以統治而已。……其次，周初封建諸侯……就是一種武裝殖民。征服者周人在進入佔領區後，首要的工作就是營建城市，他們即依原來的公社居於城（國）中，叫『國人』，被征服部族的人民亦依原來的公社居於鄉村（野），叫『野人』。」〔註138〕周人自己的公社農民與殷人公社農民的區別在於「前者與周貴族同是自由民的範疇，

〔註132〕斯維至《關於殷周土地所有制的問題》，收入《斯維至史學文集》，第57頁，原載《歷史研究》1956年第4期。
〔註133〕同上，第52～53頁。
〔註134〕同上，第53～54頁。
〔註135〕同上，第52頁。
〔註136〕同上，第55～56頁。
〔註137〕同上，第60頁。
〔註138〕同上，第64頁。

即同是所謂『國人』的範疇，而後者則屬於奴隸的範疇，即所謂『野人』的範疇。因爲這樣，所以他們之間的政治權利與地位也有不同。」〔註139〕

在後來《釋宗族》一文中，斯維至進一步指出商周時期的宗族，其實就是父家長的家庭公社。他說：「關於西周的宗族或宗法，兩千多年來論述很多，但是大都著重在禮制方面，內容十分繁瑣，而對於它的組織的探討，仍很缺略。……據我的初步研究，一個宗族是由若干『室』組成的。如果說宗族是父家長大家庭，那麼，『室』就是小家庭。……它是包括動產與不動產、自由人和非自由人在內的。……應該注意的是室還沒有脫離父家長大家庭而獨立爲個體家庭。」〔註140〕斯維至認爲「當時的主要生產者是家庭公社農民，即庶人，不是奴隸」〔註141〕，而井田制正是父家長家庭公社的土地所有制〔註142〕，「父家長家庭公社的特點，如恩格斯所指出的，一是把非自由人包括在家庭以內，二是父權。此外，它們組成家庭公社，在社內實行土地公有，其中，除一部分土地（公田）共同耕作以外，另一部分土地則分配給成員各家輪流耕種。」〔註143〕

3、徐喜辰

徐喜辰主張西周社會的性質應與商代奴隸制一樣，雖然有進一步的發展，但卻沒有基本的區別。〔註144〕結合他有關商殷奴隸制的論述來看，他所說的西周公社應該就是農村公社。

他認爲周王朝和各諸侯國都有「國」「野」即「鄉」「遂」之分，周初「被封的周族奴隸制貴族及其所率領的公社農民進入廣大佔領區之後，便按照他們原來的部族組織形式居於城堡即『國』中，叫做『國人』」，「『國人』和貴族大宗還保有著某種血緣關係」，而「住在『野』裏的『野人』，主要是被征服的虞、夏、商各族的後裔，他們保有公社組織，以公社共同體的形式而不

〔註139〕斯維至《關於殷周土地所有制的問題》，收入《斯維至史學文集》，第67頁。
〔註140〕斯維至《釋宗族——關於父家長家庭公社及土地私有制的產生》，收入《斯維至史學文集》，第95～96頁，原載《思想戰線》1978年第1期。
〔註141〕同上，第103頁。
〔註142〕同上，第101～102頁。
〔註143〕同上，第96頁。
〔註144〕徐喜辰《商殷奴隸制特徵的探討》，收入「歷史研究」編輯部編《中國古代史分期問題討論集》，第81～82頁，原載《東北師範大學科學集刊》1956年第1期。

是以個別的家族或個人，受到奴隸制貴族的剝削和奴役」。〔註145〕「國人」和「野人」在政治、經濟和文化上的社會地位是不同的，具體到剝削關係上，「國人」和「野人」都行井田制的公社土地所有制，但其形式有所區別。「野人」所受剝削，即孟子所說的「殷人七十而助」，「公社農民把在公社共有地即『公田』上的勞動收穫物作爲賦稅交給奴隸主貴族，而在自己份地即『私田』上的收穫物則完全歸自己享有，不再交納實物稅」；而「國人」所受剝削，即孟子所說的「國人百畝而徹」，也就是「耕百畝者，徹取十畝以爲賦」。〔註146〕

他認爲「兩周時期的公社，文獻中稱作書社，又叫邑，當時的公社，不論大小，似乎都有城堡，曰『保』」，「在此種公社中，保存有公有制的殘跡，主要是土地的共有。公社中的草地、牧地、山林等是共同使用的，耕地雖然分給各個家族使用，但並不是各個家族的私有財產。……當時土地的實際的、眞正的所有者是國王，因此公社又必須……將公社農民勞動產品的一部分，集中到『那高居在一切小集團之上的結合的統一體』，即代表著國家作爲『最高的所有者或唯一的所有者』的手中。此時的公社，乃是周天子進行專制統治的基礎。」當時的公社土地還存在定期分配的制度，即「原來耕上地的，此次易到下田；原來耕次地的，此次易到上田；原來耕下地的，此次易到中田。田中的居廬，有時也隨之易動」，這是「公社的一件大事，也就是國家的主要內政之一」，「根據周禮記載來看，大致是每三年進行一次的」，這主要是由於實行三田制的休耕制度所引起的。〔註147〕

徐喜辰指出當時「國」「野」中「公田」的存在方式有異，「孟子所說的『方里而井，井九百畝，其中爲公田。八家皆私百畝，同養公田；公事畢，然後敢治私事，所以別野人也』的井田制度，是『野』裏的制度。這裡的『公田』，是和『私田』在一個井田之中，八家共同耕種其中的『公田』，然後每一公社農民再用自己的力量來耕種各自的『私田』。……『國』中的『公田』與『私田』的關係，雖然在本質上是和『野』裏的一樣，然而它的具體分佈情況，卻與『野』裏的情形不同。『國』中的『公田』，不像『野』裏那樣分散在『十夫爲溝』的井田之中，而是和『私田』相互隔離，比較集中在一個

〔註145〕徐喜辰《試論西周時期的「國」「野」區別》，《吉林師大學報》，1978年第2期，第23～24頁。
〔註146〕同上，第29～30頁。
〔註147〕以上參見徐喜辰《論井田制度的崩壞——中國古代公社的解體——》，《東北師範大學科學集刊教育》，1957年第3期，第81～85頁。

地區，由『國』中的公社農民集體來耕種，⋯⋯這就是我國古代文獻中所說的『籍田』。」「這種『籍田』，其規模已經擴充很大，因而又必須調徵各地的公社農民前來集體耕作。」〔註148〕

　　徐喜辰是建國後在商周土地制度研究上用力甚勤的學者之一。他首次從「井田制」的角度系統地闡述了商周社會是以「公社」為基礎的社會。但他追隨蘇聯學者斯特魯威等關於古代東方社會的觀點，從「王」一人所有的觀點出發視商周社會為早期奴隸社會，這就未免把「階級社會」的形成過程簡單化了。

（三）東方類型奴隸制說者：田昌五－朱本源－楊寬－林甘泉

　　認為西周是東方類型奴隸制社會的學者中，田昌五傾向於否認西周存在「公社」組織，但是多數學者則肯定「公社」作為社會基礎之廣泛存在，特別是楊寬，他還對西周公社的組織形式及其公共生活作了細緻深入的考察。

　　1、田昌五

　　田昌五（1925～2001）認為，「奴隸制有兩種基本形態：古典奴隸制和家庭奴隸制。前者在歐洲古代占主導地位，後者在亞洲古代占主導地位。」周代屬於家庭奴隸制，而「中國的奴隸制，就其特徵上說，似乎名之為宗族奴隸制比較妥貼些。它基本上屬於家庭奴隸制的範疇，而是它的最發達的形態。」雖然這種「宗族組織有許多原始家族公社的特徵，但更主要的則是一種階級組織，其中不僅包括奴隸，就是本宗族的成員之間也存在著統治和奴役的關係。」他考察了周代統治階級與被統治階級中的宗族組織及其特點，指出，除了顯貴宗族中存在著的宗族奴隸外，「中國古代還存在著另外一種宗族奴隸，即保留著宗族組織結構的奴隸。被統治階級中的血緣關係的情況要更複雜些，有的可能是家族，有的可能是氏族組織，但主要的還是宗族，⋯⋯因為他們還保留著族居的形式，有人就誤認為他們是什麼公社成員，其實這種組織在統治宗族中已成了為剝削者服務的形式了，被統治宗族中更是根本談不上什麼公社的。理由很簡單：他們乃至他們的宗族都是別人的奴隸，是奴隸制的所有物，不過是一種宗族奴隸而已。」〔註149〕

─────────────────

〔註148〕以上參見徐喜辰《「籍田」即「國」中「公田」說》，第80、84頁。
〔註149〕以上引文均見田昌五《中國奴隸制形態之探索》(《新建設》，1962年第6期），收入田昌五著《古代社會形態研究》，天津：天津人民出版社，1980年12月，第205、207、208、226頁。

2、朱本源

朱本源認爲在殷代社會母胎中已經萌芽著的東方奴隸制的專制制度，到了西周才完全成型。一方面，周王把全國土地當作他私人意志的專屬領域加以分封或「錫田受土」；另一方面，周王具有對全國農村公社土地的徵稅權以及對土地稅率及徵稅方式的決定權。〔註150〕

他認爲周代的農村公社與殷代是不同的，「在殷代的井田制下，……公田和私田在空間上是明顯分開的：即農民在私田上的勞動是他的必需勞動；在公田上的勞動則是他的剩餘勞動。」〔註151〕而到了周代，從《周禮》等史料可以看出，「作爲農村公社共有地的公田……已經消失了。公田的不存在正意味著：全國範圍內的農村公社的賦稅制度已形成，亦即全國範圍內的公田和私田的所有權都已集中於國王的手中。這也就是說殷代的過渡性質的農村公社已轉變爲周代的作爲專制國家基礎的農村公社。」〔註152〕

他解釋《詩經・大田》「雨我公田，遂及我私」句中的「公田」爲「國王所支配的王室私產。這種『公田』（或稱之爲『籍田』）正是…殷王的『王田』──起源於農村公社的特殊份地──的繼續存在」，而不是實行全國性「力役地租形式的天子的『籍田』」。〔註153〕

因而他認爲，周代的「公田」與殷代實際存在的「公田」──其收成用於支付公社本身費用──不同，周代「公田」有兩種意義：「一指在形式上不存在而實際上乃作爲實物稅的稅率而存在的私田中的一部分；一指直接屬於周天子支配而由農民代耕的王室私產。」〔註154〕

3、楊　寬

楊寬說（1914～2005）：「我們認爲，首先應該確認西周主導的生產關係，是奴隸制生產關係，奴隸主奴役著生產奴隸，同時也認爲在當時有不少地區保存著『村社』殘餘形式，被利用爲奴役、剝削的工具。如果說，在奴隸制生產關係中，保存有『村社』殘餘形式作爲奴役、剝削的單位，是『古代東方型』奴隸制特點的話，那麼我們主張西周的奴隸制應該屬於這樣的一種『古代東方型』，而決不是只有家內奴隸的所謂『古代東方型』，也不是『宗族成

〔註150〕朱本源《論殷代生產資料的所有制形式》，第65頁。
〔註151〕同上，第67頁。
〔註152〕同上。
〔註153〕同上，第68頁。
〔註154〕同上，第68～69頁。

員成為宗族長的奴隸』的『古代東方型』。」〔註155〕

他評析當時關於西周社會性質的三種不同意見（即：「西周封建領主制論」、「西周『古代東方型』奴隸制論」及「西周典型奴隸制論」）指出：西周封建領主制論者「主要著眼於西周的土地制度和『村社組織』，認為西周貴族把土地連同人民層層分賞，就出現了采邑制和領地制，構成了等級土地所有制和等級從屬的武裝家臣制。『村社』原有的『公田』收入被轉化為勞役地租，於是『村社』農民向農奴轉化，『村社』向封建莊園轉化。同時也還保留著奴隸制的殘餘」，但是「要分析由奴隸制到封建制的社會變革，必須從當時生產力的發展與其生產關係的矛盾，以及由此而產生的階級鬥爭來考察」，「同時分析一個社會的性質，主要應當從生產關係以及政權性質來加以考察」，「西周初期的生產水平和社會生活和殷代後期並沒有多大區別」，而且「從西周勞動人民被大量集中，成千上萬在農田上集體勞動，所謂『十千維耦』、『千耦其耘』的情況看來，就不像是封建主剝削勞役地租的方式。從西周對夷戎部落的戰爭性質來看，西周政權是屬於奴隸主性質的。」「主張西周『古代東方型』奴隸制論的，在闡明當時奴隸制下存在『村社』方面，作過很大的努力，在這方面研究上有一定的貢獻，但是過分強調了奴役『村社』農民方面，把當時生產奴隸的重要性完全忽略了，因而就不能正確說明當時奴隸制的生產關係。」「他們主張當時只有家內奴隸，主要生產者全是『村社』農民的說法，是可以商榷的。如果只有家內奴隸，沒有確立奴隸制生產關係，是不能認為奴隸社會的」，而「西周確是存在相當數量的生產奴隸的，從事於主要的農業生產和手工業生產，而且奴隸的來源主要是對夷戎部落的掠奪戰爭。」另外還有一種見解，「認為『古代東方型』奴隸制就是宗族奴隸制，奴隸主貴族把氏族公社外殼保留下來，改變成宗法制度，大小宗族長擁有本族的財權、神權、法權和兵權，對本族成員具有至高無上的權力，因此各個宗族成員實際上成為宗族長的奴隸，這就是馬克思所說的『普遍奴隸』」，但是這裡的「大小宗族長固然是奴隸主貴族的領袖人物，各個宗族成員同樣是奴隸主貴族身份，怎會變成宗族長的奴隸呢？」「主張西周典

〔註155〕楊寬《古史新探》，北京：中華書局，1965 年第 1 版，第 62 頁。楊寬原來認為：春秋中期以前，中國的社會經濟是由封建的領主經濟支配著的，之後就逐漸轉變為封建的地主經濟。（見楊寬《戰國史》，上海：上海人民出版社，1955 年 9 月第 1 版，第 64～69 頁。）

型奴隸制論的，在闡釋當時奴隸制的生產關係和存在生產奴隸的情況，做出了很大的貢獻，但是又過分把當時社會結構單純化了，認爲生產者只有各種的生產奴隸，甚至把『民』和『庶人』都解釋成爲低於家內奴隸的下等奴隸，完全否認『村社』農民的存在，否認『井田』制度是『村社』的土地制度。其實，如果根據古文獻上所談到的『井田』制度的內容來看，是無法否認其爲『村社』的土地制度的。在封建社會中，封建主還利用原有的『村社』形式來束縛和剝削農民，使『村社』變質，成爲進行封建剝削的一種工具。在封建社會以前的奴隸社會中，因爲緊接著原始公社制的末期，原始的『村社』更容易被保留下來，被奴隸主利用來作爲奴隸制剝削的一種便利工具。同時中國領土廣大，各地社會的發展不平衡，到春秋初期中原地區還多分佈夷戎部落。在西周奴隸主國家對各地征服的過程中，必然遇到很多具有一定生產力水平的部落和保存村社的地區，一下子不可能把原來公社和村社完全破壞，把他們俘虜或集中起來改變爲奴隸，因此很自然的會保存『村社』殘餘形式，使它變質，利用它作爲奴役、剝削的工具。」〔註156〕

　　楊寬認爲西周春秋時代奴隸制的社會結構主要由奴隸主貴族、「國人」和「庶人」、奴隸等組成。「貴族利用家長制家庭公社遺留的制度，加以改造和發展，構成宗法制度，作爲奴隸主貴族專政的工具。」「『國人』是天子的王城和各國國都附近『鄉』中的居民，是當時國家的自由公民性質，也是統治階級的一個階層。他們長期保留有村社平分耕地的制度，有公民的政治權利，……同時有服兵役和納軍賦的義務」。而「『庶人』也稱『庶民』、『野人』、『氓』、『鄙人』，是居於王城和國都的郊外『野』或『鄙』的居民，也包括卿大夫采邑的居民，是當時被奴役的農業生產者。他們長期保留有村社的組織形式，被奴隸主貴族和國家官吏利用來勞動編組，作爲奴役的便利工具。有所謂井田制度，即是村社的土地制度。他們在名義上也平均分到『份地』，但是實際上，所有土地，連同自己本身，都是貴族及其國家所有的財產。他們要在籍田或勸田（即被貴族和官吏佔有的原來村社的公有田）上進行集體的無償勞動，稱爲『籍』或『助』，『籍禮』就是監督他們從事集體勞動的儀式和制度。所耕『份地』還有賦稅的負擔，更要提供極其繁重的勞役，提供家畜和一切貴族所需要的野外生產的物品。」至於西周社會中的奴隸，他們

〔註156〕楊寬《古史新探》，第 51～54、57、62～63、70 頁。

「主要來自掠奪和征服戰爭，有單身奴隸稱爲『人鬲』、『鬲』或『訊』等，有婚配成家的奴隸叫『臣』，更有整個氏族或部族被作爲奴隸的。主要從事於農業、手工業和開發山澤等主要生產。」〔註157〕

　　楊寬詳細研究了中國古代的井田制度及建立於其上的村社組織，他認爲「我國春秋時代以前確實存在整齊劃分田地而有一定畝積的井田制度，並且確實存在平均分配『百畝』份地的制度。在井田制度中，即有集體耕作的『公田』，又有平均分配給各戶的『私田』（份地），『私田』又有按一定年齡的還受制度，這無疑是古代村社的土地制度。」〔註158〕他還認爲「中國古代和其他古代盛行河流灌漑農業的國家一樣，在便於水利灌漑的平原地區，長期保存著村社組織，實行著井田制。同時由於地形的限制，在山林沼澤地區便沒有實行井田制。」「在那些地方的村社就採用了不規則的劃分方法，也就不可能實行定期平均分配份地的制度，因而村社成員的份地首先成爲世襲財產。」〔註159〕他根據古代月令等的材料研究指出：「……中國古代村社性質的井田制度，和古代各國的村社一樣有定期平均分配更換份地的制度，起初是一年分配更換一次，接著是三年分配更換一次。爲了要平均分配份地，井田有著平均劃分田地的封疆阡陌的結構。原始村社中實行定期平均分配更換份地的制度，是爲了勞役平均，使所得生產品均勻。後來隸屬於國君和貴族的村社，也還實行定期平均分配更換份地的制度，主要的是爲了確保對貴族提供負擔，均分對貴族的負擔。井田制度正是如此，所以《漢書·食貨志》論述井田制度的作用說：『力役生產可得而平也。』」〔註160〕

　　關於井田制基礎上的古代村社組織及其公共生活，楊寬認爲：「大概我國古代村社的大小是不一致的，最普遍的是十家，也還有百家的，千家是極少數的，單位名稱在各個地區也是不同的，有稱邑和里的，有稱社或書社的，也有稱鄉的，又有稱聚的，商鞅變法時就曾把鄉、邑、聚合併成縣。自從春秋戰國間有縣制的設立，就逐漸把這些鄉里的組織統一起來。」〔註161〕而且「中國原始的村社和各國的村社組織一樣，有長老作爲他們的領導，負責組織和監督勞動生產以及其他公務，在成員之間有著相互協作的習慣。等到

〔註157〕楊寬《古史新探》，第66～68頁。
〔註158〕同上，第115～116頁。
〔註159〕同上，第119頁。
〔註160〕同上，第123～124頁。
〔註161〕同上，第125～126頁。

階級社會出現，村社隸屬於國君和貴族，長老就成爲國君和貴族的屬吏，雖然外表上仍具有村社代表的身份，負有督促成員生產和互助之責，實質上已代表貴族來統治和剝削成員，成爲貴族派在鄉里中的直接監督者和統治者。」〔註162〕他指出：「孟子在論井田制時說：『設爲庠序學校以教之，庠者養也，校者教也，序者射也。』實際上，這裡所謂庠、序『校是古代村社中的公共建築，是村社成員公共集會和活動的場所，兼有會議室、學校、禮堂、俱樂部的性質。因爲村社的父老經常在這裡主持一切，受人尊敬和供養，所以有的稱爲庠。又因爲這裡是村社群眾習射之所，也或稱爲序。」〔註163〕「這時村社中最熱鬧的群眾集會是祭社。社就是土地之神，後世的城隍廟、土地廟就是由此演變出來的。……因爲他們認爲土地原是社神所有的，……所以每年仲春季節要祭社，……在當時，因爲土地層層的佔有，從天子、諸侯、卿大夫到國人，也都有『社』。祭社的目的，是爲了祈求甘雨和豐年。」而「這時『社』設置在樹林中，是一個土壇，土壇上陳列著石塊或木塊作爲『社主』。祭社時男女齊集，殺牛羊祭祀，奏樂歌舞。既有群眾性的文娛活動，也是男女交際的場所。民間有許多動聽的音樂，美妙的舞蹈，生動的詩歌，都在這裡表演。」〔註164〕祭社之外「其次的群眾集會是臘祭。臘祭是在收穫以後，對各種鬼神的酬謝和慶祝豐收。臘祭原在十月，後來改在十二月，也或稱爲『蠟祭』。……臘祭時也殺牛殺羊，……在祭臘完畢後，也同樣要在村社的公共建築──『序』裏聚餐，聚餐要按年齡大小來排席次。」〔註165〕「除了祭社祭臘以外，其他的祭祀還有『嘗新』等。這種酒會熱鬧得很，男女老少的農民都一起在歡樂，還有『六博』『投壺』等娛樂」，但是「在奴隸主和封建主的統治壓迫下」，「祭社、祭臘等群眾活動的……費用已成爲村社成員的沉重負擔。」〔註166〕

楊寬還根據《周禮》的材料確信西周存在著鄉遂制度的社會組織結構，「六鄉」和「六遂」居民的社會組織結構是不同的，『六鄉』居民還多採取聚族而居的方式，保持有氏族組織的殘餘形式，在一定程度上仍以血統關係作爲維繫的紐帶。」而「『六遂』居民已完全以地域關係、鄰居關係代替了

〔註162〕楊寬《古史新探》，第129頁。
〔註163〕同上。
〔註164〕同上，第131頁。
〔註165〕同上，第131～132頁。
〔註166〕同上，第132、133頁。

血統關係。」〔註167〕「『六遂』居民是農業生產的主要擔當者，所以有一套
分配耕地的制度。……對『六遂』居民所以要如此平均分配耕地，無非是爲
了確保對貴族提供負擔，和均分對貴族的負擔。『六鄉』雖然也有平均分配
耕地的制度，卻是爲了保持公民之間的平等權利，維持他們提供兵役和勞役
的能力。」〔註168〕總之，「『六鄉』和『六遂』的居民，顯然是不同的兩個
階級。『六鄉』居民是自由公民性質，有參與政治、教育和選拔的權利，有
服兵役和勞役的義務。『六遂』居民則沒有這些權利，而是農業生產的主要
擔當者，需要在農業生產上提供無償勞動，並提供種種生產物品和服勞役，
是被剝削和被壓迫者。」〔註169〕

在關於當時公社的農業生產水平的判斷上，他不同意徐中舒在《試論周
代田制及其社會性質》一文中提出的「菑田」、「新田」和「畬田」就是歐洲
村公社中的「三田制」的看法，而認爲「菑田、新田、畬田的正確解釋，應
該是三種墾耕不同年數的農田」，「『菑』是第一年剛開墾的田，『新』該是經
過一年開墾後，到第二年已經能夠種植的新田。……至於畬田，那是經過三
年治理的田」。〔註170〕

4、林甘泉

林甘泉（1931～）認爲的西周奴隸社會接近於東方類型的奴隸制，他說：
「中國古代的土地所有制是屬於馬克思所說的亞細亞的形態，在這種形態
下，國君是最高的所有者或唯一的所有者，『個人只是佔有者，根本沒有私
有的土地財產』。春秋戰國之際，這種公社土地所有制發生了激烈的變動。」
〔註171〕他否認西周的分封制與封建土地制度間的必然聯繫。〔註172〕

根據馬克思對於亞細亞財產形態的論述，他指出：「在亞細亞的形態下，
雖然國君是全部土地的最高所有者或唯一所有者，但眞正掌握著土地的，是
公社。專制君主通過公社作爲媒介而把土地分配給公社成員。」而「在我國
古代，公社土地所有制的具體形式是井田制。」〔註173〕

〔註167〕楊寬《古史新探》，第138～139頁。
〔註168〕同上，第139頁。
〔註169〕同上，第145頁。
〔註170〕同上，第11～14頁。
〔註171〕林甘泉《中國封建土地所有制的形成》，《歷史研究》，1963年第1期，第95頁。
〔註172〕同上，第96頁。
〔註173〕同上，第102、103頁。

　　林甘泉認為，西周末年，公社土地所有制已經開始顯露出它的危機，宣王不藉千畝，可能是宣王在賦稅制度上有所更改，「藉田本來由公社成員集體耕種，是一種徭役勞動的剝削形態。宣王廢除了這種剝削方式後，可能把公田分給公社成員而採取徵稅的辦法」，原來的公社土地關係也因此而遭到了破壞。〔註174〕

二、初期封建社會說者

　　針對上述西周是奴隸社會的觀點，不少學者則主張西周是初期封建社會，或稱其為領主制的封建社會。他們中的多數人都承認西周存在「公社」組織，但也有學者如王玉哲等，認為當時的「公社」組織實質上已經是崩壞了。

（一）徐中舒－李埏－楊向奎－范義田－童書業

　　徐中舒、李埏、楊向奎、范義田、童書業等傾向於認為西周存在兩種公社組織，即「家族公社」與「農村公社」。

1、徐中舒

　　徐中舒先生堅持西周是封建社會，他不同意西周屬於古代東方奴隸制的觀點，他認為「西周社會固然普遍的存在了家族公社和農村公社，但同時就有許多脫離公社而成為小土地所有者的士，這一個階層是有相當大的數量；還有大土地所有者的卿大夫，他們都是有土有民的世襲領主。」〔註175〕「當西周統治的開始，它是已經進入封建社會的階段了。公田私田普遍存在，而且有一定的比例，十比一或八比一，生產者是屬於家族公社的自由民或村公社的半自由民，所以這種有一定比例的服役制，應當是屬於封建社會的勞役地租，後來廢止公田而徵收私田什一的生產稅，也應當是屬於封建社會的生產物地租。從周代的田制看，它是徹頭徹尾的屬於封建社會形態。」〔註176〕

　　他考察周人勝殷之後的分封建國，認為「周人軍事統治深入了廣大佔領區之後，統治者和他的部族按照原來的部族組織居於國中，稱為國人。他們

〔註174〕林甘泉《中國封建土地所有制的形成》，第103～104頁。

〔註175〕徐中舒《論西周是封建制社會——兼論殷代社會性質》，收入《徐中舒歷史論文選輯》（下），第931～932頁，原載《歷史研究》1957年第5期。

〔註176〕徐中舒《試論周代田制及其社會性質》，收入《徐中舒歷史論文選輯》（下），第892頁，原載《四川大學學報（哲學社會科學版）》1955年第2期。

所統治的對象是村公社的共同體，而不是個別的家族和個人，他們居住在廣大的農村公社裏，稱爲野人。〔註177〕從人數和佔領區面積的比例來看，這裡的國人的數目是很渺小的。因此統治者和他們的部族對於被統治的野人，是不能爲所欲爲的。當時的村公社是一個以公有財產爲基礎的社會向一個以私有財產爲基礎的社會過渡，公社成員，一方面有自己的份地，一方面還要以九一的剩餘勞動在村公社佔有的土地上耕種。統治者征服這些村公社之後，他們只能從村公社方面掠奪過去爲村公社佔有的公地，及村公社成員在公地上的剩餘勞動。……他們在佔領區也只有沿襲殷商以來的村公社舊規，而在自己部族所在的國中，也自然要按照自己所習慣的一套成規，作爲施政的根據。」〔註178〕他同時也指出：「周部族定居東方以後，有許多家族公社成員很快地上昇爲統治者的臣屬，或大小軍事首長。他們掠奪了許多奴隸和貴重物資（子女玉帛），擁有大量財富。於是家族公社內部的分化就更加顯著，以公有制財產爲基礎的社會，就加速度地向以私有財產爲基礎的社會過渡，他們毫不遲疑地脫離了家族公社而成爲統治者的私屬。」「在東方被征服的野人，他們的村公社雖然也在蛻變，但是他們的土地公有的基礎依然牢固存在，統治者除了掠奪原爲公社公地以及公地上的物產以爲己有，或以賞賜與他的臣屬以外，他們還可以通過氏族長或公社管理人分配公社成員帶著糧食爲統治階級服有限期的勞役。」〔註179〕

徐中舒先生著重研究了西周的田制及其生產關係。他認爲「菑、新、畬」其實就是西周村公社的三田制，這種三田制，在中國古代與一年耕百畝休百畝，耕百畝休二百畝的二田制、復田制，同稱爲爰田。所謂爰田，就是換田，不但土地三年一換土，同時還要易（換）居，以達到村公社內財均力平的目

〔註177〕徐中舒先生認爲只有百姓以上的統治階級才有宗法，百姓以下的國人所在的鄉黨組織可能已是兼具血緣與地緣兩重關係的家族公社，他們要因服兵役而上昇到士以上的階級時才可以有宗法，其餘的人和農村公社的成員，他們都是被束縛於土地上的從事農業生產的庶民，他們是沒有宗法組織的，在公社未解體以前也是沒有什麼貧富分化的。（見徐中舒《論堯舜禹禪讓與父系家族私有制的發生和發展》，收入《徐中舒歷史論文選輯》（下），第 991 頁，原載《四川大學學報（哲學社會科學版）》1958 年第 1 期）
〔註178〕徐中舒《論西周是封建制社會——兼論殷代社會性質》，收入《徐中舒歷史論文選輯》（下），第 857～858 頁。
〔註179〕徐中舒《試論周代田制及其社會性質》，收入《徐中舒歷史論文選輯》（下），第 862～863、863～864 頁。

的。〔註 180〕井田則是從高地農業三田制等的基礎上，在肥沃低地上發展起來的年年可以耕種的田制，它也屬於農業公社。〔註 181〕

他認為西周田有公田、私田之分，它們原來都屬於原始公社中的公共財產，周部族征服這些原始的農業公社之後，為借助人民進行生產糧食的準備，徹取了公社土地的十分之一作為公田，稱之曰徹田，但徹田須借助民力耕種，因又稱之曰籍田。而西周家族公社以百室為一單位，百家又各有份地百畝，稱為私田，以耕千畝的公田，每家應耕十畝。相對於私田以百畝為單位，籍田則以千畝為單位，而且往往是集中十個千畝在一處。古代三十里為一舍是當時村公社通行的田制，也就是方三十里中分佈了十個千畝的公田、十萬畝的私田，十個百家居於其中。公社成員從自己的住地到私田或公田上耕種，都不能超過三十里，因為三十里恰好是一天可以來回的路程。〔註 182〕

徐中舒認為到了宣王前後「籍田廢止而向人民徵收生產稅，這是統治者對公社的統治又前進了一步。統治者繼徹取公田之後，又在公社成員的份地上確立了所有權。……這就是以公有財產為基礎的社會向以私有財產為基礎的社會過渡的例證。社會就這樣一步一步地向前推進了。『一夫受田百畝』、『三十受田，六十還田』的授田制，終於由公社成員一致的承認了。授田制是一直維持到戰國末年。」〔註 183〕特別是「統治階級在公社成員的私田上確立了所有權以後，公田私田的分別從此就在歷史上消失了。公社也開始有了變化，……從前須三年一換的土地，現在改為授田制，只要一次授給之後，人民就可以長久保有使用權，以至六十還田時，……這就是《漢書・食貨志》所說的『自爰其處』的爰田制……」。〔註 184〕而「統治階級在公社成員的私田上確立了所有權以後，公社成員的隸屬關係，也逐漸由公社向周王朝過渡。」〔註 185〕其結果，「公社結構逐漸削弱，……氏族紐帶的解體，使周王室對於蠻族犬戎的進攻，也就失掉了抵抗的能力。這就是西周滅亡的主要原因。」〔註 186〕

〔註 180〕徐中舒《試論周代田制及其社會性質》，收入《徐中舒歷史論文選輯》（下），參照第 842～845 頁。
〔註 181〕同上，第 846～847、836 頁。
〔註 182〕同上，第 848～850 頁。
〔註 183〕同上，第 852～853 頁。
〔註 184〕同上，第 853 頁。
〔註 185〕同上。
〔註 186〕同上，第 854 頁。

　　總之，對公社組織的考察是徐中舒先生研究和認識西周乃至整個先秦社會的重要組成部分，但同時我們也注意到，徐中舒先生所說各種「公社」，如「氏族公社」、家族公社」及「農村公社」等還與我們一般所理解的概念略有不同，如在「家族公社」、「農村公社」的發展序列與特點上，徐中舒先生認為可以由「農村公社」發展而為「家族公社」〔註187〕，「家族公社」可以「兼具血緣與地緣兩重關係」〔註188〕，這與恩格斯在《起源》中所述的觀點還是有所不同的。

2、李埏

　　李埏認為周滅商時就已進入了封建社會，而滅商後封建制度則已確立了，幽、屬以前的社會形態基本穩定，以後變動才加劇，其所以加劇，乃是由領主經濟向地主經濟過渡，而不是奴隸制向封建制的過渡。〔註189〕

　　他說周代也存在著「農村公社」，而且「還有家庭公社的大量殘餘——『宗族組織』，即所謂的宗法制度。大體說來，以統治與被統治為分野，宗族組織存在於統治階級之內，而村社組織則存在於被統治階級之間。」〔註190〕

　　他強調「周之所以推行封建制度，固然是迫於形勢，但封建制度之所以能夠確立，則是由於各族……農村公社和宗族組織的普遍存在。在滅商的戰爭中和戰爭後，不僅周的與國的農村公社和宗族組織未遭破壞，即商族的農村公社和宗族組織也依舊保留。」〔註191〕

3、楊向奎

　　楊向奎指出：「……古代東方各民族之社會制度的最為顯著的特徵，便是氏族制度的殘跡之長期的留存，以及起先是原始的家族公社，而隨後是原始的農村公社之持久的保留」〔註192〕。他主張繼奴隸社會殷商而起的西周已經

〔註187〕徐中舒《試論周代田制及其社會制度》，收入《徐中舒歷史論文選輯》（下），第 866 頁有關《周禮·遂人》田制的論述，亦見第 869 頁徐中舒先生說的「由農村公社發展而為家族公社」。

〔註188〕徐中舒《論堯舜禹禪讓與父系家族私有制的發生和發展》，收入《徐中舒歷史論文選輯》（下），第 991 頁。

〔註189〕李埏等《試論殷商奴隸制向西周封建制的過渡問題》，收入《不自小齋文存》，第 9 頁，原載《歷史研究》1961 年第 3 期。

〔註190〕同上，第 6 頁。

〔註191〕同上，第 18 頁。

〔註192〕楊向奎《中國歷史分期問題》，收入歷史研究編輯部編《中國的奴隸制與封建制分期問題論文選集》，第 333 頁，原載《文史哲》1953 年第 1 期。

是封建社會（宗法封建制）了，而從戰國末到西漢末則是一個從宗法封建社會過渡到地主封建社會的時期。〔註193〕

他強調村公社制度在中國不只存留在殷商奴隸社會，也存留在封建制的西周社會裏，「周人征服殷人以後同樣也保存有公社制度，最顯著的是周人的宗法制度，這是以血緣為中心的氏族組織，同時也是父系家長制的家族組織，然而在封建制度下保存下來，變為與中國封建制度相結合的宗法制度，而與公社制度分不開。」〔註194〕「大、小宗的制度雖然在商朝已經存在，但在周朝的宗法和商朝有所不同，這實在是一種『家族公社』的殘餘組織，是一種家長式的大家庭組織，也可以說是氏族公社的次生形態。」〔註195〕「自西周初到戰國初這五百多年的時期內，氏族制度以宗法的組織形式保存著，而井田制度則是農業公社的繼續。除了『殷民』受著超經濟的剝削外〔註196〕，所謂『庶人』正好是公社的自由民階級，他們是附著於土地的，他們是農業物資的直接生產者，然而他們是自由的農民，到戰國時候，我們看到『士庶人』〔註197〕連稱，更可以說明他們這種自由民的地位，這種自由民作為作為物質資料直接生產的社會在日耳曼的封建社會初期也是存在的。」〔註198〕

關於當時公社的土地制度，他說：

> ⋯⋯在中國封建社會初期的土地制度：表現在領主土地所有制度中是公社土地使用的形態，及農奴耕種的土地。⋯⋯居於鄉遂者為「國人」，向領主納貢賦，這是前封建主義地租，「國人」也就是公社農民的身份。居於都鄙者為「野人」向領主出勞役地租，是農

〔註193〕楊向奎《中國歷史分期問題》，收入歷史研究編輯部編《中國的奴隸制與封建制分期問題論文選集》，第338～339頁；另參見楊向奎《有關中國古史分期的若干問題》，收入「歷史研究編輯部」編《中國古代史分期問題討論集》，第535頁，原載《歷史研究》1956年第5期。

〔註194〕楊向奎《中國歷史分期問題》，收入歷史研究編輯部編《中國的奴隸制與封建制分期問題論文選集》，第353頁。

〔註195〕楊向奎《中國古代社會與古代思想研究上冊》，第44頁。

〔註196〕楊向奎曾指出：「同是殷人也有兩種身份，⋯⋯一是國人身份，一是依附農民。」（《中國古代社會與古代思想研究上冊》，第57頁。）

〔註197〕楊向奎曾談到在當時農民中也有不同的等級，他認為「士」是自由農民，可以得到采邑或土地的賞賜，而庶人則是「士」以下的、奴隸階級以上的一個階級，不能保有奴隸，也沒有自己的田。（《中國古代社會與古代思想研究上冊》，第67～72頁。）

〔註198〕楊向奎《讀〈馬克思、恩格斯論中國〉，兼論中國封建社會的歷史分期問題》，《文史哲》，1953年第2期，第22頁。

奴的身份。我們必須充分注意這農奴身份的農民，因爲這是肯定西
周封建社會的關鍵之一。而不能籠統地説，井田制是村公社的制
度。……〔註199〕

他認爲西周的井田制「一田」的土地相當於一千畝，並且與農村公社的
組織關係有關。〔註200〕

楊向奎強調要重視中國古代發展的不平衡性，他舉先秦時代的齊國説：
「齊地本屬於東夷，東夷在社會發展上説是落後於居住在它以西的部族，當
西部已經是封建社會的時候，東夷仍然是氏族社會。齊國之遷徙到東方來應
當是周公東征以後的事，在此以前周人在中原一帶已經建立起封建國家。齊
國東遷，封建主義在東夷地區內也起了作用，因此在這個氏族社會內建立起
封建制度，但這是早熟的，以至於齊國到後來一直保存著原始氏族公社的組
織。」〔註201〕

他認爲要解決中國古史分期的問題，首先要研究具體問題，針對中國歷
史上的公社問題研究，他曾意味深長地談到：

> ……我們常常提到公社問題，認爲這是古代東方的特點，也是
> 中國古代史上的特點，但究竟中國古代的公社是什麼樣子，什麼是
> 中國古代的公社呢？我們可以説這是大家全沒有譜兒的事，因爲我
> 們還沒有作徹底的研究。童書業先生在文史哲上發表的與蘇聯專家
> 討論中國古史分期問題的文章（本刊本年三期），內容是豐富的，但
> 他説道：
>
> > 古代兩河流域和古代中國的「公社」，在早期，似乎也屬
> > 於奴隸制的性質。例如古代蘇美爾和中國殷代的公社，似乎就
> > 是屬於奴隸制性質的。……但兩河流域從巴比倫時代起，中國
> > 從西周時代起，「公社」的性質已經變了。換句話説：奴隸制性
> > 質的「公社」已經轉化爲封建制性質的「公社」了。（文史哲，
> > 57 年 3 期，15 頁）

〔註199〕楊向奎《〈中國古史分期問題的討論〉商榷》，收入歷史研究編輯部編《中國
　　　　的奴隸制與封建制分期問題論文選集》，第 436～437 頁，原載《文史哲》1955
　　　　年第 1 期。
〔註200〕楊向奎《有關中國古史分期的若干問題》，收入「歷史研究編輯部」編《中國
　　　　古代史分期問題討論集》，第 515～516 頁。
〔註201〕楊向奎《從周禮推論中國古代社會發展的不平衡性》，《文史哲》，1951 年第 3
　　　　期，第 43～44 頁。

這段話一開頭還很慎重，說殷代公社「似乎」是屬於奴隸制性質的，但後來就肯定了，說西周後就變作封建性質的了。究竟什麼是殷代的公社呢？現在中國古史與古文字學的水平，誰也說不出來。有人也許說殷代的「邦社」就是一種公社，弄過古文字學的全都知道這是誤解，「邦社」是一種祭祀的禮儀而不代表一種土地制度、生產組織。我們到哪裏去找殷代的公社呢？公社我們還沒有找到，就肯定它是什麼樣子，又肯定它什麼時候變質，豈不是言之過早？宗周的公社大家全以井田來說明，偏偏宗周的可靠記載不談井田，而是較後的記載大談特談，這是爲什麼？就是關於井田我們知道的也不充分。秦漢以後的中國社會大家還在說「公社，公社！」但公社在哪兒？我們應當來一次捉公社運動，首先捉到它，再研究它，我們不能當對象還沒有捉到的時候，就已經清楚了它的一切！〔註202〕

楊先生的這番話至今令人感慨！此去已將近半個多世紀了，關於中國古史上的公社問題的研究除了理論指導上要繼續溯本清源之外，對具體問題的研究仍然大有可爲。

4、范義田

范義田主張西周是農奴制的封建社會，是「農村公社普遍發展爲農奴制的社會，但也保留著家庭奴隸制」。〔註203〕

他考察姬周還未征服殷商以前的社會制度，認爲「公劉在豳『度其隰原，徹田爲糧』，施行著公社分田的農業耕作。此後就發展了公社中的個體家庭的分田，『詩經』『緜篇』寫著古公亶父騎馬到岐山之下，在周原上面建築了『百堵皆興』的個體『家室』，由百來個家庭組成爲農村公社，對於農業土地則『迺疆迺理，乃宣乃畝』的進行著小塊小塊的分區。這樣的公社村落，到太王、王季時代更加發達了，……姬周族不斷的向鄰族侵略，俘獲了很多奴隸，確立了『家長制的家庭公社』。」「文王時代雖然使用了大量奴隸，但公劉以來的公社上的農業卻不斷的發展，文王也親自下田參加氏族成員的耕作，……由於他們居住在渭水流域的黃土地帶，鐵器或銅器的農具在當時的生產條件

〔註202〕楊向奎《解決中國古史分期問題，要先研究具體問題》，《文史哲》，1957年第5期，第63頁。童書業對此的回應參見童書業《略論古史分期討論中理論結合史料問題》。

〔註203〕范義田《西周的社會性質——封建社會》，收入文史哲雜誌編輯委員會編《中國古史分期問題論叢》，第235頁。

下發揮了最高的效用，所以公社上的農業就必然順利的向著小農經濟的方向
發展。」〔註204〕

　　他認爲周人在征服殷商之後「把侵佔得的土地人民首先分賜給自己的家
族，分建爲大的諸侯國，……氏族成員有戰功的，也往往做了一個公社上的
小領主，……把公社的田畝和人口登記在冊子上，封給有功的武士，就叫『書
社』。」〔註205〕從而他認爲：

> 　　諸侯國由軍事首領去管制被征服的家庭公社和農村公社，這樣
> 的社會關係，下層是小農生產的公社均田制（包含著家庭奴隸），上
> 層是具有勢力的大土地佔有者（領主），一般的形成爲小農民對於大
> 領主的隸屬關係，而這種關係正是封建生產的關係。〔註206〕

　　在家庭公社和農村公社的上面建立領主制度，范義田認爲有兩種情形：
「一種是把原有公社的家長連同其土地人民，錫封給軍事首領」；「另一種是
把商族的公社，整族的遷到洛陽，仍然建立起家長的公社組織」。〔註207〕

　　不僅如此，「西周承繼著殷商國家的統治，把已經發展著的公社均田制上
的小農生產，更加普遍的推廣起來，……小農的生產被提高到普遍的地位，
就更加把商國在發達中的奴隸制及由貴族所壟斷的商業阻抑住了。」〔註208〕

　　對於「井田制」，他認爲「公社對小農民進行定期配田，成爲均田；在黃
河大平原上的公社均田，是很容易達到規格化普遍化的地步的，這就是井田
制度。……井田制……的前身正是氏族公社的配田，因而繼續成爲農村公社
最方便的分田形式，它又作了春秋以後井田制崩潰的前提條件。」〔註209〕

　　他這麼解釋西周「公田」與「私田」（份地）的關係，他說：「西周初期，
雖然存在過『大規模』經營的『公田』，但比之分配給農奴的『私田』總面
積來說，那又是小得很了。……在它的上面曾經長期的保留著共同耕作、大
家平分的制度；由於這塊公田上的生產，是公社用在共同祭祀社神的宗教集
會上，所以又稱爲社田、祭田、籍田。後來這種公田被領主占爲私有，就把

〔註204〕范義田《西周的社會性質——封建社會》，收入文史哲雜誌編輯委員會編《中
　　　　國古史分期問題論叢》，第226～227頁。
〔註205〕同上，第228頁。
〔註206〕同上。
〔註207〕同上，第229～230頁。
〔註208〕同上，第230～231頁。
〔註209〕同上，第231頁。

原是公社上的公共生產，轉變爲工役地租了。」「……被調集起來的農夫都各有份地，所以這種公田的性質等於後世的皇莊，是作爲王室的家庭收入的；至於國家的公共費用，則依靠由『私田（份地）』所生產的租賦，即什一稅」。〔註210〕

　　他認爲，「……就是在西周初年進行著公田的工役地租制的農奴，都分配著『私田』（份地），有自己的鐵犁，他們顯然是有自己的生產資料和勞動的物質條件的。當公社還推行著配田（授田）的初期，他們分到的份地，是在公社共有之中自己應得的一份，所以領主在這裡成爲名義上的土地所有主；領主獨佔了公社上的公共社田以後，強迫農奴來付出工役地租，一方面是利用宗教集會的方式（即『唯爲社田，國人畢作』），同時也施行軍事的監督（由『詩經』『大田篇』可以看出）。農民束縛於土地上作爲土地的附屬品，……而這種農民，正是組織在公社形式之中的小農」。〔註211〕

　　他認爲：「西周社會的公社，一般的是農村公社，其中所包含的氏族制度的尾巴，已經蛻變爲宗教的集團，每個這樣的村落裏面都有祭神的丘社，或者還有祭神的社田」，而「農村公社的普遍發展……已經把廣大的人民逐漸融彙爲基本上語言相同、文字相同、詩歌風格相同、風俗相同的民族（即封建社會的部族）了；就是說，氏族部落的壁壘，在封建農業經濟廣泛發展的一致性的發展之中逐漸消失了」。〔註212〕而且，「這種村社的農民家庭都是個體家庭，領主仍然表現爲家長和族長的形式，一般農民就是過去家庭公社裏面的自由人，並且雜居著移民，因此小農對於領主的隸屬形式是比較緩和的；倘若這種村社還有了奴隸，那也正如過去家庭公社把奴隸包含在家庭內面一樣，是家務奴隸的形態，這種奴隸的家庭或者聚居成爲村落，而轉化爲農奴。」〔註213〕

　　5、童書業

　　童書業是中國封建社會早熟論的倡導者，但他關於西周社會及當時「公社」性質的觀點前後多有變動。

〔註210〕范義田《西周的社會性質──封建社會》，收入文史哲雜誌編輯委員會編《中國古史分期問題論叢》，第233～234頁。
〔註211〕同上，第246～247頁。
〔註212〕同上，第250頁。
〔註213〕同上。

在《中國封建制的開端及其特徵》〔註214〕一文中，童書業就提出了西周封建社會早熟論的觀點，他說：「所謂早熟的封建制度，就是對公社農民進行超經濟的剝削，以賦稅或貢納代替地租，於是從周天子、諸侯到士，都變成了封建貴族。」他強調井田制度「分明是一種農村公社的組織」，「井田制度曾存在於春秋以上的時代，是不容懷疑的」。而「中國周代『宗法』家長的統治集團就是以前統治種族自己的公社（以家長制奴隸制大家族爲中心）的化身，『井田』制的農村公社就是以前被統治種族的公社的化身。」不僅如此，童書業還比較了西周春秋時代與日耳曼的封建制度，他認爲：由統治者的身份來看，周代的封建制度，其氏族色彩比日耳曼的濃厚；而由被統治者的身份看來，其公社色彩也要比日耳曼的濃厚。

在《關於古代社會性質的問題》〔註215〕一文中，童書業把從西周到東漢的封建社會分作兩端，以春秋戰國之交爲分界線，認爲「第一階段（西周、春秋）的主要生產勞動者，在古文獻上叫做『民』或『庶人』，他們佔有生產工具，每一家族被分配給一小塊土地，叫做『私田』，『私田』由他們自己耕種，所得收穫養活他們自己，也許要向政府繳納賦稅，叫做『徹』制。另外一部分土地稱爲『公田』，由若干家族共同耕作，所得的收穫完全歸『公家』所有，叫做『助』制。耕種者應該先耕『公田』，『公事畢然後敢治私事』（《孟子・滕文公上》）。若干『公田』和『私田』構成一個農村公社，叫做『井田』。『井田』中的土地無論是『公田』或『私田』，都不能買賣，因爲這些土地在名義上是『王』有的，也就是國有的（其實爲貴族所有）。」「耕種『井田』的『民』或『庶人』在法律上的身份與正式農奴有些不同，任何人對他們不能隨意屠殺和買賣，他們並不十分固定地束縛在土地上，但他們很少遷徙。只有當執政的貴族們對他們壓迫和剝削過甚時，他們才成批地離開自己的公社，到別的國家去耕公社土地。」「佔有公社土地，享受公社稅收，統治公社耕種者的，是大小貴族。」「無論是貴族或公社耕種者，他們的身份都是世襲的。」他贊同楊向奎把西周的主要生產勞動者「民」或「庶人」看成是「農民」的觀點，同時也表達了自己的意見，認爲「應當把這些農民正名爲『對貴族有隸屬關係，受著嚴重剝削的公社農民』」。

在《從古代巴比倫社會形態認識古代「東方社會」的特性》〔註216〕、《中

〔註214〕童書業《中國封建制的開端及其特徵》，《文史哲》，1951 年第 2 期。
〔註215〕童書業《關於古代社會性質的問題》，《文史哲》，1952 年第 9 期。
〔註216〕童書業《從古代巴比倫社會形態認識古代「東方社會」的特性》，《文史哲》，

國古史分期問題的討論》〔註217〕等文中，童書業曾一度把西周到東漢看成奴隸社會，並且認為「從夏代起（至少從殷代起）到春秋末是原始奴隸制的時期，從戰國起到漢末是發展奴隸制的時期」。他引用恩格斯在《家族私有財產與國家的起源》一書中有關家長制家族的論述，認為周代的所謂「宗法」，無疑的是發展到極盛期的父系氏族家長制。談及「井田制」時，他說：

> ……我過去曾認井田制只是封建莊園制的訛傳，而把井田制度說成封建莊園制度。現在看來，這種說法是不妥的！井田制度應當是農村公社制（這種農村公社裏面可能保存有家族公社制的殘餘），這種看法也本是由來已久的看法，但最近經過楊向奎、王仲犖二位先生的深入研究，已經完全可以證實了……，農村公社就是家族公社制的進一步發展。……
>
> 在古代的家族公社和農村公社裏耕地的農民，都是自由人，而不是農奴，因此作為西周春秋時代主要生產者的「民」和「庶人」，也都是自由人身份。

但是後來童書業又回到了以前的觀點，認為西周是早熟的封建社會，是「宗法封建制度」，他指出：「中國從西周時代起，『公社』的性質已經變了。換句話說：奴隸制性質的『公社』已經轉化為封建制性質的「公社」了（雖然也還有若干奴隸制成分存在）。」「農民至少大部分還組織在『公社』（『井田』）裏，這種『公社』是隸屬於宗法貴族的，就是變相的封建莊園。」〔註218〕他還強調：「事實上，西周春秋時代的氏族制和公社制只是表面現象，社會的實質是宗法封建制。」〔註219〕

在《略論古史分期討論中理論結合史料問題》〔註220〕一文中，童書業又指出：「『書社』制的存在，是無疑問的；便是『井田』制，根據王仲犖、徐中舒諸位先生的考證，其存在也是無疑的。最低限度，這類組織有一定的（或彼此間差不多的）面積，其土地按照一定的數量分配給農民耕種（戰國時還有『授田』制的殘存），不能自由買賣，所有權屬於國家，佔有權屬於貴族，

1953 年第 1 期。

〔註217〕童書業《中國古史分期問題的討論》，《文史哲》，1955 年第 1 期。

〔註218〕童書業《與蘇聯專家烏·安·約瑟夫維奇商榷中國古史分期等問題》，《文史哲》，1957 年第 3 期。

〔註219〕童書業《「山大」古史分期問題討論會發言稿》，《文史哲》，1957 年第 3 期。

〔註220〕童書業《略論古史分期討論中理論結合史料問題》，《文史哲》，1957 年第 5 期。

國家和貴族通過這種組織剝削農民。這就是我所謂變相的封建莊園的『公社』，變相的農奴的『隸屬公社農民』（農民中的一部分是比較嚴格意義的農奴）。……對於周代『公社』的性質，我可以肯定是封建的，因爲如果拋開成見去讀《七月》等詩篇，不能不認爲詩中所描寫的農民的生活是農奴的生活。」針對有人把西周春秋時代的農民認爲完全是「自由的公社農民」，至多是家長依附形式下的農民的觀點，他指出：「如果我們仔細分析一下西周春秋時代的史料，就可以知道：那時的土地制度確是封建土地所有制，而那時的農民普遍有隸屬性，並不是眞正的『自由』的；其中的一部分是附屬於土地而被封賜的農民，這決不是所謂『家長依附形式』下的農民。」

（二）劉毓璜－束世澂

劉毓璜、束世澂從農村公社的角度研究了西周社會，劉毓璜強調西周農村公社中的階級對抗關係實際上並不嚴峻。

1、劉毓璜

劉毓璜認爲西周雖然已進入了封建社會，但是村社中還不存在嚴峻的階級對抗關係，他說：

> ……當時人們確實的居住和生產單位，還是那從前代遺留下來的村社，詩經豳風七月篇的描述，正是周人早期村社經濟生活的寫照。詩中敘述到既擔當生產又擔當雜役（如取茅草搓麻索修房屋等）勞動的，吃著苦菜和臭椿的「農夫」，很可能是奴隸，但實際上在田畝中耕作著的，除「農夫」外大半還是壯年的村社成員，只有他們，才配作家人婦子們往田裏送飯的對象，我們從同一詩篇中，看出豳地居民生活作風的淳樸，即使是家人婦子們，也經常參加野外的勞動，只有到年終歲改時，才能在家中稍得安息。這種參加自由勞動的普遍性，正是生產底公社性質的反映。又如公社中常常聚眾去打獵，打來的野豬，大的歸公，小的歸私，到了十月，還得簇擁到公堂上去，大家殺羊擺酒，互祝長壽。這些生動的情景，如果不在氏族平等主義的影響下，是決難實現的。詩中的主人，是家長是村社的成員，也是奴隸勞動的剝削者，他的社會身份是兩重性的，再如詩中描述「公子」的愛人，竟是懂得蠶桑染織的勞動婦女，依此進行分析，似乎在當時還不曾出現封建式的婚姻。所有這些，都說明豳風七月篇中，根本不包含很多嚴峻的階級內容，這裡有的是：獨

立自給的小型田園生產，獨立自享的家宅和場圃，獨立自奉的祖先崇拜。此外，還有著全族共有的集會和燕享，這明明是村社自然經濟的小天地。

齒風中的東山篇，生動地道出了東徵兵士懷念妻子和家園的情感，鮮明地描寫了農村小生產者的形象，如果和七月篇結合起來分析一下，就會感到詩中體現村社生活的親切了。過去有些學者們牢守著傳統的成見，以爲公社制度和階級秩序不能同時並存，因而在詩中發現了奴隸，就嚷著看奴隸，發現了「公子」，就聯想著劫婚，這樣抓住了一個特點，就來否定其他的特點，那裡知道詩中所眞實反映的，正是封建社會形成初期中一般村社的生活情態。這樣寧靜的小天地，這樣不太嚴峻的階級對抗關係，是到處存在著的，根本不是什麼歷史的秘密。〔註221〕

在「井田制」的問題上，劉毓璜認爲：「周代的井田制度，確是一個歷史的存在，它反映著古老村社形態典型的殘存」，「……扼要地說來，所謂井田制度，就是在井田形式上實行著籍田內容的、同一勞動編制的領主經濟體系，它是在村社舊基上封建性生產的新建，決不是村社自身形態單純的再現。」〔註222〕

關於周代村社的具體組織情況，他指出：

……周代「都鄙不過百室，以便野事」，所謂「百室」，「出必共洫間而耕，入必共族中而居」，很像是村社的基層組織。大抵在商周時代，人民聚居百家以上，就共立一社，稱做里社，春秋初年的齊國，還是以「百家爲里」，即是一證。直到春秋中葉，各地的村社組織，仍然還起著生產整體的作用。它的主要職掌是：保管公用的草地、森林和牧場；冊報村社戶口和牛馬的增減數字；輸納一定的貢賦和徭役；控制社員的勞動負擔量，有計劃地調整耕地，監督和指導二圃三圃制農業生產的正常進行（即所謂「爰田」）。當然，在共同宗教信仰上，村社還負有祈祀田祖的專責。顯而易見，這一階段中普遍存在的里社，形式上雖是經濟和地域關係的結合，實質上氏族殘餘仍極嚴重，原始的集體合作觀念：也還相當強烈。所以它

〔註221〕劉毓璜《試論農村公社的過渡性質與中國農村公社的發展》，第60～61頁。
〔註222〕同上，第61、62頁。

一面馴順地服役於階級剝削制度，一面又具有整體生產整體自治的
活力。村社的事物領導存在著一定的分工，里胥，鄰長，田畯等人，
各有專司，對國家來說，恰恰構成一個獨立的有機體。從這裡我們
看到新舊制度間相互依存，相互制約的眞實情景，也看到了印度型
的村社管理的特色。〔註223〕

　　總之，劉毓璜先生是在「五種社會形態」的理論框架內來探討和研究商
周社會形態的。他儘管認爲商周社會中仍然普遍地存在公社「殘餘」，並且當
時階級的對抗關係也不太嚴峻，但是由於他要承認商周是階級社會，因此也
就反對把以村社爲基礎的社會構成一個獨特的社會階段，而認爲這在基本精
神上是違反馬克思主義的。

2、束世澂

束世澂說：

　　我曾基於馬克思指出的「農村公社的兩重性」，悟到早期奴隸
社會也是具有兩重性：它剝削公社成員是封建式的；它剝削奴隸是
奴隸制的。因此，從早期奴隸社會轉向封建社會是一條直截的道路，
它不需要變更全部剝削方式，只要歷史條件阻斷了它向發達的奴隸
制發展的道路，就必然要轉成封建制了。

　　但早期奴隸社會的公社成員，其身份畢竟和農奴不同，因爲他
是自由人，他有可以成爲奴隸主的資格，國王對他不但不能任意屠
殺也不能任意出賣或轉讓的。而西周的農人則是可以被贈賜轉移
的。……

　　早期奴隸社會，和封建社會還有一個極大的區別，便是封建社
會具有它的獨特的標幟——封建土地所有制。……〔註224〕

束世澂認爲：「整個中國的封建時代，從土地制度來劃分，可分爲兩期：
一是封建土地所有制時期，二是地主土地所有制時期。前一時期從西周到戰
國，後一時期從秦漢到清代。」〔註225〕「不過，中國和其他許多東方國家一

〔註223〕劉毓璜《試論農村公社的過渡性質與中國農村公社的發展》，第63～64頁。
〔註224〕束世澂《關於西周封建制形成的若干問題》，收入「歷史研究」編輯部編《中
　　　　國古代史分期問題討論集》，第188～189頁，原載《華東師範大學學報》1955
　　　　年第1期。
〔註225〕束世澂《論中國封建社會土地制度的發展》，《新建設》，1958年第3期，第
　　　　22頁。

樣，是在沒有形成私有制（自由土地所有權）的歷史條件下，進入階級社會的。……它進入封建中期以後，形成地主土地私有制，但公有土地分配制（亞細亞所有制的殘餘）仍起著一定的作用。」〔註226〕

他分析西周領地制與農村公社的關係指出：

> 西周時沒有形成自由土地私有權，以共有為基礎的農村公社是存在的。……西周時還實行著三年一次的定期分配，當然不可能有個人私有。「周禮」上的鄉遂組織，一般認為是西周及其後的農村公社組織，也是可以的。

> ……封建制並不需要打破農村公社；相反地，它還需要農村公社底存在供其利用。西歐在農村公社興復後才進入封建制，是明顯的例證。……照我國古書的記載，封土有的指定佔領落後部落整個土地（如齊、魯），有的則封賜若干書社、若干邑。邑與書社即是農村公社，封建所有是凌駕於公社之上的。〔註227〕

不過，他認為「領地制統治下的農村公社成員，對領主的關係，是君臣的關係，已成為農奴；公社的外形變動不大，但已起了質變，實際上是農奴公社了」。〔註228〕

束世澂還闡述馬克思、恩格斯的公社理論指出：

> 說到公社所有制，恩格斯已指示得很明確，從母系社會的氏族共耕地、進到家庭公社（父系氏族公社），再到農村公社，這是人類社會共同必要的幾個階段，是眾所周知的。馬克思則把家庭公社和農村公社並稱為「亞細亞形態的公社所有制」，這種形態，也簡稱亞細亞所有制，或逕稱亞細亞，在馬克思是另有深意的。但亞細亞形態並不是獨特的東西，它是世界各民族（包括中國民族在內）都曾經歷過的，因為它的含義是指家庭公社和農村公社說的。〔註229〕

（三）王玉哲－孫作雲

與上述大多數學者不同，王玉哲與孫作雲都認為不能把「井田制」看作農村公社的組織，他們在實際上也就否認了西周存在村社制度。

〔註226〕束世澂《論中國封建社會土地制度的發展》，第22頁。
〔註227〕同上，第23～24頁。
〔註228〕同上，第24頁。
〔註229〕同上，第21頁。其觀點另可參考，束世澂《土地制度原理述略》，《學術月刊》，1961年第6期。

1、王玉哲

王玉哲認為「周族雖然也是個古老的部族，可是一直到文王時，似乎還處在原始公社制度逐漸解體的階段」〔註230〕，「周族並沒有經過純粹的奴隸社會階段，而是以落後的氏族東向征服文化較高的殷族，就在殷族奴隸制的廢墟上，逐漸的過渡到初期封建社會。這一點，多少是和日耳曼族相近的。」〔註231〕

他分析《詩經》中出現的「公」字大都作「貴族」、「統治階級」或「官」解，而沒有作「公有」解的，因而認為《詩經》中所寫井田制的「公田」，不是「公眾集體所有」而是「官田」，是直接屬於貴族所有的。〔註232〕

他指出：「……西周的『井田制』雖然組織形式上還存有農村公社的外殼，但基本上已經不是真正的農村公社了。因為『農村公社』的主要特徵，用馬克思的話說，是『財產只是作為土地之集體的財產而存在』。『井田制』的『公田』顯然已不是集體的公產，而是領主貴族的私田。」〔註233〕

根據馬克思在《資本論》中敘述的羅馬尼亞農奴制的產生過程，他認為西周的封建制度就是在周滅商後，周的軍事高官霸佔殷商農村公社原有公地，並且剝削原有居民的徭役勞動而形成的。他並且認為西周封建社會農村公社的自由農民不占農民的主要部分，人數最多的則是「農奴」。〔註234〕

王玉哲反對一些學者認為西周春秋就是馬克思所說實行「亞細亞生產方式」的普遍奴隸制的東方型奴隸社會，這種社會通過農村公社的組織體現出來〔註235〕，他指出：「……西周的土地制度，主要的是分公田私田的井田制。並且井田制本質上已不是『農村公社』，而是一種以勞役地租向農奴剝削的小農經濟制度。同時還有分量不大負擔什一之稅的自由農。這兩種現象萬不能拿奴隸社會去解釋，因為這正是封建土地所有制。」〔註236〕

2、孫作雲

〔註230〕王玉哲編著《中國上古史綱》，上海：上海人民出版社，1959年7月第1版，第122頁。
〔註231〕王玉哲《有關西周社會性質的幾個問題》，第84頁。
〔註232〕同上，第87～89頁。
〔註233〕同上，第89～90頁。
〔註234〕同上，第90～91、93～94頁。
〔註235〕王玉哲《西周春秋時的「民」的身分問題——兼論西周春秋時的社會性質》，《南開大學學報（哲學社會科學版）》，1978年第6期，第36頁。
〔註236〕同註231，第94頁。

　　孫作雲（1912～1978）認為西周社會是封建領主制的社會，其土地的經營方式是：「封建主把他們所佔有的土地，分成兩部分：一部分歸自己直接經營，而強迫農奴在這裡做無代價的勞動，並攫取其全部收穫物；一部分撥歸農奴使用，叫農奴自營生活，藉此以便剝削其無代價的勞動力。前者叫做『領主的自營地』，後者叫做『農民（農奴）的份地』。」〔註237〕而「我國稱領主的自營地，為『公田』，『公田』即領主的田，——『公』即領主；把農奴的份地叫做『私田』。這『公』和『私』都是階級稱呼，與一般的所謂公私不同。」〔註238〕

　　他認為不能把《詩經》中的「公田」解釋為公共的田，「因為在《詩經》中有九十八處『公』字，除了有六處借用為『功』以外，其餘無一例外的皆作公侯之公講，決沒有作『公共的』之『公』講。不但《詩經》是如此，和《詩經》同時代的《尚書・周書》、《周易》及銅器銘文，無不如此。因此，以公田為農村公社的公有地，以私田為農村公社的自由農民的私有地，在這裡完全講不通。」〔註239〕

三、小　結

　　西周到底有無「公社」組織？這是西周社會研究中一個令人矚目的問題。在絕大多數學者都確認西周社會存在公社組織的大背景下，郭沫若、李亞農等則否認西周社會還存在公社組織。李亞農說一旦出現了奴隸制，農村公社就不可能再繼續存在；郭沫若則更把這一問題上昇到「理論高度」，指出如果太強調了公社，那中國就沒有奴隸社會，馬克思列寧主義關於人類社會發展階段的原理也就會成了問題！

　　我們認為李亞農、郭沫若等的結論當然很難讓人信服，這些觀點明顯地都是從捍衛典型奴隸制的立場出發而立論的。雖然不可否認其他承認「公社」存在的學者多少也有「以論帶史」的傾向，但是像郭沫若、李亞農等那樣，一定要使中國的奴隸社會向西方看齊，這實在是沒有必要的。

　　此外，如王玉哲、孫作雲諸先生從研究《詩經》中的「公」字出發，認為「公田」之「公」不可作「公共」、「集體」解，而應作「貴族」、「公侯」

〔註237〕孫作雲《從詩經所見的西周封建社會》，收入《詩經與周代社會研究》，北京：中華書局，1966年4月，第92頁。
〔註238〕同上，第93頁。
〔註239〕同上；並請參閱《讀七月》，同書第201頁。

解，由此而進一步認爲西周是貴族土地所有制，而不存在（眞正的）「農村公社」。此種意見是否妥當？我們認爲仍有繼續探討之必要，因爲即便「公」作「貴族」、「公侯」解，也未必就一定意味著貴族或公侯之私有，這個「公」也很可能是從作爲一族（公社）之「代表」而言的。

總體看來，在承認西周社會存在「公社」組織的學者中，絕大部分學者都認爲西周社會的血緣紐帶還繼續存在。儘管諸家對於此種血緣紐帶的留存程度以及公社具體形態的看法仍有差別，但是相關的研究已經達到了這樣一個程度，即不能再忽視血緣因素的影響了，這就爲下一階段明辨西周公社形態——究竟是血緣性的，還是非血緣性的——的爭論埋下了伏筆。

與對商代公社討論時的問題一樣，具有大量公社存在的西周時代的社會性質仍然是最讓人困惑的問題。總起看來，認爲西周是「早期奴隸社會」或「東方類型奴隸社會」的學者，一般都是以馬克思在《資本主義生產以前的各種形式》一文中的觀點或提法爲其立論依據的，而以西周社會爲「封建社會」的學者，則多從「勞役地租」存在的角度展開其論點。雖然即使是主張同一社會性質的學者在包括土地所有形態上的具體看法也很不相同，但是大家似乎都不約而同地形成了同一個研究前提，那就是：西周社會已經是階級社會，需要討論的只是到底是奴隸社會還是封建社會的問題。

倒是郭沫若那番本來用來反對「公社」論者的話驚醒了夢中人！郭沫若說：「嚴格按照馬克思的意見來說，只有家內奴隸的社會，是不成其爲奴隸社會的。……如果太強調了公社，認爲中國奴隸社會的生產者都是公社成員，那中國就會沒有奴隸社會。正如太強調中國封建社會中還是和奴隸社會一樣，是土地國有制，則中國就沒有封建社會一樣。」如果此話不謬，那麼具有大量公社和公社成員的西周社會肯定就不是什麼奴隸社會，而私有制不存在或發展不成熟（或被認爲只有土地「國有制」）的西周社會，也當然不可被歸爲「封建社會」之列了！

第五節　春秋戰國時期「公社」研究的回顧

春秋戰國時期是中國歷史上的劇烈變革期，諸家都試圖在自己的理論體系範圍內對這一變革作出合理的解釋。「公社」組織的趨於崩壞作爲春秋戰國時期社會變革中極其重要的組成部分同樣受到了眾多學者的高度重視。

一、尚鉞－王仲犖－何茲全－徐喜辰－韓連琪

尚鉞、王仲犖、何茲全、徐喜辰等人認爲春秋戰國時期是奴隸制由初級發展爲高級的歷史階段，在這個歷史過程中，原來的公社組織逐漸趨於變質或瓦解，公社農民因爲失去了公社的庇護，而成爲了奴隸制國家的剝削對象。

（一）尚　鉞

尚鉞是魏晉封建論的倡導者，他認爲春秋戰國時期是早期奴隸制向發展奴隸制的過渡時期，而不是奴隸制和封建制兩個不同生產階段的更替。〔註240〕

他認爲春秋時代的基層組織仍爲公社，公社的成員——自由民，從其對公社大宗族長或家族長之間的關係來看，血緣關係還是主要的。但春秋中葉以後，隨著公社產品作爲商品形式的進一步發展，公社因內部財產不平等的發展而迅速地趨於瓦解，其公社的成員也已經在以保護自身私有財產爲標準，來決定自己的方向了。到春秋末及戰國時代，這種基於血緣關係的農村共同體——「書社」，在商品經濟的侵蝕之下，已在發生著本質的變化，逐漸變成按地區關係組成的共同體——農村公社的形式了。〔註241〕

尚鉞認爲春秋時代的公社制關係，雖然走上了解體的過程，但卻還占著重大的優勢。產生於這一時期，代表奴隸主貴族階級的儒家思想就總結了西周以來家長制公社的制度，發展出一套宗法制度，用以反對保障新起富有貴族的進步成文法的公佈。這種家長制貴族與新起富有貴族間的矛盾，到了戰國時代，反映到思想意識上，就出現了「諸子爭鳴」的局面，「禮」與「刑」的鬥爭，本質上就是舊氏族貴族與新起富有貴族的鬥爭。〔註242〕

他還指出，由商周到戰國末的七八百年的漫長歷史中，隨著早期奴隸制的發展及其向發達奴隸制的過渡，家長制政治體對於自由民小農的剝削，及自由民小農對家長制公社的依附關係也都發生了本質的變化。就依附關係來說，商末周初，農民都是以子女對父母的態度，去爲大家長服務的，但到了春秋後期，卻變成了「民聞公命，如逃仇寇」，到戰國時代，是國君對小農榨取，無異於「率獸而食人」。〔註243〕

尚鉞認爲宗法制家族公社的殘餘在中國階級社會的歷史上還長期保存了下來，在秦漢時代，農村公社並沒有在奴隸佔有制下爲商品貨幣關係所掃蕩

〔註240〕尚鉞《先秦生產形態之探討》，第24頁。
〔註241〕同上，第24、12、17、16、7～8頁。
〔註242〕同上，第19～20、22頁。
〔註243〕同上，第25頁。

而死亡。〔註244〕

（二）王仲犖

王仲犖（1913～1986）與尚鉞一樣，也是魏晉封建論者的代表人物。他認為「中國的封建社會在魏晉開始，而從殷商一直到東漢，都是奴隸社會。在這漫長的奴隸社會中間，又可以分做兩個大段落。第一個段落，從商到戰國（公元前一千多年起到公元二世紀末葉、三世紀初葉），那一時期的奴隸社會，有兩種基本結構，即農村公社和未獲得發展的早期奴隸制；第二個段落，從戰國初葉到東漢帝國崩潰（公元前三世紀中葉到公元二世紀末葉、三世紀初葉），這一時期，村公社已經瓦解，在社會發展的一定階段上，較發展的奴隸制開始占統治地位，它比起以前的多結構社會來，奴隸制度在比較大的程度上保證了商品生產的可能性，所以出現了秦漢的統一大帝國。」〔註245〕

他研究了春秋戰國之際的村公社與休耕制度，認為像「書社」這樣的村公社組織在當時還起著極大的作用。他說：

> ……春秋戰國之際一個較大的國家，可能擁有這類生產整體的村公社數千個。如「管子」「小稱篇」：「公子開方以書社七百下衛矣」，「左傳」昭二十五年，「公孫於齊，齊侯曰：自莒疆以西，請致千社」，「史記」「孔子世家」：「冉有曰：雖累千社，夫子不利也。」一個地區，有一千個生產整體的村公社，在當時是極普遍的現象。
>
> 在這種村公社中，保存有公有制的殘餘，主要是土地的共有。草地、森林、牧場是公用的；耕地雖然分給各個家族，但不是各個家族的私有財產，而只是暫時歸其使用，「王制」裏有「田裏不鬻」的話，雖是後來人的解釋，其實是符合當時實際情況的。
>
> 村公社在社會分裂出階級之後，還能存在這樣久，其所以能長期存在，是與當時農業技術的實際情況相密切聯繫的，……〔註246〕

他認為，「春秋戰國之際，正是三年輪作一次的休耕法和二圃制還占支配地位而三圃制正是在發展的時期」，這種休耕法與村公社所有土地的定期分配制度有著密切的關係，由於耕作技術的進步，公社分配土地的時間漸由一年

〔註244〕尚鉞《先秦生產形態之探討》，第26～27頁。
〔註245〕王仲犖《關於中國奴隸社會的瓦解及封建關係的形成問題》，武漢：湖北人民出版社，1957年3月第1版，第1頁。
〔註246〕同上，第7～8頁。

變爲三年。而且,「古代的村公社,春則令公社的農民『畢出於野,冬則畢入於邑』,在野的居所稱做『廬』,在邑的居聚地稱做『里』,『里』的庭院土地和院內建築物,很早就成爲公社成員的私有財產了,而田中的居廬,則還是村公社所有。根據村公社土地一年、二年或三年的重新分配制度,田中的居廬也隨著耕地而調整。這就是……『換土易居』。」〔註247〕

王仲犖認爲:「晉國和秦國的『爰田』制度,正只是農業技術上的休耕制度,而不是村公社土地的定期重新分配制度了。……晉國和秦國在制訂爰田以後,公社農民受田的,不管是上田一百五十畝中田二百畝下田三百畝,從此授而不還,都由自己來適當地在自己的份地上進行耕種和休閒,從此村公社不再作全面的三年一次的總調整了。……至此,公社土地已逐漸固定化,定期重新分配的制度,宣告結束,彼此土地居廬,更不相易,公共財產制度的日益消亡,個體生產和私有財產制度的日益占支配地位,也就加速了以後村公社的瓦解。村公社所有土地剛向各個家族的私有轉化之始,土地在名義上還是村公社所有的,以後逐漸開始轉變爲私有財產了,村公社至此快失去它經濟上的意義了。」他指出由於古代中國各邦國之間經濟發展的不平衡,村公社的瓦解有先後,而「古代中國村公社的瓦解,以公元前三五〇年秦孝公時代作爲一個段落,是比較合適的。」〔註248〕

關於當時村公社的組織形式,王仲犖說:「『置社』才是村公社的基層組織,也就是到了後來名爲『里社』的。」而村公社所以名之曰「社」的原因,是因爲「社爲五土之總神」,「在神的崇拜方面,氏族公社和村公社是有著顯著不同之點的。由於氏族公社是以血緣作紐帶的,因此,一個氏族必然地共同崇拜一個在他們看來是可以作爲神靈的祖先,而……無論村公社在當時帶著氏族殘餘怎樣嚴重,但它的基礎,卻已經是經濟的和地域的關係了。一個村公社之內,包含了許多單個的獨立的家族,實際上,各個家族之間,已不可能有一個共同崇拜的祖先來崇拜了,於是他們必須祀奉起一境之內所共同崇拜的司收穫之神來了。由於每個村公社都崇拜他們所祀奉的司收穫之神,於是祀奉司收穫之神的『社』,也逐漸變成村公社的專有名稱了。」關於這種「社」的規模,他根據有關先秦文獻,認爲:「一般的說來,較大的村公社組織可以包括獨立的家族一百個以上,較小的公社組織,也包括獨立的家族二十五個。前者——即包括獨立的家族一百個以上的,是較原始的村公社形態;

〔註247〕王仲犖《關於中國奴隸社會的瓦解及封建關係的形成問題》,第10~13頁。
〔註248〕同上,第14~15、19~22頁。

而後者——即包括獨立的家族二十五個的，已經是『晚周之法』，村公社的後期形態了。」〔註249〕

（三）何茲全

何茲全也是魏晉封建論者，他認爲春秋戰國之際由於生產力的發展，商品貨幣關係開始活躍起來，氏族公社開始解體，在原來的氏族貴族之外，出現了佔有貨幣及奴隸的新興貴族。〔註250〕

他指出：

> 春秋開始，氏族組織慢慢融合，周人殷人的區別已逐漸看不見。聚族而居的氏族部落逐漸被打亂了，地緣關係代替了血緣關係。全體人民，逐漸不問氏族或部落的，被分爲幾個階級——貴族、自由平民和奴隸等階級。西周春秋時期，尤其是西周時期，征服者周族的貴族還是氏族貴族，它是以征服族氏族公權的代表人，通過氏族的形式而實現其對被征服族的統治的。春秋以後，氏族貴族逐漸突破氏族貴族的外殼而成爲沒有血緣部落區別的貴族階級。各氏族部落的成員，不論是征服或被征服族，現在融合起來成爲一個新的自由民階級。這樣，一種小農社會就代替了過去氏族分居的社會。
>
> ……就整個歷史發展來看，商鞅變法是完成這一社會變革的標誌。商鞅的「廢井田，民得買賣」的土地改革，代表這一變化的完成。商鞅變法的歷史意義，應該從這裡來理解。〔註251〕

何茲全認爲：「早期的原始的奴隸制向發展的奴隸制的發展，和商品貨幣關係的發展是有密切的關係的」。〔註252〕他認爲「春秋戰國間生產力和商品貨幣關係的發展更進一步的促使公社解體，也就促進了最後徹底突破氏族組織的約束而以家族爲單位的小農的出現。但商品貨幣關係的發展是不以此爲滿足的。商品貨幣關係在促進公社解體，變公社所有制爲氏族貴族尤其周王的土地所有制和小生產農民佔有制以後，更發展了貨幣所有者顯貴階級的大地產所有制。商品貨幣關係更進一步的發展就推動這個大地產所有者顯貴階級

〔註249〕王仲犖《關於中國奴隸社會的瓦解及封建關係的形成問題》，第4～6頁。
〔註250〕何茲全《關於中國古代社會的幾個問題》，收入文史哲雜誌編輯委員會編輯《中國古史分期問題論叢》，第138頁。
〔註251〕同上，第139～140頁。
〔註252〕同上，第138頁。

進而吞併小農，發展大土地所有制，使小農淪爲奴隸。」〔註253〕

在中國古代社會的發展模式上，何茲全雖然「認爲馬克思、恩格斯所指出的古代東方社會的許多特點，在古代中國社會中都是存在的，而且對中國歷史發展是有很大的影響的。但中國社會的發展又不完全如此，具體的說，在中國原始公社解體中，代表共同體的個人，掠奪了公社的公有土地，同時也掠奪了氏族公社解體中出現的獨立自耕農民的土地所有權，把公社成員原來在共有土地上的共同耕作義務轉變爲對他個人或國家的租稅和徭役，這就構成了中國歷史上東方性專制主義的基礎。這和古代東方各國是相同的。但中國歷史又不完全如此，一方面這一『代表共同體的個人』把共有土地制保留下來，另方面生產力的發展，商品貨幣關係的起來，也『正如腐蝕性的酸類一樣，浸入以自然經濟爲基礎的古老的鄉村公社生活方式中』……，推動奴隸經濟的發展，使中國社會沿著氏族制解體，奴隸經濟發展的一般規律向前發展。中國原始公社的解體，奴隸制經濟的出現和發展，以及後來奴隸制經濟的解體和封建制的出現，都是沿著人類社會一般的歷史發展規律向前發展的，並沒有和亞洲的其他一些國家一樣，完全停留在原始狀態之下。這就使中國古代歷史發展既不是東方型的，也不是希臘羅馬型的。一方面，它有東方社會的特點，另方面又不是停滯於原始狀態，而是像西方一樣，沿著歷史規律，由原始社會向奴隸制、封建制發展」。〔註254〕

（四）徐喜辰

徐喜辰的觀點與王仲犖接近，他認爲西周末年，特別是春秋初年之後，公社組織及其田制——井田制逐步趨向了解體。這是「由於新的鐵製工具的使用，提供了不由整個的社會力量，而由單獨一人或幾個人的力量來進行生產的可能性。因此，中國在春秋戰國之際，由過去『換土易居』的爰田制，逐漸走向『自爰其處』的爰田制。這樣，由公社分配給各個家庭的『份地』才有逐漸轉爲私有的可能。於是井田制度崩壞，因而也逐漸引起公社的解體。大體講來，中國井田制度的崩壞和公社的解體，是開始於春秋初年，而結束於商鞅變法。」〔註255〕

他認爲春秋戰國時代發達的商品貨幣關係、貴族和農民對私有地的開

〔註253〕何茲全《關於中國古代社會的幾個問題》，收入文史哲雜誌編輯委員會編輯《中國古史分期問題論叢》，第141頁。

〔註254〕同上，第149頁。

〔註255〕徐喜辰《論井田制度的崩壞——中國古代公社的解體——》，第89～90頁。

墾、大國爭霸戰爭導致的賦稅改革以及人口的增加等也都加速了公社的解體過程。〔註256〕

同時他強調指出：「公社組織的解體又必然分解出不同於氏族貴族的奴隸主貴族與許多以個體家庭爲單位的自耕農民。……這一過程，也就是中國早期奴隸制向發達期奴隸制的推移過程，並不是像有些學者所說：是封建社會內部領主制度向地主制度的轉變；更不是像另一些學者們所說：是奴隸制度向封建制度的變換。」〔註257〕

（五）韓連琪

韓連琪（1909～1990）認爲：「從西周後期周宣王『不籍千畝』，到春秋時代晉『作爰田』、魯『初稅畝』等之後，公社的土地方由定期分配變爲農民永久佔有，稅收制度也就由『同養公田』的助法變爲『按田而稅』的徹法。由於剝削單位的由公社而變爲公社的每一成員，所以在各國都普遍建立了『以社之戶口，書於版圖』的書社組織。春秋戰國時代的書社，即晚期井田制的農村公社。這種晚期村公社（即井田制）的最後破壞是在戰國中葉的商鞅變法以後。」〔註258〕

他指出：「農村公社中『同養公田』的助法之爲『履畝而稅』的徹法所代替，是先從周王畿開始的，……周宣王的『不籍千畝』可以看作是周王畿內籍田制的正式宣佈廢止。籍田制廢止後，稅收制度也就由『什一而藉』或『九一而助』的助法，變爲『什一使自賦』的徹法」，……公社的分配土地，便由暫時佔有變爲永久佔有，也就是由『三年換土易居』的易田制，變爲『自爰其處』的易田制。」〔註259〕「但當周王室在西周末年已完成了籍田制的改革時，直至春秋初年，列國都還停留在『同養公田』的助法階段」，「春秋時代，列國之由『同養公田』的助法變爲『履畝而稅』的徹法，最早的是齊國」，之後是晉國、魯國、楚國、鄭國及秦國。〔註260〕

韓連琪認爲：「春秋時代，如晉國的『作爰田』和魯國的『初稅畝』等，是田制的改變，也是稅收制度的改變。在田制的改變上，是公社對土地的定期分配變爲農民的永久佔有；在稅收制度的改變，是由『同養公田』的助法

〔註256〕徐喜辰《論井田制度的崩壞——中國古代公社的解體——》，第91～98頁。
〔註257〕同上，第98～99頁。
〔註258〕韓連琪《春秋戰國時代的農村公社》，《歷史研究》，1960年第4期，第23頁。
〔註259〕同上，第26頁。
〔註260〕同上，第27～28頁。

變爲『履畝而稅』的徹法。但這一變化，只是井田制，也就是農村公社本身的變化，並不意味著作爲農村公社的井田制的最後解體」，「春秋及戰國初年，既然作爲農村公社的井田制，還沒有破壞，授田制度依然存在，而土地還是不能買賣的，所以事實上直到戰國中葉前，農民一般也還保有百畝土地」。〔註261〕

關於書社及其形成問題，韓連琪認爲：「……在春秋直到戰國中葉前，作爲農村公社的井田制雖還未破壞，但在西周『同養公田』的井田制時代，全國土地雖然已全歸王有，但名義上還是公社所有，農民要通過公社才領得自己一部分『私田』，統治者對農民不管是地稅、兵役與其他力役和貢納的剝削，都是通過公社來進行的。到公社土地由定期分配到農民永久佔有，『同養公田』的助法爲『履畝而稅』的徹法所代替後，農民對國家的隸屬性便愈益加強，這時國家就不僅通過公社對農民進行授田、還田和對農民進行各種剝削，並且還要通過公社來周知公社的人口和土地的數目，以爲向公社農民進行地稅、兵役和一切力役的根據。因此，在春秋以後，各國即普遍建立了『書社』的組織。」〔註262〕

韓連琪指出：「書社既即後期的井田制，也就是晚期的村公社，所以每個書社的成員也還只是九家或十夫。因爲井田一般都是『方里而井』，所以也被稱爲『里』。書社建立後，也還沿用了『里』的名稱」，「書社稱『里』，因此也就稱爲『里社』」，「書社既稱里，所以管理書社的人稱爲里長」，而且由於「書社的建立是先由鄉遂而及於都鄙的。到各國都鄙中『九夫爲井』的制度，同樣和鄉遂的公社都按『伍』來編制後，原來九家或十家的書社，便逐漸發展成爲『五家爲鄰，五鄰爲里』（「周禮」「遂人」職），即二十五家爲一社」了。〔註263〕

韓連琪對王仲犖等人認爲「置社」即「書社」、「較原始的村公社形態，包括獨立的家族一百個以上」以及甲骨文中的「邦土」、「土」即「書社」的觀點提出了質疑，他認爲「大夫的置社，和天子的大社、王社，諸侯的國社、侯社，都是社稷之社，不是書社」，「百家爲社是漢制，不是周制。西周時代，作爲村公社的井田制本以八家或十夫爲一社」，而甲骨文中的「邦土」、「土」

〔註261〕韓連琪《春秋戰國時代的農村公社》，第29、30頁。
〔註262〕同上，第30頁。
〔註263〕同上，第33頁。

字都不可簡單解釋爲「書社」。〔註264〕

　　對於中國歷史上農村公社的解體進程，韓連琪說，戰國中葉以後，由於「人口的激增，生產力的發展，工商業的發達，公社成員貧富的日益分化，授田制的無法維持，土地也逐漸開始了自由買賣，這就使書社，也就是村公社最後解體」，「作爲農村公社的書社，也就是井田制的破壞，根據漢人的記載，都以爲是開始於秦孝公時的商鞅變法以後」。〔註265〕土地買賣而引起了土地的兼併，「……喪失了土地的農民，有的便爲人雇傭」，「更有的農民，在『天饑歲荒』時，而負債不得不『嫁妻賣子』沉淪而爲奴隸，於是買賣奴隸的市場也出現了」。〔註266〕

　　韓連琪認爲：「作爲晚期公社的書社破壞以後，代之而起來的，便是從戰國後期到秦漢時代，在郡縣制鄉亭以下還沿用著井田制舊稱的小農農村的最基層組織的『里』」，「但秦漢的里社，已只成爲農民春秋祭祀和集會的場所，非復春秋戰國時代『以社之戶口，書於版圖』的書社了」。〔註267〕

二、徐中舒－童書業－范義田－劉毓璜－楊向奎

　　徐中舒、童書業、范義田、楊向奎等人認爲春秋戰國之際公社崩壞之後，中國社會就逐漸由領主制封建社會（或叫宗法封建社會、初期封建社會）向地主制封建社會過渡。在這個過程中，原來的土地公有制逐漸趨向解體，封建式的小農或自耕農取代了原來公社之下的農奴。

（一）徐中舒

　　徐中舒先生指出：「周宣王時代，周王朝的授田制，是在周部族完成了。不過，當時統治集團與被征服部族，依然是對立的。在被征服部族的六遂中，耕種的田和萊田，仍然是分別得很清楚的。萊田仍然是屬於公社所公有的土地，而不是屬於公社成員的份田。統治者對於六遂的人民，也是不大信任的。他們只讓六遂的人民作爲預備兵役。」但到了春秋戰國時代，由於戰爭擴大兵員等的需要，晉、齊、魯、鄭等列國統治者逐步消除了這種差別，他們一面在被統治者中間也實行「自爰其處」的爰田或改變其井田制，一面則要求

〔註264〕韓連琪《春秋戰國時代的農村公社》，第34～35頁。
〔註265〕同上，第35頁。
〔註266〕同上，第36頁。
〔註267〕同上。

他們與國人一樣同服兵役,「因爲他們與國人同服兵役,所以他們的社會也就由農村公社發展而爲家族公社了。」〔註268〕

徐中舒先生認爲商鞅變法之後,中國古代的公社開始走上了總崩潰的道路,他指出:

> 戰國時代商鞅制爰田,對於秦國授田制的崩潰,是起了決定性的作用。秦、晉高原的耕地,必須有休耕的換田制,不像井田可以年年耕種。春秋時代晉國的爰田仍分上田、中田、下田,田、仍屬村公社所有,田三品與農夫三等總是互相配合著換耕的。而且公社成員,時有增減,增減的原因不外是適齡成員與死亡成員之間,或公社遷出遷入的一些成員之間,數目不能相當。公社必須在三年,或延至六年、九年以至十二年,將份田重新分割,以適應這個新要求。即使每夫「自爰其田」不再換耕,但每夫仍有一次授田還田時,田仍然是屬於公社所有。戰國時代商鞅所制的爰田,就是在「自爰其田」的基礎上,由公有制開始轉變爲私有制,於是每個公社成員,都成爲有產者,他們一個一個的脫離了公社。於是,古中國的村公社、家族公社,就開始走向總崩潰的途徑上來了。〔註269〕

徐中舒先生說,「中國古代的共同體,雖經殷、周兩代的改造和破壞,在黃河流域也不能蛻變乾淨」,與此相輝映,「江、淮流域是一個發達的共同體地區,……戰國時代墨翟、宋牼、老聃、莊周、惠施以及齊國稷下學派的產生,就是以這樣共同體作爲他們的社會基礎」的。〔註270〕

徐中舒先生指出春秋、戰國時代諸子百家各種思想的大發展、大論戰,實際上就是農村公社與階級社會這兩種不同社會形態所反映的意識形態之間的互相矛盾、鬥爭的結果,這是由於「殷商以來,黃淮流域的魯、衛、陳、蔡、宋、楚等低地地區,農村公社還大量存在。周人滅殷,殷人一部向這些地區遷徙,定居於農村公社,經過相當長的時期,在這種環境中形成了一種理論,以之駁詰階級社會。後來這種理論被集中起來,形成了所謂『神農之

〔註268〕以上參見徐中舒《試論周代田制及其社會性質》,收入《徐中舒歷史論文選輯》(下),第864～873頁。

〔註269〕同上,第873～874頁。

〔註270〕徐中舒《論商於中、楚黔中和唐宋以後的洞——對中國古代村社共同體的初步研究》,收入《徐中舒歷史論文選輯》(下),第1287、1273～1274頁,原載《四川大學學報(哲學社會科學版)》1978年第1期。

教』以及老、莊一派的思想。」〔註271〕

（二）童書業

童書業也認爲中國古代的農村公社崩壞於春秋戰國之際。

他說：「由於鐵器和牛耕的發明及普遍應用，生產力大爲提高，人們開闢了荒地，逐漸占爲私有財產，這就破壞了『井田』制度，使土地漸可買賣。同時手工業也有了發展，交換生產物的需要比較迫切，這又形成了春秋戰國之際發展的商業；……商業資本多轉化爲高利貸資本而投向農村，變成兼併土地的手段。『井田』制的農村公社完全不能維持了，原有的公社農民極少部分上昇爲地主富農，而與商人合流，共同剝削自己的同類；大部分的農民下降爲佃農或負債奴隸，受人剝削；其他一部分的農民雖然還抱有少量耕地而成爲『自耕農』，但在政府的苛政暴斂和商業資本、高利貸資本的壓迫之下，兩面受到打擊，地位也在岌岌可危之中。」〔註272〕

在《略論戰國秦漢社會的性質》一文中，他則指出：「……戰國秦漢的社會，一定是早期的封建社會（但它的封建制比西周春秋時代的封建制要發展一步，因爲它的私有經濟比西周春秋時代要發展而顯著），而不是所謂『發展的奴隸社會』。」〔註273〕他認爲：「戰國時代的土地自由買賣，是殘存在封建社會裏的公社制解體的結果，而公社的解體，則由於生產與交換的發展。……土地的自由買賣（也就是比較徹底的私有化），是促使租佃制度出現的主要原因，也就是促使封建制進一步發展的直接原因。西周春秋時代的主要生產關係，是宗法貴族對領民和隸屬農民（原始的農奴）的生產關係，戰國秦漢時代的主要生產關係則是國家對隸屬於國家的農民（所謂『自耕農』）和地主對依附性的農民（所謂『佃農』、『雇農』）的生產關係；比較典型的農奴，則是漢末魏晉時代才出現的。」〔註274〕童書業同時分析指出：「出現於戰國秦漢時代的商品經濟，是古代性的（這裏『古代』一個名詞不代表奴隸制），它帶有『古典經濟』（大體說來，即一種早期的、不很成熟的商品經濟）的色彩。其產生的原因：由於鐵器的普遍使用，提高了生產力，促進了社會分工，於是發展了交換。而交換的發展，引起了貨幣經濟；貨幣經濟

〔註271〕徐中舒《論堯舜禹禪讓與父系家族私有制的發生和發展》，收入《徐中舒歷史論文選輯》（下），第985～986頁。
〔註272〕童書業《中國封建制的開端及其特徵》。
〔註273〕童書業《略論戰國秦漢社會的性質》，《新建設》，1957年第8期，第51頁。
〔註274〕同上。

的發展，引起了商業高利貸；商業高利貸的發展，加強了財富的不平等；財富的集中，同時又由於一切生產資料的商品化，這就造成了土地兼併。土地兼併的結果，就使『公社』（原始封建制的）大部解體；『公社』的解體，表現爲土地集中於地主，大部分農民貧困破產，這就引起了租佃關係的發展、雇工和債務奴隸的出現等等。這種現象，在西方國家和某些東方國家所造成的後果，是形成了發展的奴隸社會。但是在中國和其他某些東方國家，則因封建關係早已取得優勢，甚至早已形成封建社會（如中國），所以上述的情況的出現，至多只引起奴隸制經濟局部的、畸形的發展，並不能形成發展的奴隸社會：這是因爲封建社會不會倒退到奴隸社會去（同時中國等東方國家，殘存在早期封建社會裏的『公社』，只是變相的封建莊園，所以當這種『公社』解體的時候，也會出現西歐封建末期的某些現象）。」〔註275〕

（三）范義田

范義田認爲：「春秋戰國時代，是井田裏面的農奴階級作爲一個階級在逐漸進行解放的時代。在這時代，社會上不斷的發展著自由的農工商人民，井田上面的均田制度逐漸瓦解，不斷的發展著平民地主階級，產生出平民知識分子和平民出身的『布衣卿相』。最後在官僚制和郡縣制的政治制度上，新興地主階級掌握了政權，建立起專制封建制度，替代了西周的貴族領主世襲制和割據制。」也就是說，「春秋戰國的五百多年之間（公元前770年～前221年），是封建土地細分過程有了進一步發展的時代，井田制上面均田的分割形式逐漸被打碎了，自由的小生產經濟（自由的農工商人民）逐漸廣泛的發展起來。於是，井田制的農村公社形式便過渡到小農村社的形式。」〔註276〕

（四）劉毓璜

劉毓璜認爲：「中國古代村社的發展，和井田制度的發展是血肉相連的，井田制度崩潰，村社亦開始瓦解。……直到春秋末年，村社雖改了編制，轉入後期形態，卻還具有一定的活力，它在基本上還是生產宗教和社會活動的統一體。」〔註277〕

他說：

〔註275〕童書業《略論戰國秦漢社會的性質》，第52頁。
〔註276〕范義田《周代封建社會的發展》（1947年原稿，1950年重抄，1957年10月修），收入《范義田文集》（上），昆明：雲南民族出版社，2006年11月第1版，第360頁。
〔註277〕劉毓璜《試論農村公社的過渡性質與中國農村公社的發展》，第64頁。

到春秋末年，井田制開始崩壞，出現了土地的買賣和私有，階級關係發生劇烈變動，原先村社的繁榮時代已成過去。由於土地的再分割，某些先進生產地區，實行新的戶口編整，過去百家爲社的組織形式，已不能繼續適應，於是結合著新的歷史條件，便產生了後期的書社，在組織形式上一般地趨向於畸零和縮小（可能規定爲二十五家）。不難想見，這種編制的變動，正反映著村社機能的減退，但在地主經濟尚未取得徹底勝利以前，這些縮小了的村社，還是作爲生產的整體而存在的。由於當時村社的戶口，流動率較大，例必書於版圖，隨時增損，所以又稱作「書社」。書社的領導人，應仍是里正，從許多材料上，看出書社的組織形式，依然保持著一定程度的規整性，不但在經濟上繼續體現爲生產的單位，而且在政治上實現爲分割和賞賜的單位。

值得注意的是：直到春秋末年，即使是諸侯國君們用以「主土封聚」的國社和侯社，也還起著一定的作用。公羊莊公二十三年，「諸侯越境觀社」，左傳定公八年，「陽虎又盟公及三桓於周社，（侯社）盟國人於亳社，（國社）」可見當時，不論國家有變（如魯大夫陽虎作亂）無變，凡社的所在地，一直是人們集會活動的中心，這在中國以外的國家是非常少見的。⋯⋯

⋯⋯時代進入戰國，再經秦漢兩朝四百年，土地兼併激化，商品經濟擴大了威力，不但諸侯國君們原先建立的國社和侯社，早已變爲歷史的陳迹，就連後期形態的書社，也失去了存在的依據。

〔註 278〕

（五）楊向奎

楊向奎把西周到東漢作爲中國封建社會的前期〔註 279〕，而認爲「春秋以後是封建地主階級土地所有制」，他認爲「在此以前存在著以井田（農村公社）爲主幹的封建土地國有制，但後來這種制度已不存在了。只是因爲中國地區廣闊，各地區間的發展不平衡，在某些地方還有一些殘餘。」〔註 280〕

〔註 278〕劉毓璜《試論農村公社的過渡性質與中國農村公社的發展》，第 64 頁。
〔註 279〕楊向奎《讀〈馬克思、恩格斯論中國〉，兼論中國封建社會的歷史分期問題》，第 21 頁。
〔註 280〕楊向奎《關於中國封建社會土地制度問題》，《歷史研究》，1961 年第 3 期，

他說：「這種公社制度，到了春秋以後，因為生產力的發展，沒有能夠像印度那樣，長期地維持下來而趨於瓦解了。到戰國時代大批公社農民丟掉了土地，於是在社會上有離開原有的土地而流蕩的農民，這不是農奴的解放，是宗法封建社會發展到一個新的階段，原有的土地所有制變動了，舊的階級關係也隨之而變動了。」〔註281〕但他同時強調：「地主經濟在西漢以前還沒有構成社會的主要經濟成分，不能說在戰國時候，地主經濟就已經代替了領主經濟，這是一個長期的發展過程，也是一個長期的鬥爭過程。」〔註282〕

楊向奎專門以先秦時代的齊國為例具體分析和探討了當時的土地制度與村社組織，他說：「先秦時代各國中多半有『社』的存在，而以齊國為最突出。春秋戰國時代談到『社』，許多人曾舉齊國為例」，「齊國的社或者書社曾經普遍存在，所以證據不勝枚舉」，但「這些社與書社究竟是一種什麼性質的組織？是氏族公社、農村公社的殘餘？還是如同後來的鄉里組織，或者僅僅是一個祭祀單位？答覆這些問題，需要從各方面考察。」他認為：「『邦社』是中國階級社會形成後最早的一種宗教祀典，也就是所謂『封禪』大典。『封』『邦』本為一字，而『社』『禪』的意義相同。『社』即『土』字，而『土』字的原義，即築土為壇以祭，……這是當農業發達、階級社會形成後，對於土地之神的祭禮。……而最早的社神實即大禹，……這是農村公社中的水土之神，而這時候的公社也就是水土公社。階級社會形成後，一直到封建社會初期，東方的齊國因為歷史條件不同，農村公社仍然相當普遍的存在。到春秋以後公社制度趨於瓦解，統治階級有意把它當作一個地方的行政單位，於是由政府置社，『禮記』『祭法』說：『王為群姓立社曰大社，王自立社曰王社；諸侯為百姓立社曰國社，諸侯自立社曰侯社；大夫以下成群立社曰置社。』『周禮』『地官』『大司徒』中也有類似的記載。統治者為人民立社當然和原來的意義有所不同了。」〔註283〕

第33、38頁。

〔註281〕楊向奎《有關中國古史分期的若干問題》，收入「歷史研究編輯部」編《中國古代史分期問題討論集》，第519頁。

〔註282〕楊向奎《讀〈馬克思、恩格斯論中國〉，兼論中國封建社會的歷史分期問題》，第22頁。

〔註283〕以上引文參見楊向奎《試論先秦時代齊國的經濟制度》，收入文史哲雜誌編輯委員會編《中國古史分期問題論叢》，第98～101頁，原載《文史哲》1954年11、12月號。

楊向奎考察這種「水土公社」中的戶口數，認爲：「……一個社的組織可以包括十家、二十五家、五十家、以至一百家。這是自由農民的公社組織，和他們的田制也是分不開的。古代公社田制正如『田』形，而不是『井』字。」〔註284〕相對於這種自由農民的公社組織——國中的里社組織，他認爲：「居住在鄙野的農民，也就是農奴們，他們原來的公社組織已經破壞，而被統治者重新編排起來，田制和國中不同，鄉里組織也不相同，如『管子』『小匡篇』說……都鄙三十家爲邑，那麼，一邑三十家，一率三百家，這和國中的村社組織不同，他們的田制九夫耕九百畝，餘百畝爲公田，九十夫耕九千畝，餘千畝爲公田；這是領主對於都鄙農民勞役地租的剝削。」〔註285〕

楊向奎認爲自由農民的公社組織中除了具有農村公社的性質外，其中仍有家族公社的性質，「這兩種系統結合在一起，就構成農村公社之血緣的特色。這種組織在中國封建社會初期也表現在宗法制度上，宗法制度就是一種大家族制度。」〔註286〕

對於這種公社的命運，楊向奎指出：「社本來是自由農民的公社組織，然而隨著社會的發展，這些公社也起著根本變化。管仲關於鄉里區劃的設施，一方面可以看出齊國的原始組織，同時也看出齊國正在這種組織上加工，使之變成爲政府的行政區劃，從此自由農民農奴化了，公社也失去其原始意義。」〔註287〕

三、吳大琨－斯維至－林甘泉

吳大琨、斯維至、林甘泉等人認爲春秋戰國時期是中國古代社會由奴隸制向封建制的過渡，這個進程的根本特點是，以公社爲基礎的土地共有制（或國有制）逐漸趨於瓦解，而最終爲封建小農的土地私有制所代替。

（一）吳大琨

吳大琨認爲「春秋」與「戰國」之間是中國的奴隸制社會與封建社會交替的時代。他說：

〔註284〕楊向奎《試論先秦時代齊國的經濟制度》，收入文史哲雜誌編輯委員會編《中國古史分期問題論叢》，第101頁。
〔註285〕同上，第101～102頁。
〔註286〕同上，第102頁。
〔註287〕同上，第104頁。

這是因爲當時，由於鐵器的較普遍的採用，生產力發展了；交換也發展了。於是根據恩格斯的話，在這情形下，由於「公社」中的交換增加，原始的「土地共有制」，就會瓦解成「小土地所有制」，「公社」也就會轉變成由小農所組成的農村。

在「春秋」與「戰國」之間由於生產力的發展，中國的「井田制」崩潰了，土地不再是完全「國有」了，土地可以自由買賣了，類似農奴的私家佃户出現了，於是中國開始走上了向「封建社會」發展的道路。〔註288〕

他認爲，戰國時期「一系列的政治變革，特別是秦的『商鞅變法』，由於它在實質上是完成了促使中國固有的建立在青銅器時代的奴隸佔有制國家向封建制國家轉變的任務的，因此這些變革，實在是豐富而深刻表現了當時的新興的封建地主階級如何代替了舊有的氏族貴族來建立封建統治內容的」。他認爲「商鞅變法」與戰國時代其他一系列的政治變革同樣，是中國由過去的建立在青銅器時代的奴隸佔有制國家轉變爲封建制國家過程中的政治變革的代表，「商鞅變法」經濟上的意義，就是在於打破原來的氏族公社組織而建立封建小農。〔註289〕

（二）斯維至

斯維至認爲早在西周厲、宣之際，公社土地所有制就已開始破壞〔註290〕，但春秋戰國時期公社的破壞加速了。

首先，這是由於爰田制的改變給私有土地的產生打開了缺口，「公元前645年（魯僖公十五年），晉『作爰田』。爰田就是換田，爰亦作轅。……周初家庭公社的私田，本來經過幾年要重新分配，輪流更換，這大概是最初的爰田制。春秋以後由於生產技術和施肥技術的進步，私有欲望的增加，幾年一換的爰田制就漸漸地不實行了，只在公社農民已耕作的土地上自行休耕和輪換耕作。這種爰田制，《漢書·食貨志》稱之爲『自爰其處』。……既然只在他們已耕種的土地上輪流休耕和耕種，不再和別的公社成員輪換，這樣，即使他們對於土地還不是私有，但是日子久了，也就等於他們私有，所以，

〔註288〕吳大琨《論地租與中國歷史分期及封建社會的長期阻滯性問題》，第26頁。
〔註289〕吳大琨《中國的奴隸制經濟與封建制經濟論綱》，第63～65、67頁。
〔註290〕斯維至《關於殷周土地所有制的問題》，收入《斯維至史學文集》，第68～69頁。

這給私有土地的產生打開了一個缺口。」〔註291〕

　　其次是公田的被掠奪，「公田本來由公社農民耕種，其收入是爲『公共的支出』之用，到春秋時，公田的收穫物早已被有的父家長貴族吞沒。公田土地即使還有未被掠奪的，也早已名存實亡。……原來公社農民助耕公田叫做『助』，其後助耕已失掉了原來爲『公共的支出』的意義，而逐漸地成爲一種義務徭役，最後則變成繳納實物，便叫做『租』。」與此同時，對農民私田的徵稅也開始了。〔註292〕

　　再次，斯維至認爲春秋以後，由於各族融合以及統治階級爲了擴大兵源而向被征服人民實行徵兵，西周以來「國」、「野」的界限就逐漸消失了，而「自『國』『野』的界限取消之後，征服者與被征服者已經雜居在一起，因此，以血緣關係組成的家庭公社便漸漸地成爲以地域關係組成的農村公社。」〔註293〕戰國以後商品經濟的洪流又對本來已經趨解體的家庭公社的土地公有制更起著衝擊作用〔註294〕，「自家庭公社破壞後，隨著出現了從上而下的『十六受田，六十還田』的授田制，因此形成『兩重性』（公有與私有）的地域關係爲主的農村公社組織，一家一戶的個體農民也大量地產生了。在商品貨幣經濟的面前，他們卻紛紛拋棄了土地奔向城市中來。」〔註295〕

　　斯維至積極評價了商鞅變法在我國歷史進程中的作用，他說：「我以爲我國古代社會的分界線可以定在商鞅變法第二次變法之年，即公元前 350 年。即在此以前爲早期奴隸制社會，在此以後爲封建社會。」〔註296〕他認爲：「商鞅變法以前，我國是以父家長家庭公社爲形式的土地「王有」制或公有制。無論貴族或平民，他們對於土地只有佔有權，而無私有權。但是經過春秋時期，由於公田的被掠奪，私有土地的出現，商鞅變法終於「廢井田，開阡陌封疆」確立了土地私有制。」〔註297〕

〔註291〕斯維至《釋宗族——關於父家長家庭公社及土地私有制的產生》，收入《斯維至史學文集》，第 104～105 頁。
〔註292〕同上，第 105～106 頁。
〔註293〕同上，第 106～107 頁。
〔註294〕同上，第 109 頁。
〔註295〕斯維至《論「工商食官」制度及新興工商業的作用》，收入《斯維至史學文集》，第 171 頁，原載《陝西師範大學學報》1979 年第 4 期。
〔註296〕斯維至《論庶人》，《社會科學戰線》，1978 年第 2 期，第 110 頁。
〔註297〕同上。

（三）林甘泉

林甘泉認爲中國古代的公社土地所有制的激烈變動發生在春秋戰國之際，這個變動的基本內容則是土地私有制的發生，他強調春秋戰國之際土地關係變化的實質不是別的，乃是封建土地所有制的形成及其確立。〔註298〕

林甘泉從春秋戰國時期各諸侯國社會改革和賦稅制度的改變考察了當時公社土地所有制的瓦解過程〔註299〕：

首先，他認爲管仲治齊實行的「相地而衰徵」的賦稅制度，「是和份地歸各家私有之後的情況相適應的。在先，耕地要定期在各家之間重新分配，賦稅只能以公社爲單位徵收。份地歸各家私有之後，三年一換主易居的情況就不存在了，所以管仲說：『相地而衰徵則民不移。』因爲耕地不再定期重新分配，所以就需要而且有可能根據土地的多少和美惡來確定各家徵賦之輕重。」而晉國的「作爰田」，其實質也就是承認份地的私有，「實行爰田制以後，原先持有份地的公社農民從此可以『自爰其處』，不必再定期重新分配。同時，原先的公田也被分割了。」

其次，關於魯國的「初稅畝」，林甘泉認爲「這和『不藉千畝』的性質是一樣的。……魯國的公田從此也被分割成爲私有了。這是魯國公社土地所有制破壞的標誌。但在實行履畝而稅之後，有一個時期軍賦還是以公社爲徵收單位的。一直到哀公十二年『用田賦』，丘賦才終於被以個體家庭爲徵收對象的田賦所代替。」而子產在鄭國實行的「作丘賦」其實就類似於魯國的「用田賦」。林甘泉認爲商鞅變法的實質也就在於瓦解舊有的公社土地所有制，其實行的一些政策與「作爰田」、「相地而衰徵」並無二致。

四、小 結

自古以來史家都把春秋戰國時期作爲中國古代歷史上的重大變革期，這個觀點在研究了公社組織的學者中也得到了廣泛的認同。大家都認爲中國古代的公社組織到了春秋戰國時期就變質或瓦解了，而其中最重要的變化就是土地私有制的最終形成。但是因爲各家在對商周社會的組織結構和性質的認識上原本就存在著很大的差異，這也就最終影響了各家對於這個變革期的認識。然而無論如何，春秋戰國時期是建立在「公社」基礎上的社會向以「私

〔註298〕林甘泉《中國封建土地所有制的形成》，第95頁。
〔註299〕同上，第105～107頁。

有制」爲基礎的社會的過渡，這幾乎是各家所一致承認的，而且也是問題的關鍵所在！

由於要在中國歷史上也要找出「五種生產方式」的發展規律來，各家都把之前建立在「公社」基礎上的社會解釋成了奴隸社會或封建社會。我們認爲這就嚴重誤導了人們對於春秋戰國時期社會變革的認識。春秋戰國前後的社會在「質」上是不能等同的，此前的社會實際上是「共有制」的社會，而此後則進入了「私有制」的，即「階級」的社會。各家最主要的失誤，則在於以私有制社會的標準去考察了「共有制」的社會。

說春秋戰國之前的社會是「共有制」的社會，這不僅是它由於在經濟的意義上與後來的「私有制」社會有別，而在社會構成的特點上也不同於後來的社會。事實上，與其說這種社會是經濟意義上的「共有制」，勿寧說是血緣關係的紐帶仍然貫穿在社會生產、生活的各個層面。也就是說，不是「共有制」引起了血緣關係的廣泛遺存，而恰是血緣關係、氏族（家族）意識造成了對土地等的「共有」方式。但是，在人佔有、使用土地的過程中，生產的進步、戰爭所造成的土地佔有、使用方式的變化同時也會反作用於人的關係本身，在社會中原本占主導的人的自然關係——血緣關係也就會在這種「反作用」中逐漸異化，而終爲以土地爲媒介的經濟關係所取代。春秋戰國時期，我們認爲正是這種轉變的「節點」。

第六節　本章總結

建國後近三十年來對於商周公社組織的研究無論在理論上還是在史料的考證上都遠遠超越了過去的水平。

由於馬克思主義有關公社問題的重要著作不斷地被譯介到中國史學界，大家對於馬克思恩格斯公社理論的理解更爲系統了。許多學者都曾專門來探討公社的理論問題，其中的一些學者，如范義田、朱本源等還從社會發展進程的角度提出了自己獨特的公社發展觀。今天看來，這些觀點雖然還需要進一步的商榷，但在當時無疑都在一定程度上促進了人們對於馬恩公社理論的認識和思考。

在對商周公社組織的具體研究上，這個時期也取得了相當的成績。如徐喜辰、楊向奎、楊寬和斯維至等對當時公社的組織方式進行了有益的探索，

這些研究不僅涉及了公社的規模、土地所有制（井田制），還對建立在公社基礎上的村社生活作了初步的研究；對於「邑」、「書社」等的含義及其歷史形態的意見雖多有歧異，但卻深化了人們對於相關史料的理解；更重要的是，這個時期學者們詳細地探討了中國歷史上公社組織的解體時間及其解體方式，對於「宣王不藉千畝」、「爰田制」及「商鞅變法」等從公社崩壞、私有制產生角度的詳細探討進一步明確和深化了人們對於中國歷史上公社發展脈絡的認識。殷周社會裏的公社組織不同於後世印度或者俄國的那種公社組織，後者還很難被認爲是自然形成的，而中國商周社會裏的公社組織卻是「原生形態」的，我們認爲這種區別也正是研究和探討商周公社組織發展脈絡的重大意義所在。

然而由於歷史和政治條件等的原因，這個時期對於商周公社組織的研究又具有很大的局限性，大多數學者都深陷於「五種生產方式」的迷途。許多人對於商周公社組織的研究都是在既定的奴隸制或者封建制的框架下進行的，因此他們在結論上必然都試圖向奴隸制或封建制靠攏，其結果就只能搬出建立在「公有」（或稱「國有」）基礎上的「奴隸制」或者「領主制」等模棱兩可的結論，我們認爲這樣的結論並不符合馬克思主義史學的基本原則，而且也不能反映馬克思本人在其晚年對人類歷史上公社問題的最新思考。

另一方面，由於以後起的「私有制」的或者「階級」的觀點來考察以「公社」爲基礎的社會，一些在這種社會裏眞正起作用的原則或者規律就被完全忽視了。例如在對血緣關係的研究上，雖然許多學者都承認商周社會仍然具有血緣關係的強烈影響，甚至還認爲當時的社會就是由「氏族」或者「家庭公社」擴展而成的，但是他們最後的結論卻都又傾向於認爲這就是階級社會，是階級剝削還蒙著氏族血緣的外衣。

我們認爲這樣的觀點顛倒了歷史發展的順序，商周社會確實存在著很多不平等，但是這些不平等並不是因爲佔有或者私有生產資料而造成的，而是由於不同的身份等級所致。先有「身份」的等級，然後才有與其身份相應的權利（包括政治的、經濟的），等到戰國以後私有財產形成，它才後來居上逐漸決定了人的身份。因此，商周社會並不是階級關係披著氏族血緣的外衣，而是氏族血緣的關係逐漸蒙上了階級的色彩！